普通高等教育“十三五”特色教材

基础会计

主　编　晋淑惠　马　青　李　楠
副主编　李思维　王小芳　王佳丽
主　审　王永莲

電子工業出版社
Publishing House of Electronics Industry
北京·BEIJING

内 容 简 介

本书以《企业会计准则》(2018 年)及其变动内容和以财政部、税务总局、海关总署 2019 年第 39 号《关于调整增值税税率的通知》为依据,全面系统地介绍了会计学的基本理论、基本方法和基本操作技能。本书将会计工作的基本流程和环节分为会计基本理论、日常业务处理和期末业务处理三大模块。具体项目包括会计的基本认知、会计科目与账户、会计记账方法、企业主要经济业务核算、会计凭证、会计账簿、财产清查、财务报表的编制和会计核算组织程序。为了便于学习,每个项目前面都有学习向导、学习目标和案例导入;为了拓宽学生视野,在内容中插入了拓展视域和知识链接;为了使学生更清晰地掌握所学知识,课后配有知识要点总结导图;为了培养学生分析问题、解决问题和实际操作的能力,课后均附有项目考核和技能训练。

本书可作为高职院校经济管理类各专业教材,也可作为经济管理人员的培训教材和参考资料。

图书在版编目(CIP)数据

基础会计 / 晋淑惠,马青,李楠主编. —北京:电子工业出版社,2020.8
ISBN 978-7-121-39328-0

Ⅰ. ①基… Ⅱ. ①晋… ②马… ③李… Ⅲ. ①会计学 Ⅳ. ①F230

中国版本图书馆 CIP 数据核字(2020)第 140208 号

责任编辑: 祁玉芹
印　　刷: 中国电影出版社印刷厂
装　　订: 中国电影出版社印刷厂
出版发行: 电子工业出版社
　　　　　北京市海淀区万寿路 173 信箱　邮编: 100036
开　　本: 787×1092　1/16　印张: 16.75　字数: 408 千字
版　　次: 2020 年 8 月第 1 版
印　　次: 2025 年 1 月第 3 次印刷
定　　价: 42.00 元

凡所购买电子工业出版社图书有缺损问题,请向购买书店调换。若书店售缺,请与本社发行部联系,联系及邮购电话:(010)88254888,88258888。

质量投诉请发邮件至 zlts@phei.com.cn,盗版侵权举报请发邮件至 dbqq@phei.com.cn。

本书咨询联系方式:qiyuqin@phei.com.cn。

前 言
PREFACE

本书依据 2019 年 1 月国务院颁布的《国家职业教育改革实施方案》，以“三教”改革中的教材改革视角编写而成。其内容新颖、形式独特、导向明确，强化全流程产教融合。“基础会计”是会计学科的入门课程，也是会计学体系的基础，主要讲解会计学的基本理论、基本方法和基本操作技能。众所周知“经济越发展，会计越重要”。2006 年，为了适应我国市场经济发展要求、与国际惯例全面协调和趋同，财政部制定并发布了《企业会计准则》，这标志着我国企业会计准则体系正式建立。2014 年和 2017 年，财政部新出台或修订了 15 项企业会计准则，这些修订使会计教材的更新换代速度加快。本书以《企业会计准则》（2018 年）及其变动内容和以财政部、税务总局、海关总署 2019 年第 39 号《关于调整增值税税率的通知》为依据，内容上突出以学生为中心，职业能力为本位；理论上以够用为度、以适用为限，重应用性、实践性和操作性；整体上体现了教、学、思、做四位一体的理念。

本书创新点和特色如下：

（1）以德树人。比如在编写会计人员的职业道德中将以德树人和课程思政有关内容融入本书之中，构建共同育人新思路。

（2）任务导向。在编写过程中资料源于企业岗位需求，遵循企业经营过程，以企业经营过程中的项目任务为内容载体，突出实践性和操作性。

（3）内容新颖。本书严格按照《中华人民共和国会计法》和新修订或出台的企业会计基本准则、具体准则编写，用词尽量准确，并及时将会计理论和会计实务中的最新成果融入教材，对有些问题进行了新的探索。

（4）结构独特。本书将会计工作的基本流程和环节分为三大模块。每个项目都包括学习向导、学习目标，让学生快速了解所学内容，每部分都通过案例导入提高学生学习兴趣；在内容中插入拓展视域和知识链接以拓宽学生视野。课后的知识要点总结导图帮助学生更清晰地掌握所学知识，项目考核和技能训练培养学生分析问题、解决问题和实际操作的能力。

本书由陕西工业职业技术学院晋淑惠教授、陕西财经职业技术学院马青和陕西能源职业技术学院李楠担任主编，陕西工业职业技术学院李思维、王小芳，陕西财经职业技术学院王佳丽为副主编。本书共分三大模块九个项目，其中晋淑惠编写项目一，马青编写项目四，李思维编写项目三和项目五，王小芳编写项目二、项目六和项目七，王佳丽编写项目八和项目九。最后由主编晋淑惠教授、马青老师和李楠老师进行修改、总纂，王永莲教授进行了主审。本书也得到了北京布瑞琳洗染服务科技有限公司运营总监郭素川的大力支持，出版得益于电子工业出版社的精心组织和大力帮助，在此我们诚表谢意！本书在编写过程中参考和借鉴了同行的有关著述，在此一并表示感谢！

由于近年来会计改革持续进行，更由于我们水平有限，书中难免有错误或不当之处，敬请各位专家和读者批评指正。

编　者

2020年3月

目 录
CONTENTS

模块一　会计基本理论

模块二　日常业务处理

模块三　期末业务处理

模块一　会计基本理论

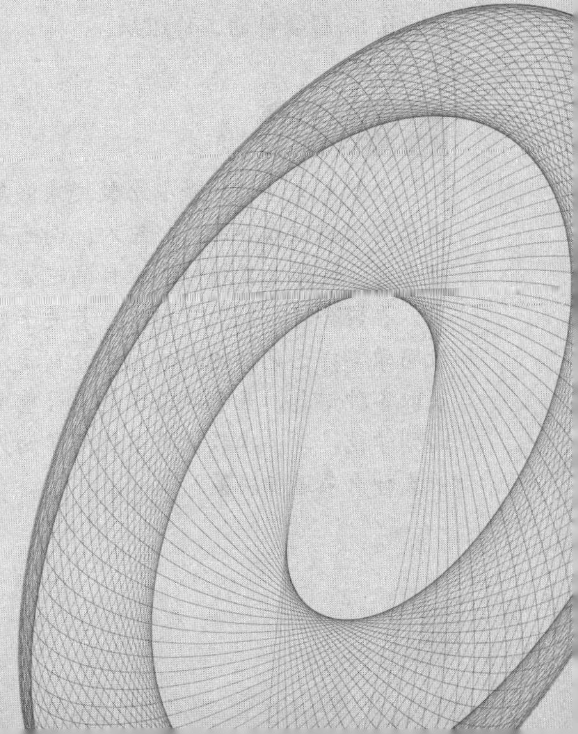

项目一

会计的基本认知

学习向导

1. 介绍会计的产生和发展；
2. 介绍会计的基本职能；
3. 介绍会计核算的前提条件；
4. 介绍会计核算的一般性原则；
5. 介绍会计核算的基本方法；
6. 介绍会计的工作组织。

学习目标

1. 了解会计的产生和发展，掌握会计的含义与特点；
2. 熟悉会计的基本职能；
3. 掌握会计核算的前提条件；
4. 掌握会计核算的一般性原则；
5. 掌握会计核算的基本方法；
6. 了解会计的工作组织。

案例导入

在某大学任教的李小冰教授寒假期间遇到四位大学同学。这四位同学中，小红是代理股票买卖的证券公司的经纪人；西西是受国家投资公司委托任某公司的董事；范倩是个人投资者；吴华是某报经济栏目的记者。

在聚会时，她们一起谈论着关于股票投资的话题，当讨论到如何在股市中操作时，四位同学各抒己见。她们的见解分别是：小红：随大流；西西：跟着感觉走；范倩：关键是获取各种信息，至于财务信息是否重要很难说；吴华：至关重要的是掌握公司财务信息。回到学校，李小冰教授将四位同学的见解分享给了学生们。如果你是一个股票投资者，将依靠什么来进行决策？

任务一　会计的产生和发展

一、会计的产生和发展

会计是随着人类社会生产的发展和经济管理的需要而产生的。人类要生存，社会要发展，就必须进行物质资料的生产。生产活动一方面创造物质财富，取得一定的劳动成果；另一方面要发生劳动耗费，包括人力、物力的耗费。无论何种社会形态，人们在进行生产活动时，总是力求以尽可能少的劳动耗费，取得尽可能多的劳动成果，做到所得大于所费，提高经济效益。为此，就必须在不断改革生产技术的同时，采用一定方法对劳动耗费和劳动成果进行记录、计算，并加以比较和分析，这就产生了会计。因此，无论在何种社会形态中，人们都必然会关心劳动成果和劳动耗费，并对它们进行比较，以便科学、合理地管理生产活动，提高经济效益。可以看出人类的会计行为是社会生产发展到一定阶段的产物，会计的产生与加强经济管理、追求经济效益有着不可分割的天然联系。

最初的会计只是作为生产职能的附带部分，然后经历了会计的萌芽阶段、古代会计阶段、近代会计阶段和现代会计阶段四个发展阶段。

（一）会计的萌芽阶段

在原始社会，随着社会生产力水平的提高，人们捕获的猎物及生产的谷物等便有了剩余，人们就要算计着食用或进行交换，这样就需要进行简单的记录和计算，“绘图记事”“结绳记事”“刻石记事”便应运而生。这种原始的计量、计算、记录行为中蕴含着会计思想、会计行为的萌芽。当时，只是在生产实践之外附带地把收入、支付日期和数量等信息记载下来，生产尚未社会化，独立的会计职能并未产生，会计在其产生初期还只是“生产职能的附带部分”。也就是说，会计在它产生的初期是生产职能的一个组成部分，是人们在生产活动以外附带地把劳动成果和劳动耗费及发生的日期进行计量和记录，还没有把会计作为一项独立的工作。随着社会生产的发展，生产规模的日益扩大和愈加复杂，对劳动成果和劳动耗费仅仅靠附带进行计量、计算和记录，显然满足不了需要。为了适应对劳动成果和劳动耗费的管理要求，会计逐渐从生产职能中分离出来，成为特殊的、独立的职能。可见，会计是为适应生产活动发展的需要而产生的，对生产活动进行科学、合理的管理是其产生的根本动因。生产活动是会计产生的前提条件。如果没有生产活动的出现，便不会有会计思想、会计行为的产生。但是，这并不意味着生产活动一发生，就产生了会计思想、会计行为。会计史学者的考古结果表明：只有当人类的生产活动发展到一定阶段，以至于生产所得能够大体上保障人类生存和繁衍的需要时，人们才会关心劳动成果与劳动耗费的比较。特别是劳动成果有了剩余时，原始的计量、记录行为才具备了产生的条件。会计的发展经历了漫长的过程：从旧石器时代中晚期到奴隶社会这一时期被称为会计的萌芽阶段，也称为会计的原始计量与记录时代。

（二）古代会计阶段

会计并不是在生产活动发生伊始就产生的，它是生产发展到一定程度，劳动成果有了剩余以后，人们开始关心劳动成果和劳动耗费的比较，更关心对剩余劳动成果的管理和分配，才需要进行计量、计算和记录，因而产生了会计思想，有了会计萌芽。会计是人类活动发展到一定阶段的产物。随着社会生产力的不断发展，会计的核算内容在逐渐拓展，核算方法在不断完善，会计逐渐从生产职能中分离出来，逐渐成为一项记录、计算和考核收支活动的单独工作，并逐渐产生了专门从事这一工作的专职人员。从会计所运用的主要技术方法方面来看，主要涉及原始计量记录法、单式账簿法和初创时期的复式记账法等。这个期间的会计所进行的计量、记录、分析等工作是以官厅会计和单式记账法为主。在经过漫长的发展过程后，才逐步形成一套具有自己特征的方法体系，成为一种独立的管理工作。

（三）近代会计阶段

一般认为，从单式记账法过渡到复式记账法，是近代会计的形成标志，即 15 世纪末期，意大利数学家卢卡·巴其阿勒有关复式记账论著的问世，标志着近代会计的开端，直至 20 世纪 40 年代末。此期间在会计的方法技术与内容上有两点重大发展：一是复式记账法的不断完善和推广；二是成本会计的产生和迅速发展，继而成为会计学中管理会计分支的重要基础。复式记账法的出现是会计发展史上一个重要的里程碑。

知识链接

在明清时期，我国民间先后产生了两种有代表性的复式记账方法："龙门账法"与"四脚账法"。其中"龙门账法"产生于明末清初，核算重点是总账，涵盖了比较健全的会计报表内容，以"收""付"为记账符号，将经济业务分为"进"（收入类）、"缴"（费用类）、"存"（资产）、"该"（资本和负债）四类。其关系为："进-缴=存-该"，并设有进缴结册（损益类报表）与存该结册（资产负债类报表）。

近代会计形成的标志是复式记账法的诞生。

1. 复式记账法是单式记账法的对称。复式记账法是指对于每一笔经济业务都必须用相等的金额同时在两个或两个以上有关账户中进行登记的方法。

2. 复式记账法的理论依据是"资产=负债+所有者权益"的会计等式。按照会计等式，任何一项经济业务都会引起资产与权益之间至少两个项目发生增减变动，而且增减变动的金额相等。因此对每一笔经济业务的发生，都可以以相等的金额在两个或两个相关账户中作等额双重记录。这种记账方法如实反映了经济事物的客观联系，是一种科学的记账方法。

3. 复式记账法的优点是不仅可以全面、清晰地反映出经济业务的来龙去脉，而且还能通过会计要素的增减变动，全面系统地反映经济活动的过程和结果。

4. 复式记账法按种类的不同可分为借贷记账法、收付记账法和增减记账法。

拓展视域

“近代会计之父”
——卢卡·巴其阿勒（Luca Pacioli）

卢卡·巴其阿勒是意大利的一位传教士、数学家。1494年，他在专著《算术、几何、比与比例概要》的第二部分“簿记”中，系统地总结了当时流行于意大利的威尼斯、佛罗伦萨等地的复式记账法。使其迅速传遍欧洲各国，并陆续传播到世界各地，引起了会计记账方法的变革，也标志着近代会计的开端和会计理论的初步建立。

（四）现代会计阶段

会计学科在20世纪30年代逐步形成了为企业内部经营管理提供信息的管理会计体系，以“公认会计准则”（Generally Accepted Accounting Principles，GAAP）的“会计研究公报”（Accounting Research Bulletins，ARB）的出现为起点。这一阶段，会计理论与会计实务都取得惊人的发展，标志着会计的发展进入成熟时期。但真正意义上的现代会计阶段自20世纪50年代开始到目前。此间会计方法技术和内容的发展有两个重要标志，一是会计核算手段方面发生质的飞跃，即现代电子技术与会计融合导致的“会计电算化”；二是会计伴随着生产和管理科学的发展而分化为财务会计和管理会计两个分支。1946年在美国诞生了第一台电子计算机，1953年便在会计中得到初步应用，其后迅速发展。至20世纪70年代，发达国家就已经出现了电子计算机软件方面数据库的应用，并建立了电子计算机的全面管理系统。

从系统的财务会计中分离出来的“管理会计”这一术语在1952年的世界会计学会上获得正式通过。管理会计的产生与发展，是会计发展史上的一次伟大变革，从此，现代会计形成了财务会计和管理会计两大分支。财务会计主要是对企业的经济活动进行核算，为企业外部利害关系人提供财务信息，它是传统会计的继续和发展；管理会计主要是运用数学统计等方法，对企业的经济活动进行预测和决策，帮助企业内部管理者进行经营决策。管理会计的出现是现代会计形成的重要标志。由此可见，会计是社会生产发展的产物，是为适应生产发展和管理需要而产生的。管理会计与财务会计分离，被认为是现代会计的开端。

拓展视域

公认会计准则

1929年至1933年的世界经济危机起到了催产的作用。经济危机过后，人们认为松散、不规范的会计实务是经济危机爆发的主要原因之一。为了挽救会计职业，会计界认为必须着手制定会计准则。1934年，第一批会计准则得到纽约证券交易所和会计师协会的共同认可，这批准则共包括6项内容，即：

（1）利润必须实现；

（2）资本盈余不得用以调剂任何一年的当年收益；

（3）子公司并购前存在的盈余不得算作母公司的已赚取盈余；

（4）公司职员的应收票据与应收账款单独列示；

（5）库藏股股利不得作为收益；

（6）捐赠资本不作为盈余。

1937年，美国证券交易委员会开始公布与上市公司信息披露有关的法规《会计系列公告》（Accounting Series Releases，ASR），并在ASR No.4中将制定会计准则的权利赋予会计职业界，而证券交易委员会（SEC）则保留有监督权与最终的否决权。此后，会计准则制定团体先后经历了“会计程序委员会”（CAP）、“会计原则委员会”（APB）及现在的“会计准则委员会”（FASB）。其中，FASB自成立以来，迄今已经公布了133份财务会计准则公告（SFAC or FAS）。

二、会计的含义

从会计的发展史上我们可以得出会计的定义：会计在本质上具有双重性，它既是一个经济信息系统，也是一种经济管理活动。会计是对企事业单位发生的经济业务以货币为主要形式进行确认、计量、报告和分析的信息系统；又是通过收集处理和利用经济信息，对经济活动进行规划、组织、控制和指导，促使人们权衡利弊得失，讲求经济效果的一种管理活动。会计是随着社会生产力的发展和经济管理的需要而产生的，是随着经济的发展和科学技术的进步而不断发展和完善的，特别是现代管理科学渗透进入会计学科，使传统的会计获得了发展的动力，为会计科学发展开拓了新的领域。

在人类发展进程中，全球信息化、经济全球化使作为“国际商业公共语言”的会计的内涵及外延不断丰富发展。我国现行《企业会计准则》对会计的定义为：“会计是以货币作为主要计量单位，以凭证为依据，运用一系列专门方法，对一定主体的经济活动进行全面、综合、连续、系统地核算和监督，并向有关方面提供会计信息的一种经济管理工作。”

三、会计的特点

（一）以货币为主要计量手段

原始的会计计量采用实物量度（如千克、吨、件等）和劳动量度（如工时、工日等）对经营活动和财务收支进行计算和记录。实物尺度和劳动尺度能够具体反映各项财产、物资的增减变动和生产过程中的劳动消耗，对核算和经济管理都是必要的，但这两种尺度都不能综合反映会计的内容。所以，在会计核算过程中虽然运用了实物尺度和劳动尺度进行记录，但还必须以货币尺度综合地加以反映。会计以货币作为综合计量尺度，通过会计的记录就可以全面、系统地反映和监督企业、行政单位和事业单位的财产物资、财务收支、生产过程中的劳动消耗和成果，并计算出最终财务成果。

（二）会计核算具有全面性、连续性、系统性和综合性

会计对经济业务的核算必须是全面、连续、系统和综合的。所谓全面是指会计核算对属于会计内容的全部经济业务都必须加以记录，不允许遗漏其中的任何一项。所谓连续是指对各种经济业务应按其发生的时间顺序不间断地进行记录和核算。所谓系统是指对各种经济业务要进行分类核算和综合核算，并对会计资料进行加工整理，以取得系统的会计信息。综合性要求提供会计信息时，应当对会计记录进行适当的整理、归纳和提炼，以便产生总括和有用的信息，满足不同信息使用者的需求。

（三）会计核算要以凭证为依据，并严格遵循会计规范

会计记录和会计信息讲求真实性和可靠性，这就要求企业、行政单位和事业单位发生的一切经济业务，都必须取得或填制合法的凭证，以凭证为依据进行核算。在会计核算的各个阶段都必须严格遵循会计规范，包括会计准则和会计制度，以保证会计记录和会计信息的真实性、可靠性和一致性。

任务二　会计的基本职能

一、会计的职能

会计的职能是指会计在经济管理工作中所具有的功能或能够发挥的作用，包括核算、预测、参与决策、实行监督等。随着经济的发展和管理要求的提高，会计的职能是不断变化并且彼此联系的。会计的基本职能包括核算职能和监督职能。

（一）会计的基本职能

1. 核算职能

（1）会计核算职能的定义。

会计核算职能又称会计反映职能，是指会计以货币为主要计量单位，通过对特定主体的经营活动进行确认、计量和报告，如实反映特定主体的财务状况、经营成果（或运营绩效）和现金流量等信息。会计核算贯穿于经济活动的全过程，是会计最基本的职能。

会计确认解决的是定性问题，判断企事业单位发生的经济活动是否属于会计核算的内容、归属于哪类性质的业务，是作为资产还是负债或其他会计要素等；会计计量解决的是定量问题，即在会计确认的基础上确定发生经济业务的金额；会计报告是确认和计量的结果，即通过报告将确认、计量和记录的结果进行归纳和整理，以财务会计报告的形式提供给信息使用者。会计确认、计量和报告是会计核算的重要环节。

（2）会计核算职能的内容。

会计核算职能的内容主要包括：款项和有价证券的收付；财物的收发、增减和使用；债权、债务的发生和结算；资本、基金的增减；收入、支出、费用、成本的计算；财务成果的计算和处理；需要办理会计手续、进行会计核算的其他事项。

（3）会计核算职能的特点。

会计核算职能的特点包括以货币为主要计量单位；对经济活动的核算具有连续性、系统性、全面性和综合性；主要核算各单位已经发生或已经完成的经济活动；会计核算必须遵守国家颁布的会计准则和会计制度。

2. 监督职能

（1）会计监督职能的定义。

会计监督职能又称会计控制职能，是指会计在其核算过程中，对经济活动的真实性、合法性和合理性所实施的审查。真实性审查，是指检查各项会计核算是否根据实际发生的经济业务进行；合法性审查，是指检查各项经济业务是否符合国家有关法律法规，遵守财经纪律，执行国家各项方针政策，以杜绝违法乱纪行为；合理性审查，是指检查各项财务收支是否符合客观经济规律及经营管理方面的要求，保证各项财务收支符合特定的财务收支计划，实现预算目标。

（2）会计监督职能的特点。

会计的监督职能，主要是对各单位经济活动的全过程的合法性、合理性和有效性进行监督。它主要有以下三个特点：会计监督必须以财政经济法律、法规为依据；会计是对经济活动全过程进行监督；会计监督包括单位内部会计监督、国家监督和社会监督。

（二）核算职能和监督职能的关系

就会计的核算与监督两大职能的关联关系而言，会计的核算职能是会计发挥监督职能作用的基础，没有核算职能提供的信息，就不可能进行会计监督。因为如果没有会计核算提供可靠、完整的会计资料，会计监督就没有客观依据，也就无法进行；而监督职能又是核算职能的保证，没有监督职能提供有力的保证，就难以提供真实可靠的会计信息，也就不能发挥会计管理的能动作用，会计核算也就失去了存在的意义。因此，会计的核算职能和监督职能是紧密联系、密不可分、相辅相成的，同时又是辩证统一的。

拓展视域

会计的其他职能——管理会计职能

1. 做好企业当前经营和长期规划的经济前景预测。一个企业只有对当前和长远目标作出客观的预测，才能为企业决策者提供第一手信息。管理会计要对企业经济规模、投入产出、现金流量、市场调研等经济指标做出较为实际的预测，供企业决策者参考。

2. 建立经济指标体系、落实经济责任制控制经营全过程。根据企业经营目标，将其分别落实到各部门。采用比价采购、倒推目标成本等方法，具体下达经济责任指标。建立一整套系统的指标体系，使企业内部各个利润中心职责明晰，并对完成情况，事前、事中、事后适时进行分析、反馈，及时优化各个环节的工作，确保目标的完成。

3. 做好资金筹集工作，加强现金流量管理。资金是企业的血液。管理会计应选择低风险、低成本的最优融资方案，为企业注入新鲜血液。相反，一个企业盈利水平再高，但缺乏资金筹划，缺乏资金管理，该回笼的资金不能及时收回，造成企业缺血，也会给企业带来致命的打击。因而在做好资金筹集的同时，必须切实加强现金流量管理，抓住生产经营各个环节，降低库存，加大销售力度，确保企业资金周转流畅。

4. 建立严谨的核算议价体系，加大奖惩力度。现代企业管理十分注重充分调动人的积极性，从而贯彻落实企业经济目标。这就需要建立责任会计制度，按照各自的经济责任，做到人人肩上有指标，责权利相结合，以经济手段奖惩、控制各级企业组织行为，不断完善工作，发挥人的主观能动性。

5. 参与企业经济决策。决策是企业经营管理的中心，也是各部门的主要工作职责，怎样为企业决策者提供准确的决策信息，是各职能管理部门的中心工作之一。管理会计师作为企业的财务战略军师，要从经济专业上利用成本性态分析、本量利分析等动态、静态指标方法，对长短期投资、生产、定价等做好经济决策的前期预测。

二、会计对象

会计对象是指会计核算和监督的内容。具体指社会再生产过程中能够用货币计量的经济活动，或者说是再生产过程中的资金运动。资金是指企业、行政事业单位各项财产物资的货币表现，包括货币本身。资金运动包括资金的筹集和投入、资金的运用（循环与周转）、资金的退出三个阶段。下面以制造企业为例进行介绍。

（一）资金的筹集和投入

资金投入是资金运动的起点。从制造企业角度来讲，企业为了进行生产经营活动，必须拥有一定的资金。筹集和取得资金是资金运动的起点，资金的取得途径和方法有两种，一种是自有资金，这种资金构成了企业的所有者权益；另一种是通过各种渠道借入资金从而形成企业的债务形成负债。有了资金就可以以流动资金（货币资金形式）或固定资金（固定资产形式）的方式投入到企业经营过程之中。

知识链接

企业资金来源渠道

企业资金来源是指获得资金的渠道。主要包括吸收资金、举债资金和专项资金三大类。吸收资金包括：代表国家机关投入的资金也称国家资本金、企业法人内部形成的资金，接收经营者投资转入的资金、发行股票。举债资金也称“借入资金”，主要包括：企业向国家银行的借款及结算过程中形成的应付未付款、发行债券等。专项资金是指企业除经营资金以外具有专门用途的资金。专项资金的来源有的由企业根据规定自行提取，有的由国家财政或上级主管部门拨给。不同所有制、不同业务性质的企业，其资金来源及其构成也不相同。

（二）资金的运用（循环与周转）

制造企业的经济活动包括三个环节：供应过程、生产过程和销售过程，图 1-1 所示是制造企业资金的运动。

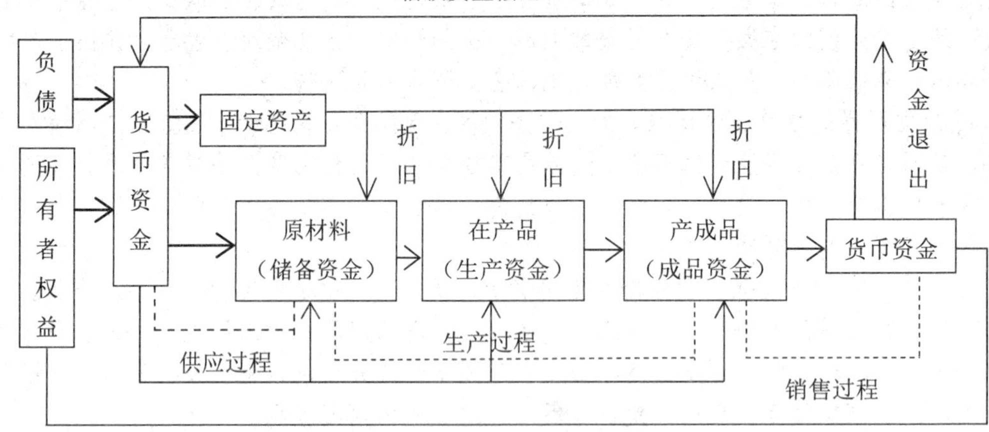

图 1-1　制造企业资金的运动

1. 供应过程

供应过程是指企业以货币资金购买生产所需的各种材料的过程。包括的主要业务有：企业以各种方式进行材料采购并与供应单位办理结算，以银行存款或现金支付各种材料的买价、运输费、装卸费等，材料运达进行储存，为进行生产储备必要的物资，流动资金从货币资金形态转变为储备资金形态。

2. 生产过程

生产过程是指生产工人利用机器设备把原材料加工成产成品的过程。包括的主要业务有：购置固定资产、领用材料、支付职工工资、支付经营过程中必要的开支等。生产过程是工业企业经营活动的中心环节。企业的资金即由原来的储备资金转化为在产品形式的生产资金。同时，在这个过程中，一部分货币资金由于支付职工的工资和其他生产费用而转化为在产品，成为生产资金。此外，厂房、机器设备等固定资产在使用过程中会出现磨损，这部分磨损的价值是通过计提折旧的方式来解决的，也要转移到在产品的价值中，构成生产资金的一部分。生产过程结束时，将完工产成品入库，生产资金转变为成品资金。

3. 销售过程

销售过程是产品实现价值的过程。包括的主要业务有：销售产品取得收入，销售人员工资，销售过程中发生的包装、运输、推销等费用，以及为组织和管理销售活动发生的费用等。通过销售过程，成品资金转变为货币资金。

总之，企业的资金经过供、产、销三个过程，资金经过了货币资金→储备资金→生产资金→成品资金→货币资金。这一过程称为资金循环，由于再生产过程不断进行而引起的连续不断的资金循环，称为资金周转。

（三）资金的退出

制造企业资金的退出包括归还借款、向国家交税、向所有者分配股利和利润等，这部分资金将会离开企业，退出资金的循环和周转。资金退出是资金运动的终点。

知识链接

零售企业资金运动和行政事业单位资金运动

企业、行政事业单位在社会再生产过程中所处的地位和担负的责任不同，经济活动的内容和方法不同，会计研究的对象也有所不同。零售企业的资金运动是：货币资金→商品资金→货币资金。行政事业单位的资金运动是：预算资金的拨入→预算资金的支出。

总之，企业的资金运动是经营资金的运动，行政事业单位的资金运动是预算资金的运动。

三、会计目标

目标是想要达到的境地、标准或结果。会计目标是指在一定经济环境下，人们通过会计实践活动所期望达到的结果。会计目标是以提高企业资金利用效率为基础，以实现企业利润最大化为目标，按照会计法规进行核算和监督，向企业内外部信息使用者提供以财务信息为主的经济信息来进行经济决策。会计目标可分为“会计核算目标”和“会计监督目标”两个目标。

（一）会计核算目标

会计核算目标是以《企业会计准则》为依据，向会计信息使用者提供符合信息质量要求的以财务会计信息为主的经济信息，如实反映企业管理层受托责任履行情况，有助于信息使用者做出经济决策。

（二）会计监督目标

会计监督目标实质上就是财务管理目标。在现阶段，会计管理目标就是“提高资金利用效率，实现企业利润最大化”。

任务三　会计核算的前提条件和一般性原则

一、会计核算的基本前提

会计核算的基本前提也称会计基本假设，是指所有企业会计人员在进行会计核算工作时，都必须遵循的先决条件，是在进行会计核算工作之前，对会计核算的已经明确或不明确的不确定情况所作的限定或姑且认定。

一般认为会计核算的基本前提包括会计主体、持续经营、会计分期、货币计量四项。

（一）会计主体

会计主体又称为会计实体、会计个体，它是指会计人员所核算和监督的特定单位。会计主体这一基本前提要求会计人员只能核算和监督所在主体的经济活动。其主要意义在于：一是将特定主体的经济活动与该主体所有者及职工个人的经济活动区别开来；二是将该主体的经济活动与其他单位的经济活动区别开来，从而界定了从事会计工作和提供会计信息的空间范围，同时说明某会计主体的会计信息仅与该会计主体的整体活动和成果相关。

例如：甲方要从乙方购买一批大米，甲方是买方，乙方是卖方。按照会计主体的要求，会计人员应站在本企业的立场上处理业务，即甲方的会计应作商品购进的账务处理，而乙方的会计应作商品销售的账务处理。

在这里应该注意的是：会计主体与法律主体并非是对等的概念，法人可以作为会计主体，但会计主体不一定是法人。例如，由自然人所创办的独资和合伙企业不具有法人资格，这类企业的财产和债务在法律上被视为业主或合伙人的财产和债务，但在会计核算上必须将其作为会计主体，以便将企业的经济活动与其所有者的经济活动及其他实体的经济活动区分开来。再如，企业集团由若干个具有法人资格的企业组成，各个企业既是独立的会计主体，也是法律主体，但为了反映整个集团的财务状况、经营成果及现金流量情况，还应编制该集团的合并会计报表，企业集团是会计主体，但通常不是一个独立法人。

【小思考】

会计主体与法人主体有什么样的关系？

（二）持续经营

持续经营是指会计主体的经营活动将无限期地延续下去，在可以预见的将来不会因破产、清算、解散等而不复存在。即在可以预见的未来，该会计主体不会面临破产和清算。例如，企业固定资产计量应按购建时的历史成本入账，固定资产价值通过提取折旧的形式，在其使用年限内分期转作费用等，都是以持续经营为前提的。

（三）会计分期

会计分期是指将企业的生产经营活动人为地划分为若干个相等的时间间隔，以便确认某个会计期间的收入、费用、利润，确认某个会计期间的资产、负债、所有者权益，编制会计报表。这一基本前提的主要意义是：界定了会计信息的时间段落，为分期结算账目和编制财务报告，贯彻落实权责发生制、可比性原则、一贯性原则、相关性原则、配比性原则、及时性原则、划分收益性支出与资本性支出原则及谨慎性原则奠定了基础。

我国《企业会计准则》规定，会计期间可分为年度、半年度、季度和月度。年度、半年度、季度和月度的起讫日期采用公历日期，即会计年度与公历年度相同，从 1 月 1 日开始到 12 月 31 日为止。半年度、季度和月度均称为会计中期。

（四）货币计量

我国《企业会计制度》规定，会计核算以人民币为记账本位币。业务收支以外币为主的企业，也可以选择某种外币作为记账本位币，但编制会计报表时必须换算为人民币。

会计核算的四项基本前提，具有相互依存、相互补充的关系。会计主体确立了会计核算的空间范围，持续经营与会计分期确立了会计核算的时间长度，而货币计量为会计核算提供了必要的手段。没有会计主体，就没有持续经营，没有持续经营，就不会有会计分期；没有货币计量，就不会有现代会计。

二、会计核算的一般性原则

（一）会计信息质量要求原则

1. 客观性原则

客观性原则也称真实性原则、可靠性原则，是要求企业应当以实际发生的交易或者事项为依据进行确认、计量和报告，如实反映符合确认和计量要求的各项会计要素及其他相关信息，保证会计信息真实可靠，内容完整。

2. 相关性原则

相关性原则也称有用性原则，是要求企业提供的会计信息应当与财务报告使用者的经济决策需要相关，有助于财务报告使用者对企业过去、现在或者未来的情况做出评价或者预测。

3. 可比性原则

可比性原则是指企业的会计核算应当按规定的会计处理方法进行，会计指标应当信息口径一致、相互可比。这里的可比，是指不同的企业，尤其是同一行业的不同企业之间的可比。该原则要求不同的企业都要按照国家统一规定的会计核算方法与程序进行，以便于会计信息使用者进行企业间的比较。

4. 一贯性原则

一贯性原则指企业的会计处理方法前后各期应当保持一致，不得随意变更。它主要指同一会计主体前后各期的会计政策应当保持稳定，不得随意变更。

5. 及时性原则

及时性原则是要求企业对已经发生的交易或者事项，应当及时进行会计确认、计量和报告，不得提前或者延后。

6. 清晰性原则

清晰性原则是指企业的会计核算和编制的财务报告应当清晰明了，便于理解和利用。具体地说，就是会计记录和会计报表都应当清晰明了，能清楚地反映企业经济活动的来龙去脉及其财务状况和经营成果。根据清晰性原则，会计记录应准确清晰，账户对应关系明确，文字摘要清楚，数字金额准确，手续齐备，程序合理，以便信息使用者准确完整地把握信息的内容，更好地加以利用。

7. 谨慎性原则

谨慎性原则指企业在进行会计核算时，应当遵循谨慎性原则的要求，不得高估资产或收益、低估负债或费用。体现该原则的情形有：应对可能发生的资产减值损失计提资产减值准备，对售出商品可能发生的保修义务等确认预计负债等。此外，不允许企业设置秘密准备也是这一原则的体现。

【小思考】

在企业中，哪些做法采用了谨慎性原则？

8. 重要性原则

重要性原则是指在会计核算过程中，对交易或事项应当区别其重要程度，采用不同的核算方式。对资产、负债、损益等有较大影响，并进而影响财务报告使用者据以做出合理判断的重要会计事项，必须按照规定的会计方法和程序进行处理，并在财务报告中予以充分、准确地披露；对于次要的会计事项，在不影响会计信息真实性和不至于误导会计报告使用者做出正确判断的前提下，可适当简化处理。

9. 实质重于形式的原则

实质重于形式的原则是指企业应当按照交易或事项的经济实质进行会计核算，而不应当仅仅按照它们的法律形式作为会计核算的依据。例如固定资产入账，以交付使用为准，而不以竣工决算验收为准；又如融资租赁视同自有固定资产处理。

（二）收入和费用确认原则

1. 权责发生制原则

权责发生制原则是指在会计核算中以应收应付作为计算标准来确定本期收入和费用的一种账务处理方法。

以权责发生制原则作为记账的基础，要求在生产经营活动中，凡是当期已经实现的收入和已经发生或应当负担的费用，不论款项是否收付，都应作为当期的收入和费用处理；凡是不属于当期的收入和费用，即使款项已经发生在当期收付，都不应作为当期的收入和费用。

知识链接

收付实现制

收付实现制是与权责发生制相对应的一种确认基础，又称现金制或实收实付制，是以现金收到或付出为标准，来记录收入的实现和费用的发生。按照收付实现制，收入和费用的归属期间将与现金收支行为的发生与否，紧密地联系在一起。换而言之，现金收支行为在其发生的期间全部记作收入和费用，而不考虑与现金收支行为相连的经济业务实质上是否发生。它是以收到或支付现金作为确认收入和费用的依据。

权责发生制与收付实现制的区别与联系

权责发生制和收付实现制在处理收入和费用时的原则是不同的，所以同一会计事项按不同的会计处理基础进行处理，其结果可能是相同的，也可能是不同的。

1. 联系：二者的目的均为正确计算和确定企业的收入、费用和损益。

2. 区别：确认收入和费用的标准不同；对收入与费用的配比要求不同；会计期末处理方法不同；各会计期间计算的收益结果不同；核算过程中的账户设置不同；各自的优缺点不同；适用的范围不同等。

【例 1-1】安信食品有限公司于 2019 年 9 月份发生下列部分交易或者事项：

1. 公司于 9 月 2 日销售软香酥 200 盒，款项 117 000 元，于 9 月 7 日收到存入银行。

2. 公司于 9 月 5 日销售月饼 1 000 盒，款项 58 500 元将于 11 月 5 日收回。

3. 公司于 9 月 9 日预收 A 单位购面粉款 100 000 元，存入银行，按合同规定 11 月份交付商品。

4. 公司上月销售软香酥 70 200 元，于 9 月 10 日收到存入银行。

5. 公司于 9 月 11 日用银行存款 48 000 元预付下年财产保险费。

6. 公司于 9 月 13 日购买办公用品 6 200 元，已交付使用，款项将于 9 月支付。

7. 公司于 9 月 15 日用银行存款 8 000 元支付本月水电费。

8. 公司于 9 月 30 日用银行存款 36 000 元支付本季度 7～9 月份短期借款利息。

要求：分别按权责发生制和收付实现制确认 9 月份的收入和费用。

确认会计要素的时间基础分为以下两种情况：

（1）以交易或者事项实际发生的会计期间为确认的时间基础，通常称为收付实现制。资产、负债和所有者权益一般都是以此为确认的时间基础。

（2）以收取款项的权利或支付款项的责任应当发生的会计期间为确认的时间基础，通常称为权责发生制。收入、费用和利润就是以权责发生制为确认的时间基础。

所谓权责发生制，就是对于收入和费用，不论是否有款项的收付，按其是否影响各会计期间经营成果的受益情况，确定其归属期，如表 1-1 所示是 9 月份收入和费用的确认表。

表 1-1　9 月份收入和费用的确认

业务序号	权责发生制		收付实现制	
	收入	费用	收入	费用
1	117 000		117 000	
2	58 500		——	
3	——		100 000	
4	——		70 200	
5		4 000		48 000
6		6 200		——
7		8 000		8 000
8		——		36 000
合计	175 500	18200	287 200	92 000

【教中学 学中做】

1. 安信食品有限公司于 3 月 2 日销售软香酥 100 盒，款项 5 600 元，款项已收存入银行。

2. 公司于 3 月 11 日用银行存款 2 000 元预付下季度报刊费。

3. 公司于 3 月 31 日用银行存款 24 000 元支付本季度 1～3 月份短期借款利息。

要求：分别按权责发生制和收付实现制确认 3 月份的收入和费用。

1. 权责发生制：　　　　　　　　　　收付实现制：

2. 权责发生制：　　　　　　　　　　收付实现制：

3. 权责发生制：　　　　　　　　　　收付实现制：

2. 配比原则

配比原则是指企业在进行会计核算时，收入与成本、费用应当相互配比，同一会计期间内的各项收入与其相关成本、费用，应当在该会计期间内确认。配比原则有两层含义：一是因果配比；二是时间配比。

3. 历史成本原则

历史成本原则是指企业的各项财产在取得时应当按实际成本计量。各项财产如果发生减值，应当按照规定计提相应的减值准备。除法律、行政法规和国家统一的会计制度另有规定外，企业一律不得自行调整其账面价值。

知识链接

会计计量的内容

会计计量是指将符合确认条件的会计要素登记入账并列报于会计报表（又称财务报表）及其附注而确定其金额的过程。除了上述的历史成本原则以外，还包括以下几种成本：

1. 重置成本

重置成本又称现实成本，是指按照当前市场条件，重新取得同样一项资产所需支付的现金或现金等价物金额。

2. 可变现净值

可变现净值是指在正常生产经营过程中，以预计售价减去进一步加工成本和预计销售费用及相关税费后的净值。

3. 现值

现值是指对未来现金流量以恰当的折现率进行折现后的价值，是考虑货币时间价值的一种属性。

4. 公允价值

公允价值是指在公平交易中，熟悉情况的交易双方自愿进行资产交换或者债务清偿的金额。

4. 划分收益性支出与资本性支出原则

凡支出的效益仅涉及本会计年度（或一个营业周期）的，应当作为收益性支出；凡支出的效益涉及几个会计年度（或几个营业周期）的，应当作为资本性支出。也就是说，收益性支出是仅与本会计期间相关的支出→作为当期费用；资本性支出是与几个会计期间相关的支出→计入资产的价值。

【小思考】

企业发放职工工资属于收益性支出还是资本性支出？

任务四　会计核算的基本方法

一、会计方法体系

会计方法是用来反映和监督会计对象，完成会计任务，充分发挥会计作用的做法。会计方法的主要内容包括会计核算方法、会计分析方法、会计检查方法、会计预测方法、会计决策方法和会计控制方法等。这些方法既相对独立，又相互联系、相互配合，共同构成统一的方法体系。

二、会计核算方法

会计核算方法是进行会计记录和会计报告所采用的方法，是会计方法中最基本、最主要的方法，也是会计管理方法的基础。会计核算方法主要包括设置会计科目和账户、复式记账、填制和审核会计凭证、登记账簿、成本计算、财产清查和编制财务报告七种具体方法。这七种方法构成了一个完整的、科学的方法体系。

（一）设置会计科目和账户

设置会计科目和账户就是对会计对象的具体内容——会计六要素，规定分类核算的会计科目，以便于在账簿中据以开设账户，进行会计核算的一种专门方法。

会计科目是对会计对象具体内容——会计六要素，按其内部性质和经济管理的具体要求，进一步分类的具体项目。

账户是根据会计科目开设的，具有一定结构和格式的账页，用来分门别类地记录交易或者事项的发生情况，以及由此引起的会计科目内容在数量上的增减变化及其结果的载体，是对会计要素进一步分类核算的工具。

（二）复式记账

复式记账也称复式记账法，就是对企业应该入账的每一笔交易或者事项，都要以相等的金额，同时在两个或两个以上的相关账户中进行记录的一种专门记账方法。

（三）填制和审核会计凭证

填制和审核会计凭证是指将实际发生的经济业务填制成会计凭证，经审核无误后，作为记账的依据。会计凭证有原始凭证和记账凭证，原始凭证是确认经济业务发生是否合法、合规的第一手资料，记账凭证是根据审核无误的原始凭证采用复式记账原理进行填制的，保证账簿记录真实、可靠。

（四）登记账簿

登记账簿是以审核无误的会计凭证为依据，按照交易或者事项发生的顺序，分门别类地记入有关账簿。账簿记录是重要的会计资料，是进行会计分析、会计检查的重要依据。

（五）成本计算

成本计算是按照一定对象归集和分配生产经营过程中发生的各种费用，以便确定各该对象的总成本和单位成本的一种专门方法。产品成本是综合反映企业生产经营活动的一项重要指标。正确地进行成本计算，不仅可以考核生产经营过程的费用支出水平，同时又是确定企业盈亏和制定产品价格的基础，并为企业进行经营决策，提供重要数据。

（六）财产清查

财产清查是指通过盘点实物，核对账目，以查明各项财产物资实有数额的一种专门方法。通过财产清查，可以提高会计记录的正确性，保证账实相符。同时，还可以查明各项财产物资的保管和使用情况及各种结算款项的执行情况，以便对积压或损毁的物资和逾期未收到的款项，及时采取措施，进行清理和加强对财产物资的管理。

（七）编制财务报告

财务报告是指企业对外提供的反映企业某一特定日期的财务状况和某一会计期间的经营成果、现金流量等会计信息的文件。财务状况是指企业某一特定日期的资产总额及其构成、负债总额及其构成、所有者权益总额及其构成。经营成果是指企业某一会计期间的利润（亏损）总额及其构成情况。现金流量是指企业某一会计期间现金和现金等价物流入和流出的情况。会计报表是财务报告的主体，会计报表至少应当包括资产负债表、利润表、现金流量表等报表。此外，财务报告还包括会计报表附注和其他应当披露的相关信息和资料。

以上会计核算的七种方法，虽各有特定的含义和作用，但并不是独立的，而是相互联系、相互依存、彼此制约的。它们构成了一个完整的核算体系。在会计核算中，应正确运用这些方法。一般在经济业务发生后，按规定的手续填制和审核会计凭证，并应用复式记账法在有关账簿中进行登记；一定期末还要对生产经营过程中发生的费用进行成本计算和财产清查，在账证相符、账账相符、账实相符的基础上，根据账簿记录编制财务报告等会计信息，如图 1-2 所示是会计核算方法之间的关系。

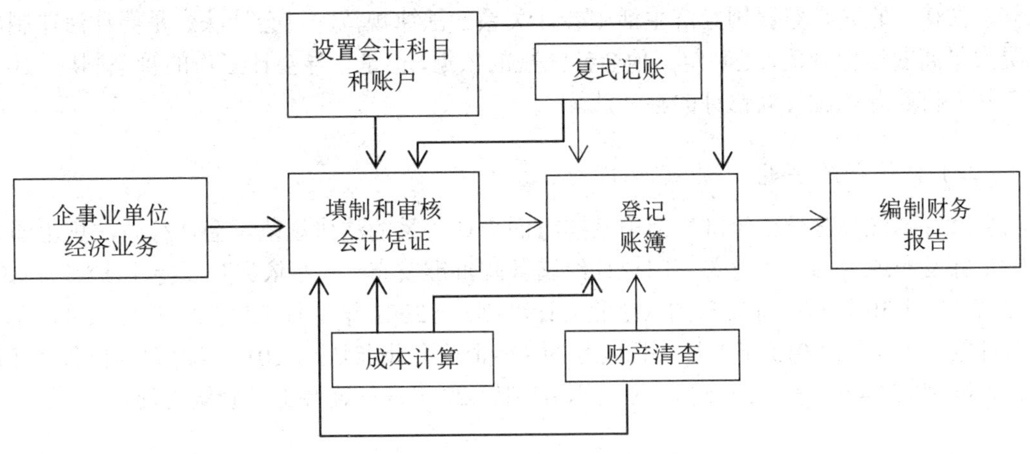

图 1-2　会计核算方法之间的关系

三、会计循环

会计循环是在经济业务事项发生时，从填制和审核会计凭证开始，到登记账簿，直至编制财务报告，即完成一个会计期间会计核算工作的过程。其基本内容包括：

1. 填制和审核原始凭证，即对于发生的经济业务进行初步的确认和记录；
2. 填制记账凭证，即在审核的原始凭证的基础上，通过编制会计分录填制记账凭证；
3. 登记账簿，包括日记账、总分类账和明细分类账；
4. 编制调整分录，其目的是为了将收付实现制转换为权责发生制；
5. 结账，即将有关账户结算出本期发生额和期末余额；
6. 对账，包括账证核对、账账核对和账实核对；
7. 试算平衡，即根据借贷记账法的基本原理进行全部总分类账户的借方与贷方总额的试算平衡；
8. 编制会计报表和其他财务报告。

企业应将在一定时期内发生的所有经济业务，依据一定的步骤和方法，加以记录、分类、汇总直至编制成会计报表。在连续的会计期间，这些工作周而复始地不断循环进行。

任务五　会计的工作组织

一、会计法规体系

我国的会计法规体系具体包括四个层次：会计法律、会计行政法规、国家统一会计制度、地方性会计法规。

（一）会计法律

会计法律即《中华人民共和国会计法》（以下简称《会计法》）。《会计法》是会计工作的法律，它是调整我国经济生活中会计关系的法律规范。《会计法》是会计法律制度中层次最高的法律规范，是制定其他会计法规的依据，也是指导会计工作的管理制度。2000年7月1日起开始施行新修订的会计法。

（二）会计行政法规

会计行政法规是调整经济生活中某些方面会计关系的法律规范。会计行政法规由国务院制定并发布或者国务院有关部门拟订经国务院批准发布，制定依据是《会计法》。例如，1992年11月30日财政部发布的《企业会计准则》，2001年1月1日开始施行的《企业财务会计报告条例》，2013年1月1日实行的《小企业会计准则》，2017年财政部修订的《企业会计准则第14号——收入》《企业会计准则第22号——金融工具确认与计量》等。

（三）国家统一会计制度

国家统一会计制度是指由主管全国会计工作的行政部门——财政部就会计工作中某些方面内容所制定的规范性文件。国务院有关部门根据其职责制定的会计方面的规范性文件，如实施国家统一的会计制度的具体办法等，也属于会计规章，但必须报财政部审核批准。会计规章依据会计法律和会计行政法规制定，如财政部发布的《股份有限公司会计制度》《会计基础工作规范》，财政部与国家档案局联合发布的《会计档案管理办法》等。

（四）地方性会计法规

地方性会计法规是指由各省、自治区、直辖市人民代表大会及其常委会在同宪法、会计法律、行政法规和国家统一的会计准则制度不相抵触的前提下，根据本地区情况制定发布的关于会计核算、会计监督、会计机构和会计人员以及会计工作管理的规范性文件，也是我国会计法律制度的重要组成部分。例如，《辽宁省会计管理条例》《云南省会计条例》。

二、会计职业道德

会计职业道德是指在会计职业活动中应当遵循的、体现会计职业特征的、调整会计职业关系的职业行为准则和规范。其含义包括以下几个方面：会计职业道德是调整会计职业活动中各种利益关系的手段；会计职业道德具有相对稳定性；会计职业道德具有广泛的社会性。

（一）会计职业道德构成要素

1. 会计职业理想

会计职业理想是会计人员的择业目标，或维持生计，或发展个性，或承担社会义务，或兼而有之。它是会计职业道德的灵魂。

2. 会计工作态度

会计工作的职业特征要求会计人员在从事会计活动时，既要认真负责、精益求精，又要积极主动、富有创造性。这是会计人员履行职责义务的基础。

3. 会计职业责任

会计职业责任是会计人员担任某项职务或从事某项工作后就应承担（或被赋予）的相应义务。职责与职权相互关联。会计职业责任是会计职业道德规范的核心，也是评价会计行为的主要标准。

4. 会计职业技能

会计职业技能包括完成会计工作所必要的知识及所需要的工作能力与经验。它是会计人员圆满完成会计工作的技术条件。

5. 会计工作纪律

保密性、廉正性（正直、诚实、廉洁）与超然性，既是维护和贯彻会计职业道德的保证，也是评价会计行为的一种标准。

6. 会计工作作风

会计工作作风是会计人员在长期工作实践中形成的习惯力量，是职业道德在会计工作中的集中体现。在工作中严谨仔细，一丝不苟，勤俭理财，严格按会计规范办事，自觉抵制不良因素的侵袭等，都是良好的会计工作作风。

（二）会计职业道德的内容

1. 爱岗敬业

要求会计人员热爱会计工作，忠于职守，尽心尽力，尽职尽责。

2. 诚实守信

要求会计人员做老实人，说老实话，办老实事，执业谨慎，信誉至上，不为利益所诱惑，不弄虚作假，不泄露秘密。

3. 廉洁自律

要求会计人员公私分明、不贪不占、遵纪守法、清正廉洁。

4. 客观公正

要求会计人员端正态度，依法办事，实事求是，不偏不倚，保持应有的独立性。

5. 坚持准则

要求会计人员熟悉国家法律、法规和国家统一的会计制度，始终坚持按法律、法规和国家统一的会计制度的要求进行会计核算，实施会计监督。

6. 提高技能

要求会计人员增强提高专业技能的自觉性和紧迫感，勤学苦练，刻苦钻研，不断进取，提高业务水平。

7. 参与管理

要求会计人员在做好本职工作的同时，努力钻研相关业务，全面熟悉本单位经营活动和业务流程，主动提出合理化建议，协助领导决策，积极参与管理。

8. 强化服务

要求会计人员树立服务意识，提高服务质量，努力维护和提升会计职业的良好社会形象。

三、会计岗位设置、职责与业务流程

（一）企业会计岗位设置与职责分工

1. 一般企业会计岗位设置与职责

（1）会计主管：主要职责是制定企业内部会计制度及本单位会计事务办理流程；组织筹措和节约使用资金；提出财务报告，分析财务状况，汇报财务工作；编制财务预算，考核财务计划执行情况，参与经营决策；组织会计人员业务培训，考核调配会计及岗位设置。

（2）会计稽核：负责对本单位会计凭证、账簿、报表及其他会计资料进行合法性、合理性、合规性审核，包括事前审核和事后审核。

（3）现金出纳：按规定办理货币资金支付手续，负责登记现金日记账和银行存款日记账，负责保管库存现金、有价证券，并保管部分印章。

（4）会计核算：包括对货币资金、采购与付款、销售与收款、存货核算、工资核算、固定资产核算、成本核算、投资核算、筹资与捐赠核算等经济业务的会计核算。

（5）总账报表：采用一定的会计核算程序，登记总分类账和明细分类账，编制财务报告并进行分析。

（6）档案管理：按规定管理各种会计档案。包括会计凭证、会计账簿、会计报表、其他会计资料及会计软件文档等，负责归档、装订、存放和保管等工作。

2. 小企业会计岗位设置与职责（或创业时期企业）

（1）会计主管：主要完成总账岗、报表岗的相关工作。

（2）现金出纳：除重点承担出纳岗位工作外，还应负责部分报表岗位工作，完成各种税收和社会保险申报表的填写与申报。

（3）会计审核：主要负责各种会计凭证的审核；负责会计档案的整理与管理；负责财产清查、往来账款管理等工作；负责调整期末账项、整理账簿资料。

（4）会计制单：主要承担会计核算岗位中的会计确认和计量工作，同时负责投融资业务的经办和报表岗位的部分业务工作。

（5）会计记账：除承担会计核算岗位中的各种明细账的登记工作外，同时负责成本计算和部分报表岗位工作。

3. 会计电算化业务核算岗位设置

在会计电算化业务核算情况下，会计岗位设置简化为：会计主管、会计审核、现金出纳和会计核算4个岗位。

（二）企业会计岗位设置下的业务流程

企业会计岗位设置下的业务流程如下：

1. 建账。
2. 审核原始凭证。
3. 填制记账凭证。
4. 审核记账凭证。
5. 登记日记账。
6. 登记明细账。
7. 登记总账。
8. 期末对账。
9. 编制会计报表。
10. 审核报表。
11. 档案管理。

项目反思

1. **通过学习会计的基本知识，你学到了哪些内容？**

____

____

____

2. **你的疑惑点：**

____

____

____

3. **解决方案：**

____

____

____

4. **总结：**

____

____

____

知识要点总结

会计是实践性很强的学科，本项目主要阐述了会计的产生和发展、会计的基本职能、会计核算的前提条件和一般性原则、会计核算的基本方法、会计的工作组织。在会计源远流长的历史演变中，会计的含义、职能和研究对象都发生了很大的变化。会计从最早单一的反映职能发展到现在反映和监督并重的两大基本职能。会计的研究对象是资金运动，通过对资金运动的核算和监督，以提高企事业单位的经济效益为目的。在核算时首先对会计主体、持续经营、会计期间、货币计量等方面做出假设；并规定了在核算过程中必须遵循的会计信息质量要求和收入费用归属期间与确定的基本原则。会计工作组织对会计工作遵守的法律法规体系及会计的职业道德和岗位职责进行了简单的阐述。

知识要点总结导图

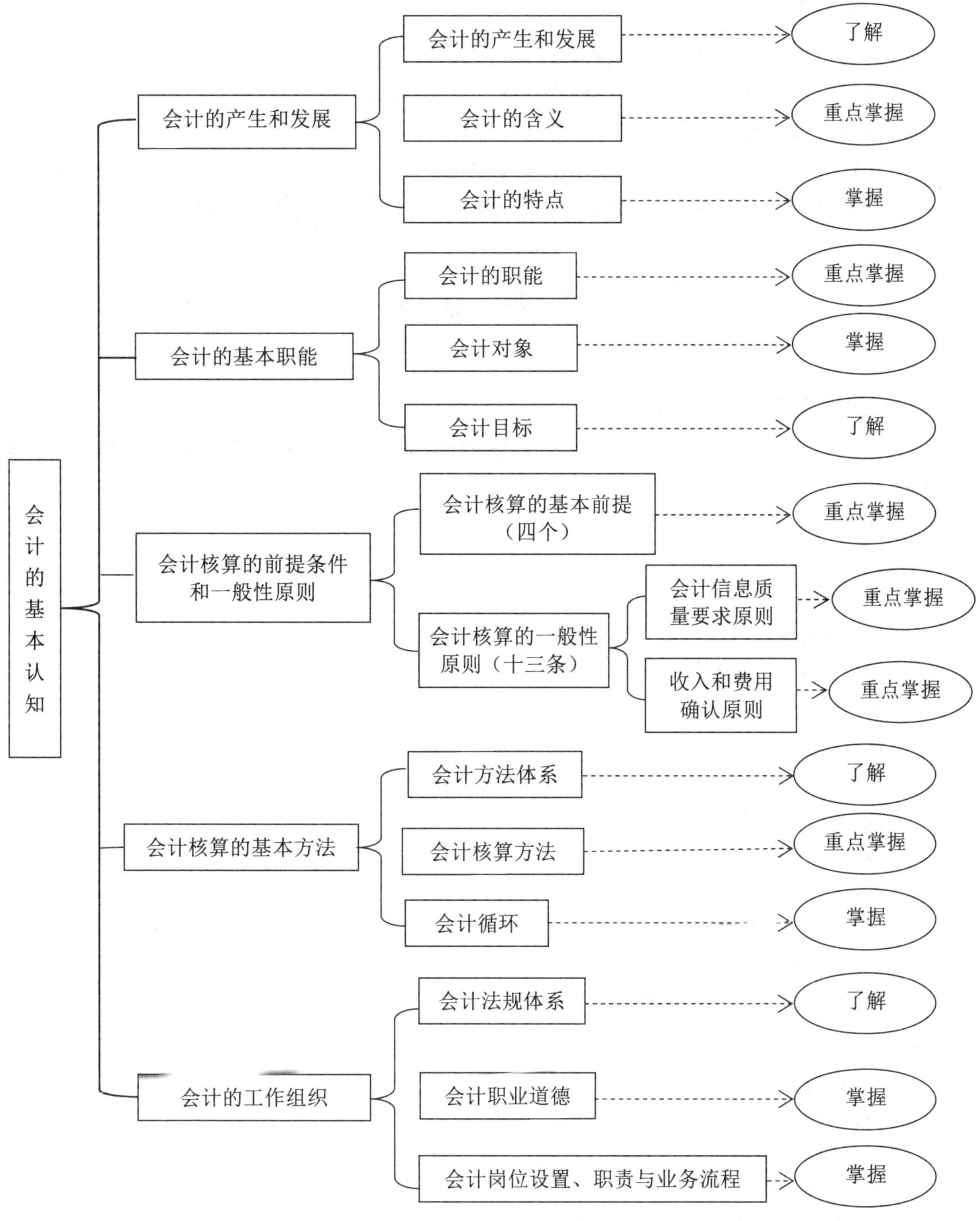

会计的基本认知
会计的产生和发展
会计的产生和发展
了解
会计的含义
重点掌握
会计的特点
掌握
会计的基本职能
会计的职能
重点掌握
会计对象
掌握
会计目标
了解
会计核算的前提条件和一般性原则
会计核算的基本前提（四个）
重点掌握
会计核算的一般性原则（十三条）
会计信息质量要求原则
重点掌握
收入和费用确认原则
重点掌握
会计核算的基本方法
会计方法体系
了解
会计核算方法
重点掌握
会计循环
掌握
会计的工作组织
会计法规体系
了解
会计职业道德
掌握
会计岗位设置、职责与业务流程
掌握

项 目 考 核

一、简答题

1. 什么是会计？简述会计的特点。
2. 简述会计的基本职能与基本特征。
3. 简述会计核算的前提条件。
4. 简述会计核算对信息质量要求的基本原则。
5. 什么是权责发生制？举例说明权责发生制如何划分收入与费用的归属期间。

技 能 训 练

一、单项选择题

1. 会计是以（　　）为主要计量单位，反映和监督一个单位经济活动的一种经济管理工作。

A. 实物　　B. 商品　　C. 货币　　D. 劳动

2. 会计的基本职能是（　　）。

A. 核算与监督　　B. 分析与考核
C. 预测与决策　　D. 监督与报告

3. 会计的对象是指（　　）。

A. 资金的投入与退出
B. 企业的各项经济活动
C. 社会再生产过程中能用货币表现的经济活动
D. 预算资金运动

4. 会计主体是（　　）。

A. 总公司　　B. 法律主体
C. 企业法人　　D. 对其进行独立核算的特定单位或组织

5. 货币计量实际上包含了另外一个重要的前提（　　）。

A. 会计主体　　B. 清算准则　　C. 历史成本　　D. 币值稳定

6. 会计主体假设对会计工作范围从（　　）上进行了限定。

A. 内容　　B. 人员　　C. 时间　　D. 空间

7. 会计分期是从（　　）中引申出来的。

A. 权责发生制　　B. 会计目标　　C. 持续经营　　D. 会计主体

8. 凡支出的效益属于一个会计年度的，属于（　　）。

A. 营业性支出　　B. 营业外支出　　C. 收益性支出　　D. 资本性支出

9. 划分各会计期间收入和费用的会计基础是（　　）。

A. 权责发生制　　B. 收入与费用配比
C. 历史成本计量　　D. 收付实现制

10. 提取坏账准备金这一做法体现的原则是（　　）。
A. 配比原则　　B. 重要性原则
C. 谨慎原则　　D. 客观性原则

11. 会计的一般对象在企业中的表现为（　　）。
A. 各种经济业务　　B. 会计科目
C. 会计要素　　D. 以货币表现的经济业务

12. 企业下列支出中属于资本性支出的是（　　）。
A. 设备购置费　　B. 材料运杂费
C. 材料保管费　　D. 产品销售费

13. 下列项目中，不属于狭义会计核算方法的是（　　）。
A. 复式记账　　B. 成本计算
C. 财产清查　　D. 编制财务预算

14. 会计信息以（　　）为主。
A. 货币信息　　B. 经济信息
C. 非货币信息　　D. 货币和非货币信息

15. 会计对各单位经济活动进行核算时，选作统一计量标准的是（　　）。
A. 劳动量度　　B. 货币量度
C. 实物量度　　D. 其他量度

16. 会计方法体系中，其基本环节是（　　）。
A. 会计预测方法　　B. 会计分析方法
C. 会计监督方法　　D. 会计核算方法

17. 近代会计形成的标志是（　　）。
A. 单式记账法的产生　　B. 账簿的产生
C. 单式记账法过渡到复式记账法　　D. 成本会计的产生

18. 根据《会计法》的规定，下列部门中有权制定国家统一的会计制度的部门是（　　）。
A. 证监会　　B. 国家发改委
C. 财政部　　D. 海关

19. 进行会计核算提供的信息应当以实际发生的经济业务为依据，如实反映财务状况和经营成果，这符合（　　）。
A. 历史成本原则　　B. 配比原则
C. 可靠性原则　　D. 可比性原则

20. 企业于 4 月初用银行存款 1 200 元支付第二季度房租，4 月末仅将其中的 400 元计入本月费用，这符合（　　）。
A. 配比原则　　B. 权责发生制原则
C. 收付实现制原则　　D. 历史成本计价原则

二、多项选择题

1. 会计的基本职能包括（　　）。
A. 进行会计核算　B. 实施会计监督　C. 预测经济前景
D. 参与经济决策　E. 评价经营业绩

2. 下列各项中，属于会计核算的基本前提的有（　　）。
A. 会计主体　B. 持续经营　C. 会计分期
D. 货币计量　E. 法律主体

3. 在下列组织中，可以作为会计主体的有（　　）。
A. 事业单位　B. 总公司　C. 分公司
D. 车间　E. 国家体育总局

4. 我国的会计期间可以分为（　　）。
A. 年度　B. 半年度　C. 季度
D. 月度　E. 日

5. 下列属于会计核算方法的有（　　）。
A. 填制和审核凭证　B. 登记会计账簿　C. 编制会计报表
D. 编制财务预算　E. 编制银行存款余额调节表

6. 下列属于保证会计信息质量要求的原则有（　　）。
A. 可靠性原则　B. 可比性原则　C. 相关性原则
D. 历史成本原则　E. 及时性原则

7. 按权责发生制原则要求，下列收入或费用应归属本期的有（　　）。
A. 对方暂欠的本期销售产品的收入　B. 预付明年的保险费
C. 本月收回的上月销售产品的货款　D. 尚未付款的本月借款利息
E. 摊销前期已付款的报纸杂志费

8. 在制造业经营过程中，其经营资金的主要变化方式有（　　）。
A. 货币资金转化为储备资金、固定资金　B. 储备资金转化为成品资金
C. 储备资金转化为生产资金　D. 生产资金转化为成品资金
E. 成品资金转化为货币资金

9. 会计的监督包括（　　）。
A. 事前监督　B. 事中监督　C. 外部监督
D. 事后监督　E. 上级监督

10. 会计从数量方面反映各单位经济活动可以采用的量度包括（　　）。
A. 计量尺度　B. 劳动量度　C. 实物量度
D. 货币量度　E. 可比量度

三、判断题

1. 法律主体必定是会计主体，会计主体也必定是法律主体。（　　）

2. 安信公司经理将其私人用车库的修建费列入其所开公司的账户上进行核算，这明显违反了会计主体假设。（　　）

3. 我国企业在进行会计核算时，应当以人民币为记账本位币。（　　）

4. 谨慎性原则要求会计核算工作中做到不夸大企业资产、不虚增企业费用。（　）

5. 会计核算的完整性是指对所有的经济活动都要进行计量、记录和报告。（　）

6. 企业应当按照交易或事项的法律实质进行会计核算，而不应当仅仅按照它们的经济形式作为会计核算的依据。（　）

7. 企业选择一种不导致虚增资产、多计利润的做法，所遵循的是会计的真实性原则。（　）

8. 财务会计主要反映企业过去的信息，不能为企业内部管理提供数据。（　）

9. 我国会计年度自公历 1 月 1 日起至 12 月 31 日止。（　）

10. 可比性原则是指会计处理方法在不同企业应当一致，不得随意变更。（　）

四、实务题

安信食品有限公司 2019 年 12 月份发生如下经济业务：

1. 3 日，用存款预付 2020 年财产保险费 12 000 元。

2. 5 日，通过银行收到上月销货款 80 000 元。

3. 10 日，销售一批菜籽油价值 28 000 元，货款尚未收到。

4. 12 日，收到购货 A 单位预付货款 50 000 元，存入银行。

5. 13 日，计算本月水电费共 1 800 元，因资金周转困难，暂未支付。

6. 15 日，销售面粉一批 40 000 元，货款已存入银行。

7. 20 日，支付上月份房租费 1 500 元。

8. 25 日，以银行存款支付本月份广告费 2 000 元。

9. 31 日，计算本月份固定资产折旧费 3 000 元。

10. 31 日，预提本月应负担的银行借款利息 600 元。

要求：分别采用权责发生制和收付实现制计算 12 月份的收入、费用和利润。

项目二

会计科目与账户

学习向导

1. 介绍会计要素与会计等式；
2. 介绍会计科目；
3. 介绍会计账户。

学习目标

1. 掌握会计要素的定义、分类；
2. 熟练掌握会计等式的内涵、不同的经济业务对会计等式的影响；
3. 了解会计科目的定义、会计科目的原则和设置，熟悉会计科目的分类；
4. 熟悉会计账户设置的必要性，以及会计账户的基本结构和会计账户的分类。

案例导入

赵红、李丽、王琦三人从高职学校毕业后一起创业，开创了一家餐饮公司。公司注册资本 20 万元，三人各出资 4 万元，向银行贷款 8 万元。第一年公司收入 40 万元，日常支出 18 万元，利润 22 万元。第二年三人的同学马伟想出资 6 万元加入公司，其中 4 万元形成注册资本，另外 2 万元为公司所有股东共同所有。同学们请思考一下，上述的经济事项涉及哪些会计要素？如果对这些会计要素进一步分类，又将如何分类？

任务一　会计要素与会计等式

一、会计要素及其确认

明确了会计核算的对象，在此基础上将会计对象按照交易或事项的经济特征进行科学分类的名称即会计要素。会计要素分反映企业财务状况和反映企业经营成果两类。会计要素既是会计确认和计量的依据，也是确定会计报表结构和内容的基础。

《企业会计准则》规定，企业会计要素分为资产、负债、所有者权益、收入、费用和利润六类。其中，资产、负债和所有者权益三项会计要素侧重反映企业的财务状况，收入、费用和利润三项会计要素侧重反映企业的经营成果。

（一）资产

1. 资产的定义

资产是指企业过去的交易或者事项形成的、由企业拥有或者控制的、预期会给企业带来经济利益的资源。

根据资产的定义，资产具有以下几个方面的特征：

（1）资产预期会给企业带来经济利益。

资产预期会给企业带来经济利益，是指直接或者间接导致现金和现金等价物流入企业的潜力。这种潜力既可以来自企业的日常经营活动，也可以来自非日常经营活动。带来的经济利益既可以是现金和现金等价物的直接流入，也可以是转化为现金和现金等价物的间接流入，还可以是现金和现金等价物流出的减少。

资产预期会给企业带来经济利益是资产最重要的特征。凡预期不能给企业带来经济利益的，均不能作为企业的资产确认。前期已确认为资产的项目，如果预期不能再为企业带来经济利益，也不能再确认为企业的资产。

（2）资产应为企业拥有或者控制的资源。

资产应为企业拥有或者控制的资源，是指企业享有某项资源的所有权，或者虽然不享有某项资源的所有权，但该资源能被企业所控制。

企业享有资产的所有权，通常表明企业拥有从资产中获取预期经济利益的权利。在有些情况下，虽然企业不享有一些资源的所有权，但能实际控制这些资源，同样也能够从这些资源中获取经济利益，根据实质重于形式的原则，这部分经济资源也应作为企业的资产。

（3）资产是由企业过去的交易或者事项形成的。

资产是由企业过去的交易或者事项形成的，过去的交易或者事项包括购买、生产、建造行为或其他交易或者事项。预期在未来发生的交易或者事项不形成资产。

2. 资产的确认条件

符合资产定义的资源，在同时满足以下条件时确认为资产：

（1）与该资源有关的经济利益很可能流入企业；

（2）该资源的成本或者价值能够可靠地计量。

符合资产定义和资产确认条件的项目，应当列入资产负债表；符合资产定义但不符合资产确认条件的项目，不应当列入资产负债表。

3. 资产的分类

企业的资产按其流动性，可以分为流动资产和非流动资产：

（1）流动资产。流动资产是指可以在 1 年或者超过 1 年的一个营业周期内变现或者耗用的资产。主要包括以下项目：

① 库存现金。企业存放于财会部门、由出纳人员经管的货币；

② 银行存款。企业存放于银行或其他金融机构的货币资金；

③ 交易性金融资产。企业为了近期内出售而持有的、以赚取差价为目的所购买的有活跃市场报价的股票、债券、基金等投资；

④ 应收及预付款。包括应收票据、应收账款、预付账款、应收股利、应收利息、其他应收款等；

⑤ 存货。企业在生产经营过程中为销售或者耗用而储存的各种资产，包括库存商品、半成品、在产品，以及各类原材料、周转材料等。

（2）非流动资产。不能在 1 年或者超过 1 年的一个营业周期内变现或者耗用的资产。主要包括以下项目：

① 持有至到期投资。到期日固定、回收金额固定或可确定，且企业有明确意图和能力持有至到期的非衍生金融资产；

② 可供出售金融资产。初始确认时即被指定为可供出售的非衍生金融资产，以及除以公允价值计量且其变动计入当期损益的金融资产、持有至到期投资、贷款和应收款项以外的金融资产；

③ 投资性房地产。为赚取租金或资本增值，或两者兼有而持有的房地产；

④ 固定资产。为生产商品、提供劳务、出租或经营管理而持有的，使用寿命超过一个会计年度的有形资产。包括房屋及建筑物、机器设备、运输设备、工具器具等；

⑤ 无形资产。企业拥有或者控制的，没有实物形态的可辨认非货币性资产。包括专利权、非专利技术、商标权、著作权、土地使用权等。

【教中做 学中做】

1. 下列项目中，属于非流动资产的有（　　）。

A. 存货　　B. 无形资产

C. 预付账款　　D. 长期股权投资

2. 下列项目不属于流动资产的是（　　）。

A. 货币资金　　B. 交易性金融资产

C. 存货　　D. 固定资产

（二）负债

1. 负债的定义

负债是指企业过去的交易或者事项形成的、预期会导致经济利益流出企业的现时义务。根据负债的定义，负债具有以下几个方面的特征：

（1）负债是企业承担的现时义务。

现时义务是指企业在现行条件下已承担的义务。未来发生的交易或者事项形成的义务不属于现时义务，不应当确认为负债。

（2）负债预期会导致经济利益流出企业。

负债是企业所承担的现时义务，履行义务时必然会引起企业经济利益的流出。否则，就不能作为企业的负债来处理。

（3）负债是由企业过去的交易或者事项形成的。

负债是由企业过去的交易或者事项所形成的结果。过去的交易或者事项包括购买商品、使用劳务、接受贷款等。预期在未来发生的交易或者事项不形成负债。

2. 负债的确认条件

符合负债定义的义务，在同时满足以下条件时，确认为负债：

（1）与该义务有关的经济利益很可能流出企业；

（2）未来流出的经济利益的金额能够可靠地计量。

符合负债定义和负债确认条件的项目，应当列入资产负债表；符合负债定义，但不符合负债确认条件的项目，不应当列入资产负债表。

3. 负债的分类

负债按其流动性，可分为流动负债和非流动负债：

（1）流动负债。在 1 年或超过 1 年的一个营业周期内偿还的债务，包括短期借款、应付票据、应付账款、预收账款、应付职工薪酬、应交税费、应付利息、应付股利、其他应付款等。

（2）非流动负债。偿还期在 1 年或超过 1 年的一个营业周期以上的债务，包括长期借款、应付债券、长期应付款等。

【教中做 学中做】

负债是指过去的交易或事项形成的、预期会导致经济利益流出企业的（　　）。

A. 现时义务　　　　B. 推定义务

C. 法定义务　　　　D. 潜在义务

（三）所有者权益

1. 所有者权益的定义

所有者权益是指企业资产扣除负债后由所有者享有的剩余权益。公司的所有者权益又称为股东权益。

所有者权益的来源包括所有者投入的资本、直接计入所有者权益的利得和损失、留存收益等。

（1）所有者投入的资本。所有者投入的资本既包括所有者投入的、构成注册资本或股本部分的金额，也包括所有者投入的、超过注册资本或股本部分的资本溢价或股本溢价。

（2）直接计入所有者权益的利得和损失。即不应计入当期损益、会导致所有者权益发生增减变动的、与所有者投入资本或者向所有者分配利润无关的利得或者损失。其中，利得是指由企业非日常活动所形成的、会导致所有者权益增加的、与所有者投入资本无关的经济利益的流入；损失是指由企业非日常活动所发生的、会导致所有者权益减少的、与向所有者分配利润无关的经济利益的流出。

（3）留存收益。企业历年实现的净利润中留存于企业的部分，主要包括盈余公积和未分配利润。

2. 所有者权益的确认条件

所有者权益的确认依赖于其他会计要素，尤其是资产和负债要素的确认。所有者权益的金额也主要取决于资产和负债的计量。

所有者权益项目应当列入资产负债表。

3. 所有者权益的分类

所有者权益按其构成的内容，可以分为以下四个项目：

（1）实收资本（股本）。所有者投入的，构成注册资本或股本的部分。

（2）资本公积。投资人投入的资本溢价或股本溢价，直接计入所有者权益的利得和损失。

（3）盈余公积。按国家有关规定从税后利润中提取的公积金等。

（4）未分配利润。企业留存于以后年度分配的利润或待分配利润。

【教中做 学中做】

下列属于所有者权益的是（　　）。

A. 长期股权投资　　B. 应付股利

C. 盈余公积　　D. 投资收益

（四）收入

1. 收入的定义

收入是指企业在日常活动中形成的、会导致所有者权益增加的、与所有者投入资本无关的经济利益的总流入。

根据收入的定义，收入具有以下几个方面的特征：

（1）收入是企业在日常活动中形成的。日常活动，是指企业为完成其经营目标所从事的经常性的活动以及与之相关的活动。例如，工业企业制造并销售产品、商业企业销售商品等。

（2）收入是与所有者投入资本无关的经济利益的总流入。收入使企业资产增加或者负债减少，但这种经济利益的流入不包括由所有者投入资本的增加所引起的经济利益的流入。

（3）收入会导致所有者权益的增加。因收入所引起的经济利益的流入，使得企业资产增加或者负债减少，最终会导致所有者权益增加。

2. 收入的确认条件

符合收入的定义，确认收入要同时满足以下条件：

（1）与收入相关的经济利益很可能流入企业；

（2）经济利益流入企业的结果会导致企业资产增加或者负债减少；

（3）经济利益的流入额能够可靠计量。

符合收入定义和收入确认条件的项目，应当列入利润表。

3. 收入的分类

收入按其取得的来源可以分为主营业务收入和其他业务收入。

【小思考】

"营业外收入"科目为什么不属于"收入"？

（1）主营业务收入。又称基本业务收入，指企业在主要的生产经营业务中产生的收入。例如，工业企业在生产和销售商品的过程中所取得的收入。

（2）其他业务收入。指企业在主营业务以外的生产经营活动中产生的收入。例如，材料的销售收入、技术转让收入、固定资产的出租收入等。

【教中学 学中做】

1. 下列各项中，不属于收入的是（　　）。
   A. 提供劳务的收入　　B. 销售材料的收入
   C. 营业外收入　　D. 固定资产租金收入
2. 下列各项中会引起收入增加的是（　　）。
   A. 销售库存商品　　B. 变卖报废设备
   C. 出售专有技术所有权　　D. 取得投资人投入资金

（五）费用

1. 费用的定义

费用是指企业在日常活动中发生的、会导致所有者权益减少的、与向所有者分配利润无关的经济利益的总流出。

根据费用的定义，费用具有以下几个方面的特征：

（1）费用是企业在日常活动中发生的。日常活动中所发生的费用包括销售成本、职工薪酬、折旧费用等。

（2）费用是与向所有者分配利润无关的经济利益的总流出。费用使企业资产减少或者负债增加，但这种经济利益的流出不包括向所有者分配利润引起的经济利益的流出。

（3）费用会导致所有者权益的减少。因费用所引起的经济利益的流出使得企业资产减少或者负债增加，最终会导致所有者权益减少。

2. 费用的确认条件

符合费用的定义，在同时满足以下条件时，确认为费用。

（1）与费用相关的经济利益很可能流出企业；

（2）经济利益流出企业的结果会导致企业资产减少或者负债增加；

（3）经济利益的流出额能够可靠计量。

符合费用定义和费用确认条件的项目，应当列入利润表。

费用的确认应当注意：

（1）企业为生产产品、提供劳务等发生的可归属于产品成本、劳务成本等的费用，应当在产品销售收入、劳务收入等确认时，将已销售产品、已提供劳务的成本等计入当期损益。

（2）企业发生的支出不产生经济利益的，或者即使能够产生经济利益但不符合或者不再符合资产确认条件的，应当在发生时确认为费用，计入当期损益。

（3）企业发生的交易或者事项导致其承担了一项负债而又不确认为一项资产的，应当在发生时确认为费用，计入当期损益。

3. 费用的分类

费用可分为营业支出、期间费用和资产减值损失。

（1）营业支出。即营业成本和税金及附加。其中，营业成本是指已销售商品、已提供劳务等经营活动发生的生产（劳务）成本。生产成本包括直接费用和间接费用。

直接费用，是指为生产商品和提供劳务等发生的直接人工、直接材料、商品进价和其他直接费用。直接费用与营业收入有明确的因果关系，应直接计入生产经营成本，与营业收入进行配比。

间接费用，是指为生产商品、提供劳务而发生的共同性费用。这些费用同提供的商品与劳务也具有一定的因果关系，但需要采用一定的标准分配计入生产经营成本，并与营业收入相配比。

（2）期间费用。包括企业行政管理部门为组织和管理生产经营活动而发生的管理费用，为筹集资金等而发生的财务费用，为销售商品和提供劳务而发生的销售费用。由于期间费用与会计期间直接相连，则期间费用与其发生期的收入相配比，在当期的利润中应全额予以抵减。

（3）资产减值损失。即资产已发生的不能带来经济利益的减值损失。

【小思考】

“营业外支出”和“费用”有何区别？

______

______

（六）利润

1. 利润的定义

利润是指企业在一定会计期间的经营成果。利润包括收入减去费用后的净额、直接计入当期利润的利得和损失等。其中：

（1）收入减去费用后的净额，反映了企业日常经营活动的业绩；

（2）直接计入当期利润的利得和损失，是指应当计入当期损益、最终会导致所有者权益发生增减变动的、与所有者投入资本或者向所有者分配利润无关的利得或者损失。

2. 利润的确认条件

利润的确认主要依赖于收入、费用、利得和损失的确认。利润金额的确定也主要取决于收入和费用、直接计入当期利润的利得和损失金额的计量。

利润项目应当列入利润表。

3. 利润的分类

利润通常包括以下项目：

（1）营业利润。即营业收入减去营业成本、税金及附加、期间费用和资产减值损失，加上公允价值变动收益（减去损失）和投资收益（减去损失）后的余额。

（2）利润总额。即营业利润加营业外收支差额后的余额。

（3）净利润。即利润总额减去所得税费用后的差额。

以上六大会计要素，在《企业会计准则》中分别做了详细说明。会计要素的划分，是设置会计科目和账户、构筑基本会计报表框架的依据，在会计核算上具有重要的意义。

二、会计等式

（一）财务状况等式

制造企业要进行生产经营，必须拥有一定的资金，这些资金的来源包括所有者投入的资金和债权人投入的资金两部分。投入企业的资金要用于购买机器设备和原材料等，才能开展正常的经营活动。企业的这些资产一方面表现为特定的物质实体存在形式，如库存现金、银行存款、原材料、固定资产、库存商品等；另一方面又表现为相应的要求权，即这些资产是如何取得的，为谁所有。通常把对资产的要求权称为权益。

由此可见，资产与权益是同一资金的两个方面，资产说明企业拥有或控制的经济资源的运用情况，权益则说明企业拥有或控制的经济资源的来源情况。两者相互依存，有一定数额的资产，必然有相应数额的权益；反之亦然。由此可以推出：

资产=权益

资产=负债+所有者权益

该等式反映了资产的归属关系，是会计对象的公式化，是资金平衡的理论依据，也是设置账户、复式记账和编制资产负债表的理论依据。因此，会计上称之为基本会计等式，又可称为静态会计等式。

（二）经营成果等式

企业经营的目的是为了获得盈利，在投入经营后的每一会计期间，企业在取得收入的同时，必然要发生相应的费用，根据权责发生制和配比原则的要求，可以正确计算出当期实现的利润。这就形成了收入、费用和利润三者之间的关系：

收入−费用=利润

若利润为正，则企业盈利；若利润为负，则企业亏损。

这一等式反映了企业在某一会计期间的经营动态情况，故又称之为动态会计等式，它是设计和编制利润表的理论基础。

（三）综合等式

在企业生产经营过程中，收入的发生会导致资产的增加或负债的减少，费用的发生会导致资产的流出或负债的增加，利润的变化则是企业资产流入和流出的结果。因此，利润的增加一方面使企业增加新的资产，另一方面这些新增加的资产又归企业的所有者所有，必然会增加企业的所有者权益；反之，则减少了所有者权益。因此，企业资产、负债、所有者权益、收入、费用和利润之间在数量上存在着一种内在联系，表现为：

资产=负债+所有者权益+（收入−费用）

也可以变形为：

资产=负债+所有者权益+利润

（四）经济业务对会计等式的影响

当企业持续经营时，发生的经济业务会引起会计要素金额的增减变化，这些变化大致可以划分为以下九种类型：

1. 资产项目的一增一减

【例 2-1】安信食品有限公司以银行存款 150 000 元购入机床一台。该项经济业务对会计等式的影响为：

资产		=	负债		+	所有者权益	
银行存款	−150 000						
固定资产	+150 000						

2. 负债项目的一增一减

【例 2-2】安信食品有限公司向银行取得短期借款，直接偿还应付账款 12 000 元。该项经济业务对会计等式的影响为：

资产		=	负债		+	所有者权益	
			短期借款	+12 000			
			应付账款	−12 000			

3. 所有者权益项目的一增一减

【例 2-3】安信食品有限公司以盈余公积 500 000 元转增资本。该项经济业务对会计等式的影响为：

资产		=	负债		+	所有者权益	
						实收资本	+500 000
						盈余公积	−500 000

4. 资产和负债同时增加

【例 2-4】安信食品有限公司赊购面粉 1 000 千克，价款合计 4 000 元。该项经济业务对会计等式的影响为：

资产	=	负债	+	所有者权益
原材料 +4 000		应付账款 +4 000		

5. 资产和负债同时减少

【例 2-5】安信食品有限公司以银行存款 16 000 元偿还前欠的购买黄油货款。该项经济业务对会计等式的影响为：

资产	=	负债	+	所有者权益
银行存款 −16 000		应付账款 −16 000		

6. 资产和所有者权益同时增加

【例 2-6】安信食品有限公司收到投资者投入资金 200 000 元。该项经济业务对会计等式的影响为：

资产	=	负债	+	所有者权益
银行存款 +200 000				实收资本 +200 000

7. 资产和所有者权益同时减少

【例 2-7】安信食品有限公司以银行存款 21 000 元分配股利。该项经济业务对会计等式的影响为：

资产	=	负债	+	所有者权益
银行存款 −21 000				利润分配——未分配利润 −21 000

8. 负债减少，所有者权益增加

【例 2-8】安信食品有限公司和债权人达成协议，将其 110 000 元应付账款转为对本企业的投资。该项经济业务对会计等式的影响为：

资产	=	负债	+	所有者权益
		应付账款 −110 000		实收资本 +110 000

9. 负债增加，所有者权益减少

【例 2-9】安信食品有限公司宣告分派股利 120 000 元。该项经济业务对会计等式的影响为：

资产	=	负债	+	所有者权益
		应付股利 +120 000		利润分配——未分配利润 120 000

【教中学 学中做】

1. 企业用银行存款购入原材料，原材料入库，表现为（　　）。
   A. 一项资产增加，另一项资产减少，资产总额不变
   B. 一项资产增加，另一项资产减少，资产总额增加
   C. 一项资产增加，另一项负债增加

D. 一项资产减少，另一项负债减少

2. 下列会计业务中会使企业月末资产总额发生变化的是（　　）。

A. 从银行提取现金　　B. 购买原材料，货款未付

C. 购买原材料，货款已付　　D. 预付货款

3. 某公司 1 月初资产总额为 250 000 元，负债总额为 100 000 元，1 月份发生下列经济业务：取得收入共计 70 000 元，发生费用共计 50 000 元，则 1 月底该企业的所有者权益总额为（　　）元。

A. 310 000　　B. 180 000

C. 100 000　　D. 170 000

任务二　会计科目

一、会计科目概述

（一）会计科目的定义

会计科目是指按照经济内容对各个会计要素进行分类所形成的项目，每一个项目都规定一个名称，每一个会计科目都明确地反映一定的经济内容。

（二）设置会计科目的意义

会计要素是对会计对象的基本分类。企事业单位发生的经济业务，必然引起各会计要素具体内容发生数量、金额的增减变化。即使只涉及同一会计要素，其具体内容也往往不同。单位经济业务的复杂性，决定了各个会计要素内部构成及各个会计要素之间增减变化的错综复杂性和形式多样性。为了全面、系统、详细地对各项会计要素的具体内容及其增减变动情况进行核算和监督，为经济管理提供更加具体的分类的数量指标，需要对会计要素按其经济内容进一步分类，这就有必要设置会计科目。会计科目是进行会计核算和提供各项会计信息的基础，在会计核算中，会计科目的设置具有重要的意义。

1. 会计科目是复式记账的基础

复式记账要求每一笔经济业务在两个或两个以上相互联系的账户中进行登记，以反映资金运动的来龙去脉。

2. 会计科目是编制记账凭证的基础

在我国，会计凭证是确定所发生的经济业务应计入何种会计科目及分门别类登记账簿的依据。

3. 会计科目为成本计算与财产清查等提供了前提条件

会计科目的设置，有助于成本核算，使各成本计算成为可能；而账面记录与实际结存

的核对，又为财产清查、保证账实相符提供了必要的条件。

4. 会计科目为编制会计报表提供了方便

会计科目是提供会计信息的主要手段，为了保证会计信息的质量及其被提供的及时性，会计报表中的许多项目与有关会计科目是一致的，并要根据会计科目的本期发生额或余额填列。

二、会计科目的设置原则

会计科目作为向投资者、债权人、企业经营管理者等提供会计信息的重要手段，在其设置过程中应努力做到科学、合理、适用，应遵循下列原则：

1. 合法性原则

合法性原则是指所设置的会计科目应当符合国家统一的会计准则和会计制度的规定。我国现行的会计准则和会计制度均对企业设置的会计科目做出了规定，以保证不同企业对外提供的会计信息的可比性。企业应当参照会计准则和会计制度中统一规定的会计科目，根据自身的实际情况设置会计科目，但其设置的会计科目不得违反现行会计准则和会计制度的规定。

2. 相关性原则

相关性原则是指所设置的会计科目应当为提供有关各方所需要的会计信息服务，满足对外报告与对内管理的要求。根据企业会计准则的规定，企业财务报告提供的信息必须满足对内对外各方面的需要，而设置会计科目必须服务于会计信息的提供，必须与财务报告的编制相协调、相关联。

3. 实用性原则

实用性原则是指所设置的会计科目应符合单位自身特点，满足单位实际需要。企业的组织形式、所处行业、经营内容及业务种类等不同，在会计科目的设置上亦应有所区别。在合法性的基础上，企业应根据自身特点，在不影响统一会计核算要求及对外提供统一的财务报表的前提下，自行增设、减少或合并某些会计科目。例如，制造型企业根据管理要求，可以将“生产成本”“制造费用”科目合并为“生产费用”科目；或将“生产成本”科目分为“基本生产成本”和“辅助生产成本”两个科目。

三、会计科目的设置

会计科目的设置是指企业、事业等单位在国家统一规定的会计科目的基础上，建立本会计主体的会计科目体系。具体内容包括：确定其所使用的会计科目的数量、级次、名称，以及每一个会计科目所包括的具体内容、记录和核算的方法与要求，以及各科目之间的联系。

设置会计科目要根据集中统一，依据政策和财经制度，能够全面地反映资金运动，有利于组织会计核算、有利于加强单位的经济管理、有利于群众参加经济核算等原则。我国《企业会计准则——应用指南》的附录中统一规定了会计科目名称和编号。在会计科目表中所列的内容，是依据企业会计准则中会计要素确认和计量要求而制定的，涵盖了各类企业的交易和事项所需核算时使用的科目名称。在此基础上，企业可以根据自身的实际情况选择使用。我国企业会计科目表如表 2-1 所示。

表 2-1　会计科目表

编号	科目代码	科目名称	类别
一、资产类			
1	1001	库存现金	现金
2	1002	银行存款	银行存款
3	1003	存放中央银行款项	银行专用
4	1011	存放同业	银行专用
5	1012	其他货币资金	流动资产
6	1021	结算备付金	证券专用
7	1031	存出保证金	金融共用
8	1101	交易性金融资产	流动资产
9	1111	买入返售金融资产	金融共用
10	1121	应收票据	流动资产
11	1122	应收账款	流动资产
12	1123	预付账款	流动资产
13	1131	应收股利	流动资产
14	1132	应收利息	流动资产
15	1201	应收代位追偿款	保险专用
16	1211	应收分保账款	保险专用
17	1212	应收分保未到期责任准备金	保险专用
18	1221	其他应收款	流动资产
19	1231	坏账准备	坏账准备
20	1301	贴现资产	银行专用
21	1302	拆出资金	金融共用
22	1303	贷款	银行专用
23	1304	贷款损失准备	银行专用
24	1311	代理兑付证券	银行证券共用
25	1321	受托代销商品（代理业务资产）	存货
26	1401	材料采购	存货
27	1402	在途物资	存货
28	1403	原材料	存货
29	1404	材料成本差异	存货
30	1405	库存商品	存货
31	1406	发出商品	存货
32	1407	商品进销差价	存货
33	1408	委托加工物资	存货
34	1411	周转材料	存货
35	1421	消耗性生物资产	农业专用
36	1431	贵金属	金融共用
37	1441	抵债资产	金融共用
38	1451	损余物资	保险专用
39	1461	融资租赁资产	租赁专用
40	1471	存货跌价准备	存货
41	1481	持有待售资产	
42	1482	持有待售资产减值准备	

（续表）

编号	科目代码	科目名称	类别
43	1501	持有至到期投资	非流动资产
44	1502	持有至到期投资减值准备	非流动资产
45	1503	可供出售金融资产	非流动资产
46	1511	长期股权投资	非流动资产
47	1512	长期股权投资减值准备	非流动资产
48	1521	投资性房地产	非流动资产
49	1531	长期应收款	非流动资产
50	1532	未实现融资收益	非流动资产
51	1541	存出资本保证金	保险专用
52	1601	固定资产	固定资产
53	1602	累计折旧	累计折旧
54	1603	固定资产减值准备	固定资产
55	1604	在建工程	固定资产
56	1605	工程物资	固定资产
57	1606	固定资产清理	固定资产
58	1611	未担保余值	租赁专用
59	1621	生产性生物资产	农业专用
60	1622	生产性生物资产累计折旧	农业专用
61	1623	公益性生物资产	农业专用
62	1631	油气资产	石油天然气开采专用
63	1632	累计折耗	石油天然气开采专用
64	1701	无形资产	非流动资产
65	1702	累计摊销	非流动资产
66	1703	无形资产减值准备	非流动资产
67	1711	商誉	非流动资产
68	1801	长期待摊费用	非流动资产
69	1811	递延所得税资产	非流动资产
70	1812	独立账户资产	
71	1901	待处理财产损溢	非流动资产
二、负债类			
72	2001	短期借款	流动负债
73	2002	存入保证金	金融共用
74	2003	拆入资金	金融共用
75	2004	向中央银行借款	银行专用
76	2011	吸收存款	银行专用
77	2012	同业存放	银行专用
78	2021	贴现负债	银行专用
79	2101	交易性金融负债	流动负债
80	2111	卖出回购金融资产款	金融共用
81	2201	应付票据	流动负债
82	2202	应付账款	流动负债
83	2203	预收账款	流动负债
84	2211	应付职工薪酬	流动负债
85	2221	应交税费	流动负债
86	2231	应付股利	流动负债
87	2232	应付利息	流动负债

（续表）

编号	科目代码	科目名称	类别
88	2241	其他应付款	流动负债
89	2251	应付保单红利	保险专用
90	2261	应付分保账款	保险专用
91	2311	代理买卖证券款	证券专用
92	2312	代理承销证券款	金融共用
93	2313	代理兑付证券款	证券和银行共用
94	2314	受托代销商品款（代理业务负债）	流动负债
95	2401	递延收益	流动负债
96	2245	持有待售负债	
97	2501	长期借款	流动负债
98	2502	应付债券	非流动负债
99	2601	未到期责任准备金	保险专用
100	2602	保险责任准备金	保险专用
101	2611	保户储金	保险专用
102	2621	独立账户负债	保险专用
103	2701	长期应付款	非流动负债
104	2702	未确认融资费用	非流动负债
105	2711	专项应付款	非流动负债
106	2801	预计负债	流动负债
107	2901	递延所得税负债	非流动负债
三、共同类			
108	3001	清算资金往来	银行专用
109	3002	外汇买卖	金融共用
110	3101	衍生工具	共同
111	3201	套期工具	共同
112	3202	被套期项目	共同
四、所有者权益类			
113	4001	实收资本	资本
114	4002	资本公积	资本
115	4101	盈余公积	资本
116	4102	一般风险准备	金融共用
117	4103	本年利润	累计盈余
118	4104	利润分配	累计盈余
119	4201	库存股	累计盈余
120	4301	专项储备	
五、成本类			
121	5001	生产成本	生产成本
122	5101	制造费用	生产成本
123	5201	劳务成本	生产成本
124	5301	研发支出	生产成本
125	5401	工程施工	建造承包商专用
126	5402	工程结算	建造承包商专用
127	5403	机械作业	建造承包商专用
六、损益类			
128	6001	主营业务收入	收入
129	6011	利息收入	金融共用

（续表）

编号	科目代码	科目名称	类别
130	6021	手续费及佣金收入	金融共用
131	6031	保费收入	保险专用
132	6041	租赁收入	租赁专用
133	6051	其他业务收入	其他收入
134	6061	汇兑损益	金融专用
135	6101	公允价值变动损益	其他收入
136	6111	投资收益	其他收入
137	6201	摊回保险责任准备金	保险专用
138	6202	摊回赔付支出	保险专用
139	6203	摊回分保费用	保险专用
140	6301	营业外收入	其他收入
141	6401	主营业务成本	销售成本
142	6402	其他业务成本	其他费用
143	6403	税金及附加	其他费用
144	6411	利息支出	金融共用
145	6421	手续费及佣金支出	金融共用
146	6501	提取未到期责任准备金	保险专用
147	6502	提取保险责任准备金	保险专用
148	6511	赔付支出	保险专用
149	6521	保户红利支出	保险专用
150	6531	退保金	保险专用
151	6541	分出保费	保险专用
152	6542	分保费用	保险专用
153	6601	销售费用	费用
154	6602	管理费用	费用
155	6603	财务费用	费用
156	6604	勘探费用	
157	6701	资产减值损失	其他费用
158	6711	营业外支出	其他费用
159	6801	所得税费用	其他费用
160	6901	以前年度损益调整	其他费用

四、会计科目的分类

会计科目是对会计要素按其经济内容所做的进一步分类。每一个会计科目都明确反映特定的经济内容，但各个会计科目并非彼此孤立，而是相互联系、互相补充地组成一个完整的会计科目体系。为了正确地掌握和运用会计科目，可对会计科目进行适当的分类。

（一）按其核算的经济内容划分

1. 资产类科目

按照资产的流动性可分为反映流动资产的科目和反映非流动资产的科目。

反映流动资产的科目，如“库存现金”“银行存款”“交易性金融资产”“库存商品”“应收账款”“应收票据”“预付账款”“其他应收款”等科目。

反映非流动资产的科目，如“长期股权投资”“长期应收款”“固定资产”“无形资产”“长期待摊费用”等科目。

2. 负债类科目

按照负债的偿还期可分为反映流动负债的科目和反映长期负债的科目。

反映流动负债的科目，如“短期借款”“应付票据”“应付账款”“应付职工薪酬”“应交税费”等科目。

反映长期负债的科目，如“长期借款”“应付债券”“长期应付款”“预计负债”等科目。

3. 共同类科目

共同类科目有“清算资金往来”“衍生工具”“套期工具”等科目。

4. 所有者权益类科目

所有者权益类科目有“实收资本”“资本公积”“盈余公积”“本年利润”“利润分配”等科目。

5. 成本类科目

成本类科目有“生产成本”“制造费用”等科目。

6. 损益类科目

损益类科目有“主营业务收入”“其他业务收入”“投资收益”“营业外收入”“主营业务成本”“其他业务成本”“税金及附加”“销售费用”“管理费用”“财务费用”“所得税费用”等科目。

【教中学 学中做】

1. 科目按会计要素分类，“本年利润”科目属于（　　）。

A. 资产类科目　　B. 所有者权益类科目

C. 成本类科目　　D. 损益类科目

2. 按经济内容分类，下列科目属于损益类科目的有（　　）。

A. 主营业务成本　　B. 生产成本

C. 制造费用　　D. 管理费用

（二）按提供核算指标的详细程度划分

在设置会计科目时，一方面要设置能据以提供总括信息资料的总账科目；另一方面也要设置能据以反映详细具体指标的明细科目。

1. 总账科目

总账科目即一级科目，也称总分类会计科目，是对会计要素的具体内容进行总括分类的会计科目，是进行总分类核算的依据。为了满足会计信息使用者对信息质量的要求，总账科目是由财政部《企业会计准则——应用指南》统一规定的。

2. 明细科目

明细科目也称为明细分类会计科目、细目，是在总账科目的基础上，对总账科目所反映的经济内容进行进一步详细分类的会计科目，以提供更详细、更具体的会计信息。例如，在“原材料”科目下，按材料类别开设“原料及主要材料”“辅助材料”“燃料”等二级科目。明细科目的设置，除了要符合财政部统一规定外，一般根据经营管理需要，由企业自行设置。对于明细科目较多的科目，可以在总账科目和明细科目设置二级或多级科目。例如，在“原料及主要材料”二级明细科目下，再根据材料规格、型号等开设三级明细科目。明细科目又可分为二级明细科目（子目）、三级明细科目（细目）、四级明细科目等。

在实际工作中，并不是所有的总账科目都需要开设二级和三级明细科目，根据会计信息使用者所需不同信息的详细程度，有些只需要设置一级总账科目，有些只需要设置一级总账科目和二级明细科目，不需要设置三级科目等。

会计科目按其提供核算指标的详细程度不同所做的分类如表 2-2 所示。

表 2-2 会计科目按其提供核算指标的详细程度不同所做的分类

总分类科目（一级科目）	明细分类科目	
	子目（二级科目）	细目（三级科目）
应交税费（2221）	应交增值税（222101）	进项税额（22210101）
		已交税金（22210102）
		销项税额（22210106）
		出口退税（22210107）
		进项税额转出（22210108）
	应交消费税（222102）	
	应交所得税（222104）	

任务三 会计账户

会计科目仅仅是对企业的经济业务内容进行分类后所形成的项目，为了能够分门别类地对各项经济业务的发生所引起的会计要素的增减变动情况及结果，进行全面、连续、系统、准确地核算和监督，以便为会计信息使用者提供所需要的各种会计信息，还必须根据规定的会计科目在账簿中开设账户，通过账户对各项经济业务进行分类、系统、连续地记录。

一、设置账户的必要性

会计科目只是规定了会计对象具体内容的类别名称，不能进行具体的会计核算。为了连续、系统、全面地记录由于经济业务的发生而引起会计要素的增减变动，为会计信息的使用者提供各种会计信息，必须根据规定的会计科目在账簿中开设账户。账户是根据会计科目开设的，具有一定格式和结构，用于连续、系统、分类记录和反映会计要素增减变动情况的一种专门工具。设置账户是会计核算的一种专门方法。

二、账户的基本结构

所谓账户的结构是指账户的基本构成要素，其实质就是在账户中如何反映和记录会计要素的增加、减少和结存情况。

尽管企业的经济活动错综复杂，但经济业务所引起的各项会计要素的变动，从数量上看不外乎是增加和减少两种情况。为了清晰反映各项经济业务的增减变动情况，通常将账户划分为左、右两方，分别登记增加数和减少数，至于左右两方哪方登记增加额，哪方登记减少额，则取决于所采用的记账方法和所记录的经济业务内容。在实际工作中，账户的具体结构可以根据不同的需要设计出多种多样的格式，但其基本内容包括：

1. 账户名称（即会计科目）；
2. 日期（记录经济业务的日期）；
3. 凭证号数（表明账户记录所依据的会计凭证的编号）；
4. 摘要（简要说明经济业务的内容）；
5. 增加和减少的金额及余额；
6. 页码（账簿必须连续编号）。

账户的一般格式如表 2-3 所示。

表 2-3　账户的一般格式

账户名称（会计科目）　　第　页

年		凭证		摘要	借方	贷方	借或贷	余额
月	日	字	号					

为了教学的方便，上述账户的基本结构，通常简化为“T”型，称为“丁”字账户或“T”型账户，如图 2-1 所示。

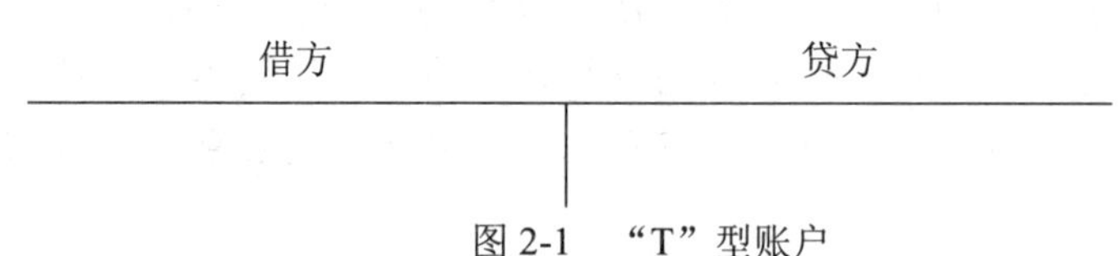

图 2-1　“T”型账户

借贷记账法下的账户，其左方称为“借方”，右方称为“贷方”。至于哪一方登记增加数，哪一方登记减少数，需要根据经济业务的内容和会计账户的性质而定。

账户作为连续、系统记录经济业务增减变动情况及其结果的工具，包括会计科目的期初余额、本期增加额、本期减少额和期末余额四个方面的数据。本期增加额是指在一定会计期间内所登记增加额的合计数，本期减少额是指在一定会计期间内所登记减少额的合计数。这四项数据的关系如下：

期末余额=期初余额+本期增加额-本期减少额

三、账户的分类

账户可根据其核算的经济内容、提供信息的详细程度及其统驭关系进行分类。

（一）按反映的经济内容分类

账户的经济内容是指账户所反映的会计对象的具体内容。按反映的经济内容分类是对账户最基本的分类。可分为资产类账户、负债类账户、所有者权益类账户、成本类账户和损益类账户。

1. 资产类账户

资产类账户是反映企业资产增减变动及结余情况的账户。按照资产的流动性，可分为反映流动资产的账户和反映非流动资产的账户两类。反映流动资产的账户有“库存现金”“银行存款”“应收账款”“原材料”“库存商品”等账户；反映非流动资产的账户有“长期股权投资”“固定资产”“无形资产”“累计摊销”“长期待摊费用”等账户。

2. 负债类账户

负债类账户是反映企业负债增减变动及结余情况的账户。按照负债的偿还速度或偿还时间长短，可分为流动负债的账户和长期负债的账户两类。流动负债的账户有“短期借款”“应付账款”“应付职工薪酬”“应交税费”“应付利息”“应付股利”“其他应付款”等账户；长期负债的账户有“长期借款”“应付债券”“长期应付款”等账户。

3. 所有者权益类账户

所有者权益类账户是反映企业所有者权益增减变动及结余情况的账户，包括两类：即投入资本的账户和资本积累的账户。投入资本的账户有“实收资本”“资本公积”等账户；资本积累的账户有“盈余公积”“本年利润”“利润分配”等账户。

4. 成本类账户

成本类账户是用来对生产经营过程中发生的费用进行归集，并计算归集到相应成本中去的账户。在制造业中，成本类账户按生产经营的阶段可以分为两类：供应过程中的成本账户，这类账户用来归集材料购入并达到可供使用状态所发生的价款及采购费用，从而计算材料的采购成本，如“材料采购”账户；生产过程中的成本账户，这类账户用来归集产品的生产费用，计算产品的生产成本，如“生产成本”“制造费用”等账户。

5. 损益类账户

损益类账户是指那些核算内容与损益的计算确定直接相关的账户，主要是指那些用来反映企业收入和费用的账户。反映收入的账户有“主营业务收入”“其他业务收入”“营业外收入”“投资收益”等账户；反映费用的账户有“主营业务成本”“销售费用”“管理费用”“税金及附加”“财务费用”“其他业务成本”“营业外支出”“所得税费用”等账户。

（二）根据其提供信息的详细程度及其统驭关系分类

账户可以分为总分类账户和明细分类账户。

1. 总分类账户

总分类账户是根据总分类科目设置的，用于对会计要素具体内容进行总括分类核算的账户，简称总账。

2. 明细分类账户

明细分类账户是根据明细分类账户科目设置的，用来对会计要素具体内容进行明细分类核算的账户，简称明细账。

总分类账户和所属明细分类账户核算的内容相同，只是反映内容的详细程度有所不同，两者相互补充、相互制约、相互核对。

总分类账户统驭和控制所属明细分类账户，明细分类账户从属于总分类账户并对总分类账户进行补充和说明。

知识链接

总分类账户和明细分类账户要平行登记。所谓平行登记是指对于发生的每一项经济业务,依据原始凭证和记账凭证分别在总分类账户和其所属的明细分类账户进行登记的方法。总分类账户和明细分类账户之间的平行登记方法可以归纳为以下几点:

1. 同时期登记

每一项经济业务，既要记入有关的总分类账户，又要记入有关的明细分类账户，并且应该在同一会计期间记入。在实际工作中，两者登记并非同一时间，可以有先有后，但必须是同一会计期间。

2. 同方向登记

在总分类账户和其所属的明细分类账户进行登记时，其记账方向必须相同，即：总分类账户记在借方，其所属的明细分类账户也要记在借方；总分类账户记在贷方，其所属的明细分类账户也要记在贷方。

3. 等金额登记

每一项经济业务，记入总分类账户的金额必须与记入其所属的各个明细分类账户的金额之和相等。

4. 同依据

在总分类账户和其所属的明细分类账户进行登记时，所依据的会计凭证必须相同。

【小思考】

请同学们思考一下，会计科目和会计账户有什么区别和联系？

项 目 反 思

1. 通过学习会计科目和账户，你学到了哪些内容？

2. 你的疑惑点：

3. 解决方案：

4. 总结：

知识要点总结

本项目主要介绍了会计要素、会计等式、会计科目和会计账户等内容。会计要素分为资产、负债、所有者权益、收入、费用、利润六大会计要素；会计等式分为动态会计等式和静态会计等式两种；会计科目按照经济内容分类可以分为资产类、负债类、共同类、所有者权益类、成本类和损益类会计科目，按照提供核算指标的详细程度可以分为总账科目和明细科目两种；会计账户的基本内容包括：账户名称（即会计科目）、日期（记录经济业务的日期）、凭证号数（表明账户记录所依据的会计凭证的编号）、摘要（简要说明经济业务的内容）、增加和减少的金额及余额、页码（账簿必须连续编号）。

知识要点总结导图

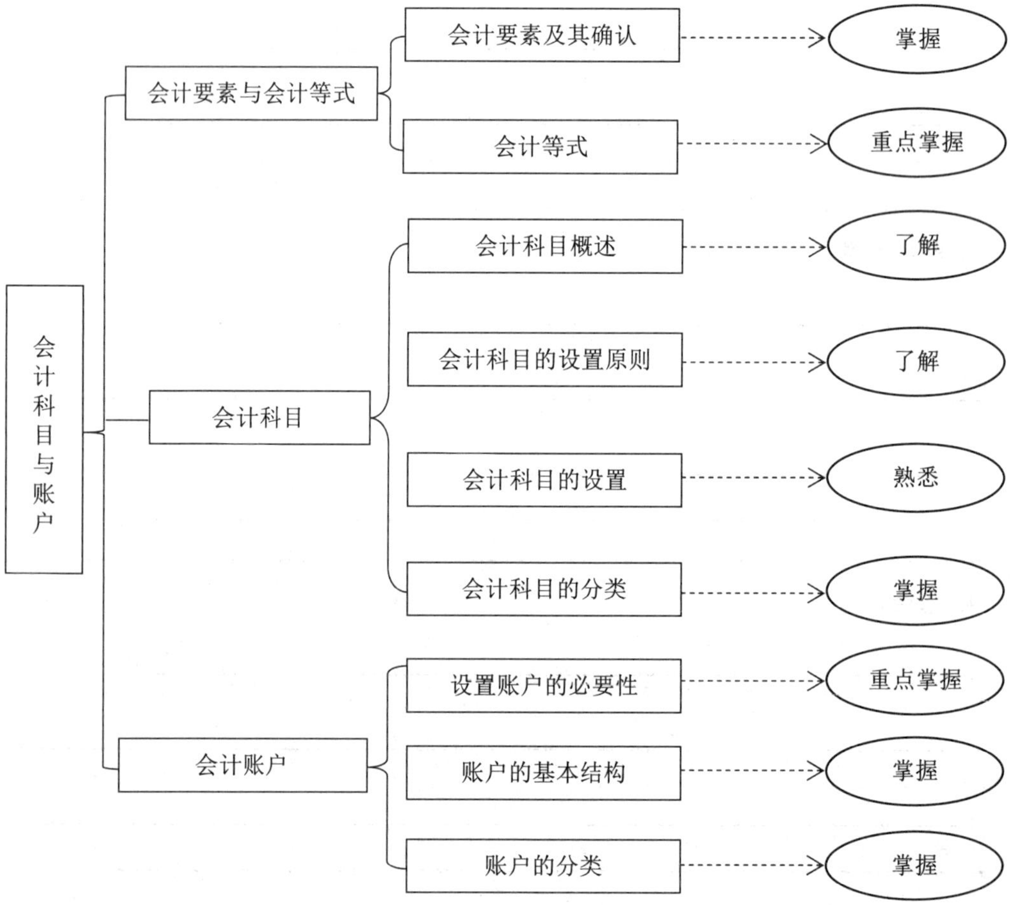

- 会计科目与账户
  - 会计要素与会计等式
    - 会计要素及其确认 → 掌握
    - 会计等式 → 重点掌握
  - 会计科目
    - 会计科目概述 → 了解
    - 会计科目的设置原则 → 了解
    - 会计科目的设置 → 熟悉
    - 会计科目的分类 → 掌握
  - 会计账户
    - 设置账户的必要性 → 重点掌握
    - 账户的基本结构 → 掌握
    - 账户的分类 → 掌握

项 目 考 核

一、简答题

1. 企业会计有哪些要素？各个会计要素有哪些特点？

2. 什么是会计等式？为什么说任何经济业务的发生都不会破坏“资产=负债+所有者权益”这一等式的平衡关系？

3. 什么是会计科目？常用的会计科目有哪些？

4. 什么是会计账户？会计账户的基本结构是什么？

技 能 训 练

一、单项选择题

1. 一个账户的增加发生额与该账户的期末余额一般都应在该账户的（　　）。

A. 借方　　B. 贷方　　C. 相同方向　　D. 相反方向

2. 损益类账户的期末余额一般（　　）。

A. 在借方　　B. 在贷方　　C. 无法确定方向　　D. 为零

3. 某账户的期初余额为 900 元，期末余额为 5 000 元，本期减少发生额为 600 元，则本期增加发生额为（　　）元。

A. 3 500　　B. 300　　C. 4 700　　D. 5 300

4. 会计科目和会计账户的本质区别在于（　　）。

A. 反映的经济业务不同

B. 记录资产和权益的内容不同

C. 记录资产和权益的方法不同

D. 会计账户有结构，而会计科目无结构

5. 会计科目的设置原则不包括（　　）。

A. 实用性原则　　B. 相关性原则

C. 权责发生制原则　　D. 合法性原则

6. 经济业务发生仅涉及资产这一会计要素时，只引起该要素中某些项目发生（　　）变动。

A. 同增　　B. 同减　　C. 一增一减　　D. 不增不减

7. 引起资产和权益同时增加的业务是（　　）。

A. 从银行提取现金　　B. 把银行借款存入银行

C. 用银行存款上缴税金　　D. 用银行存款支付前欠购货款

8. 以下各项目中属于资产的是（　　）。

A. 短期借款　　B. 存货　　C. 实收资本　　D. 应付利润

9. 所有者权益是企业所有者在企业资产中享有的经济利益，在数量上等于（　　）。

A. 全部资产减去全部所有者权益　　B. 全部资产减去流动负债

C. 企业的新增利润　　D. 全部资产减去全部负债

10. 流动资产是指其变现或耗用期在（　　）。

A. 一年以内　　B. 一个营业周期内

C. 一年内或超过一年的一个营业周期内　　D. 超过一年的一个营业周期内

二、多项选择题

1. 会计账户的各项金额的关系可用（　　）表示。

A. 本期期末余额=本期期初余额+本期增加发生额-本期减少发生额

B. 本期期末余额-本期期初余额=本期增加发生额-本期减少发生额

C. 本期期末余额-本期期初余额-本期增加发生额=本期减少发生额

D. 本期期末余额+本期减少发生额=本期期初余额+本期增加发生额

2. 以下有关明细分类科目的表述中，正确的有（　　）。

A. 明细分类科目也称一级会计科目

B. 明细分类科目是对总分类科目做进一步分类的科目

C. 明细分类科目是对会计要素具体内容进行总括分类的科目

D. 明细分类科目是能提供更加详细更加具体会计信息的科目

3. 下列经济业务中涉及两个资产账户且会引起其中一个增加，另一个减少的有（　　）。

A. 以银行存款购入固定资产　　B. 从银行提取现金备用

C. 收到其他单位前欠货款，存入银行　　D. 以银行存款归还前欠货款

4. 下列说法中正确的有（　　）。

A. 会计科目不仅表明了本身的核算内容，还决定了其自身的结构

B. 会计科目和账户所反映的经济内容是相同的

C. 会计科目是账户的名称

D. 账户是分类核算经济业务的工具

5. 会计科目按其所归属的会计要素不同，分为资产类、负债类、共同类、（　　）六大类。

A. 所有者权益类　　B. 损益类

C. 成本类　　D. 费用类

6. 根据我国《企业会计准则》的规定，会计要素包括（　　）。

A. 资产和费用　　B. 负债和收入

C. 资金占用和资金来源　　D. 利润和所有者权益

7. 资产确认应满足的条件有（　　）。

A. 必须是能为企业提供未来经济利益的经济资源

B. 必须是企业拥有或者控制的

C. 必须是具有实物形态的

D. 必须是过去的交易或事项形成的

8. 企业的投入资本是（　　）。
   A. 企业所有者权益构成的主体
   B. 投资者实际投入企业经营活动的各种财产物资和货币资金
   C. 企业注册成立的基本条件之一
   D. 企业投资人对企业净资产的所有权
9. 资产按其流动性可分为（　　）。
   A. 长期投资　　　　B. 流动资产
   C. 无形资产　　　　D. 非流动资产
10. “资产=负债+所有者权益”是（　　）。
   A. 设置账户的理论依据
   B. 总分类账户和明细分类账户平行登记的理论依据
   C. 复式记账的理论依据
   D. 反映企业资产归属关系的等式

三、判断题

1. 账户是根据会计科目设置的，具有一定的格式和结构。（　　）
2. 目前企业的总分类账户一般是根据国家有关会计制度规定的会计科目设置的。（　　）
3. 总分类科目与其所属的明细分类科目的核算内容相同，所不同的是前者提供的信息比后者更加详细。（　　）
4. 二级科目（子目）不属于明细分类科目。（　　）
5. 为了满足管理的需要，企业的会计账户设置得越细越好。（　　）
6. 会计账户的各项金额的关系可用“本期期末余额=本期期初余额+本期增加发生额-本期减少发生额”表示。（　　）
7. 不能给企业未来带来预期经济利益的资源不能作为企业资产反映。（　　）
8. 资产和权益在金额上始终是相等的。（　　）
9. 任何流入企业的资产都可以定义为企业的收入。（　　）
10. 任何经济业务发生都不会破坏会计等式的平衡关系。（　　）

四、计算题

练习一：假设某企业12月31日的资产、负债和所有者权益的状况如下表所示：

资产	金额	负债及所有者权益	金额
库存现金	1 000	短期借款	10 000
银行存款	27 000	应付账款	32 000
应收账款	35 000	应交税费	9 000
原材料	52 000	长期借款	B
长期股权投资	A	实收资本	240 000
固定资产	200 000	资本公积	23 000
合　　计	375 000	合　　计	C

要求：

1. 计算表中 A、B、C 的数据。
2. 计算该企业的流动资产总额。
3. 计算该企业的负债总额。

练习二：某企业本月发生下列经济业务：

1. 购进一批材料，价值 100 万元，款项尚未支付。
2. 向银行借款 500 万元，存入银行。
3. 用银行存款 3 万元上缴未交税金。
4. 以银行存款 60 万元偿还银行短期借款。
5. 将库存现金 10 万元存入银行。
6. 以银行存款 400 万元购入一项固定资产。
7. 以资本公积 200 万元转增资本。
8. 经协商将应付甲公司账户货款 12 万元转化为甲公司对企业的投资。

要求：

1. 分析这些受影响的项目应在哪些会计科目和账户中进行核算？
2. 涉及的会计账户分别属于哪一类账户？
3. 每一项业务会使账户增加还是减少？

项目三

会计记账方法

学习向导

1. 介绍复式记账法的概念、理论依据和特征;
2. 介绍借贷记账法的基本内容、账户结构、记账规则及试算平衡;
3. 介绍会计分录的概念和格式;
4. 介绍在借贷记账法下总分类账户和明细分类账户的关系，以及两者的平行登记。

学习目标

1. 理解复式记账的基本内容，以及复式记账法下经济业务的内涵;
2. 熟练掌握借贷记账法的内容、账户结构、记账规则，能够编制试算平衡表;
3. 能够依据借贷记账法编制会计分录;
4. 熟练登记总分类账和明细分类账，并对其进行核对。

案例导入

安信食品有限公司是一家刚刚成立的小型食品加工企业，公司为一般纳税人，注册资本为125 000元，与投资者的投入基本一致。现将公司部分信息展示如下:

1. 公司现设机关管理岗位4人，车间管理岗位2人，生产一线工人20人，均为合同制员工;

2. 公司拥有银行存款150 000元和留作备用的现金2 000元;

3. 公司生产A、B两种罐头食品，与上下游企业均有账项往来，现阶段欠甲公司10 000元；同时公司也与银行之间存在借贷关系，现阶段欠银行短期借款67 000元;

4. 公司拥有用于生产的设备、车辆、厂房等固定资产共计价值50 000元。

请问，如果你是安信食品有限公司的会计，你该如何记录公司的资产和负债呢？如果公司产生了新的业务，你又该如何记录呢？

任务一　会计记账方法的种类

会计记账方法是根据一定的记账原理、记账规则、记账符号，采用一定的计量单位，运用相应的描述手段，将会计主体的会计对象记录在账簿中。简单来讲，会计记账方法就是将企业日常经营活动中发生的经济业务转化成专业的会计“语言”，并将其记录在册的手段。按照记录的方式和全面性的不同，一般将会计记账方法分为两种：一种为单式记账法，另一种为复式记账法。

一、单式记账法

单式记账法是对发生的每一笔经济业务，只记录在一个账户中，并且只反映经济业务一个方面的记账方法。单式记账法只能记录和反映一个账户的增减变动情况，而不能记录和反映对应账户的变动情况，一般被用于记录现金、银行存款及应收应付款项的增加和减少。单式记账法作为一种较为简单的记账方法，简单、易懂是其最为重要的优点。在日常生活中，未经会计培训的人员也会使用单式记账法记录自己每日的开销和收入。但是，面对经济业务更为繁多、经济往来更为复杂的企业来说，单式记账法是无法满足企业的财务需求的。单式记账法的不足主要有以下几点：

1. 无法全面地反映各项经济业务

企业一个经济业务的发生，不是单纯的一个账户的增减变动，而是两个、甚至多个相互关联的账户间你增我减的关系。例如，企业从银行账户中取出 5 000 元现金留作备用金，该业务发生后，显然企业的现金增加了 5 000 元，同时银行账户中的存款因提现减少了 5 000 元，但如果使用单式记账法，我们只能在“库存现金”账户中记录现金的增加这一个变动情况，而无法得知其对应账户“银行存款”账户的变动情况（银行存款减少了），更无法得知现金账户增加的原因（从银行取了钱）。所以，单式记账法无法全面地反映经济业务的“来龙去脉”。

2. 无法系统地反映企业财务状况

企业的整体财务状况是由其经营活动中很多笔经济业务所构成的，这所涉及的众多账户均发生着此增彼减的关系，使用单式记账法无法反映整个财务状况的变动情况。在上个例子中，单式记账法下只反映了企业现金的增多，没有反映银行存款的同金额减少，更没有反映出实际上企业资产并没有发生变动，因为现金和银行存款同属于企业的货币资金，现金和银行存款的此消彼长并不会影响货币资金的变化，更不会影响企业资产的变化。

二、复式记账法

复式记账法是相对于单式记账法而言的。复式记账法的作用正是解决了单式记账法所存在的短板和不足，其可以完整、全面地反映经济业务，并将经济业务的“来龙去脉”表达清楚。最为重要是，复式记账法可以系统地反映企业的财务状况，将企业的财务状况完整地、真实地展现出来。

（一）复式记账法的概念

复式记账法是指对发生的每一项经济业务，都要以相等的金额，同时在两个或两个以上相互关联的账户中进行全面登记的一种记账方法。

在上文案例中，企业从银行账户中取出 5000 元现金留作备用金，在复式记账法下，一方面要在“库存现金”账户中记录现金增加了 5000 元，另一方面要在“银行存款”账户中记录银行存款减少了 5000 元。再如，企业用银行存款 10 万元购买机械设备一台，在复式记账法下，一方面要在“银行存款”账户中记录银行存款减少了 10 万元，另一方面要在“固定资产”账户中记录增加了一台价值 10 万元的机械设备。

（二）复式记账法的理论依据

复式记账法是以资产、负债和所有者权益的平衡关系为理论依据的，即“资产=负债+所有者权益”。

所有经济业务的发生，都会导致资产、负债和所有者权益这三个要素的变动，但无论它们如何变动，其平衡关系是永远不会改变的，即会计等式的左边（资产总额）永远等于等式的右边（负债总额和所有者权益总额之和）。根据这个平衡关系，每一项经济业务均会引起会计等式三个要素内至少两个账户发生增减变动，并且金额相等。因此，以相等的金额在两个或两个以上账户中做等额双重记录，可以如实、客观、全面地反映每一项经济业务。

知识链接

会计等式的平衡关系是永恒的，无论经济业务多么复杂，均不会影响“资产=负债+所有者权益”这个恒久不变的等式。归纳起来，会计等式左右两边的变化情况共有以下“三大状况、九个细则”，如表 3-1 所示。

表 3-1　会计等式左右两边的变化情况

细则	资产	=	负债	+	所有者权益	状况
（1）	增加		增加		不变	负债、所有者权益和资产同增同减，总额不变
（2）	增加		不变		增加	
（3）	减少		减少		不变	
（4）	减少		不变		减少	
（5）	不变		增加		减少	负债、所有者权益内部此增彼减，总额不变
（6）	不变		减少		增加	
（7）	不变		增加且减少		不变	
（8）	不变		不变		增加且减少	
（9）	增加且减少		不变		不变	资产内部此增彼减，总额不变

【教中学　学中做】

根据以上会计等式左右两边的变化情况的“三大状况、九个细则”和第一个例子，试举例剩下的细则都对应哪些实际经济业务。

（1）企业获得银行的短期借款 10 万元，企业收到款项后，银行存款的增加导致资产增加，企业的短期借款增加导致负债增加，会计等式保持平衡不变；

（2）________________________________

（3）________________________________

（4）________________________________

（5）________________________________

（6）________________________________

（7）________________________________

（8）________________________________

（9）________________________________

（三）复式记账法的特征

1. 复式记账法对于每一项经济业务都要在两个或两个以上相互联系的账户中同时记录。这是依据会计等式的平衡关系设定的，在两个或多个相互联系的账户中同时登记，不会打破会计等式的平衡关系，也可以全面反映一项经济业务的来龙去脉。更重要的是在一个会计年度结束后，会计人员编制会计报表也是建立在前期复式记账基础之上的。

2. 复式记账法对于每一项经济业务都要以相等的金额进行对应记录。相等金额同时在两个或两个以上账户上记录，这也是保证会计等式平衡关系不被打破的重要特征。

3. 依据前两个特征，可对账户记录的结果进行试算平衡，以检验账务的正确性。以复式记账法对全部经济业务登记入账后，可完整、系统地反映全部经济业务及它们之间的勾稽关系。最后会计人员可以依据会计等式的平衡关系编制试算平衡表，对账务进行复核，以保证及时发现问题、纠正错误。

现如今，复式记账法是国际上通用的一种记账方法，我国境内各类型单位均采用了复式记账的方法处理账务。复式记账法有增减记账法、收付记账法和借贷记账法三种类型，其中借贷记账法是世界各国普遍接受和采用的记账方法。

任务二 借贷记账法

一、借贷记账法的基本内容

（一）借贷记账法的概念

借贷记账法是用“借”和“贷”为记账符号，对每一项经济业务在两个或两个以上相互联系的账户中以相同金额、相反方向进行全面登记的一种复式记账方法。简单来讲，借贷记账法是以“借”和“贷”为记账符号的复式记账法。

（二）借贷记账法的记账符号

借贷记账法用“借”和“贷”作为记账符号，借贷并无实际意义，万不可望文生义。借贷记账法规定左方永远为借方，右方永远为贷方，借贷表示账户中记录经济业务金额的方位。至于借方和贷方哪一个表示增加，哪一个表示减少，也要视账户的性质和结构所定，不可简单地认为借方就是金额的增加或收入，贷方就是金额的减少或支付，这是初学者经常犯的错误。

拓展视域

借贷记账法是以“借”和“贷”作为记账符号的，这最早来源于银行业的资本借贷业务。众所周知，银行的经营方式是吸纳存款，然后将存款贷给资金使用者，进而收取利息获得利润。所以，借被用于反映银行吸纳客户存款而形成的债务，贷被用于反映银行贷款给资金使用者而产生的债权。但随着社会经济的发展，银行业务早已突破了早期简单的资金借贷，进而演变出更多、更为复杂的其他金融业务，借和贷便失去了原来的意义，被沿用至会计学上。而现如今，会计学下借贷两字早已失去了原有的字面含义，只是变成了单纯的记账符号，用来表示账户内相反的两个方向（借方和贷方）。

二、借贷记账法的账户结构

在借贷记账法下，账户的基本结构是固定的，即“T”型账户（见图 3-1）。“T”型账户要求，账户左方永远为“借方”，账户右方永远为“贷方”，借方贷方中间为账户名称。

借方	账户名称	贷方

图 3-1 “T”型账户的基本结构

借贷记账法下，借贷两方，一方记录经济业务的增加额，另一方记录经济业务的减少额。至于哪一方记录增加额，哪一方记录减少额，则取决于账户的性质，也就是经济业务的内容。同时，账户的余额也同样可以在账户中得以体现，余额所在的方向也要视账户的性质而定。综上所述，账户的性质决定了借贷方向及余额的方向。

借贷记账法下，账户的性质可分为六大类：资产类、负债类、所有者权益类、成本类、损益类和共同类。

（一）资产类账户的结构

资产类账户是反映资产增减变动的账户。资产类账户的结构是：借方记录资产的增加额，贷方记录资产的减少额；期初与期末余额一般在账户的借方，表示上期与本期期末资产的余额。资产类账户的结构如图 3-2 所示。

借方　　　资产类账户	贷方
期初余额 本期增加额	本期减少额
本期增加额合计	本期减少额合计
期末余额	

图 3-2　资产类账户的结构

资产类账户的期末余额计算公式为：

资产类账户期末余额=资产类账户期初余额+本期增加额合计（借方）−本期减少额合计（贷方）

（二）负债类账户的结构

负债类账户是反映负债增减变动的账户。负债类账户的结构是：借方记录负债的减少额，贷方记录负债的增加额；期初与期末余额一般在账户的贷方，表示本期与上期期末负债的余额。负债类账户的结构如图 3-3 所示。

借方　　　负债类账户	贷方
本期减少额	期初余额 本期增加额
本期减少额合计	本期增加额合计
	期末余额

图 3-3　负债类账户的结构

负债类账户的期末余额计算公式为：

负债类账户期末余额=负债类账户期初余额+本期增加额合计（贷方）–本期减少额合计（借方）

（三）所有者权益类账户的结构

所有者权益类账户是反映所有者权益增减变动的账户。所有者权益类账户的结构与负债类账户相同：借方记录所有者权益的减少额，贷方记录所有者权益的增加额，期初与期末余额一般在账户的贷方，表示本期与上期期末所有者权益的余额。所有者权益类账户的结构如图 3-4 所示。

借方　　所有者权益类账户	贷方
本期减少额	期初余额 本期增加额
本期减少额合计	本期增加额合计
	期末余额

图 3-4　所有者权益类账户的结构

所有者权益类账户的期末余额计算公式为：

所有者权益类账户期末余额=所有者权益类账户期初余额+本期增加额合计（贷方）–本期借方减少额合计（借方）

（四）成本类账户的结构

成本类账户是反映企业商品在制造过程中相关成本归集和计算的账户。成本类账户与资产类账户有着密不可分的联系，生产商品过程中需要耗用各类资产，资产经耗用后便转化成为商品的成本，而商品生产完毕后，成本又转化成为企业的资产（库存商品），即使未生产完成，半成品也可视为企业的资产。因此，成本可视为企业资产的另一种特殊形态。

成本类账户与资产类账户结构基本相同。成本类账户的结构是：借方记录成本的增加额，贷方记录成本的减少额；如果有余额，则一般在账户的借方，表示期末未生产完成的商品成本。成本类账户的结构如图 3-5 所示。

借方　　成本类账户	贷方
期初余额 本期增加额	本期减少额
本期增加额合计	本期减少额合计
期末余额	

图 3-5　成本类账户的结构

成本类账户的期末余额计算公式为：

成本类账户期末余额=成本类账户期初余额+本期增加额合计（借方）-本期减少额合计（贷方）

【小思考】

如果成本类账户期末无余额，则说明什么？

（五）损益类账户的结构

损益类账户比较特殊，由收入类和费用类两个账户构成。

1. 收入类账户

收入类账户是反映和监督会计主体在经营过程中取得的各类收入的账户。收入类账户与所有者权益类账户的结构基本相似，因为收入会导致利润流入企业，进而导致所有者权益的增加。收入类账户的结构为：借方记录收入的减少额或结转额，贷方记录收入的增加额，收入类账户无余额；期末将本期发生的增加额与本期发生的减少额的差额结转至“本年利润”账户。收入类账户的结构如图 3-6 所示。

借方　　　　收入类账户	贷方
本期减少额或结转额 ……	本期增加额 ……
本期减少额合计	本期增加额合计

图 3-6　收入类账户的结构

2. 费用类账户

费用类账户是反映会计主体在经营过程中支付的各项费用的账户。费用类账户与资产类账户的结构基本相似，因为费用的产生正是占用了企业的资产。费用类账户的结构为：借方记录费用的增加额，贷方记录费用的减少额或结转额，费用类账户同样无余额；期末将本期发生的增加额与本期发生的减少额的差额结转至“本年利润”账户。费用类账户的结构如图 3-7 所示。

借方	费用类账户 贷方
本期增加额 ……	本期减少额或结转额 ……
本期增加额合计	本期减少额合计

图 3-7 费用类账户的结构

（六）共同类账户的结构

共同类账户又称为双重性质账户，是一个既有资产性质又有负债性质的账户。在一个会计期间结束后，共同类账户需要根据余额的方向决定其性质，做重分类调整，进而保证会计等式的平衡关系不受影响。如果共同类账户的余额在借方，则属于资产性质，期末归入企业的资产；如果共同类账户的余额在贷方，则属于负债性质，期末归入企业的负债。共同类账户多被金融类企业所用，方便清算资金往来、外汇交易、金融衍生品交易等。

共同类账户的结构为：当经济业务反映为企业的资产时，按照资产类账户记录，即借方登记增加额，贷方登记减少额；当经济业务反映为企业的负债时，按照负债类账户记录，即贷方登记增加额，借方登记减少额。期末余额如果在借方，则为企业资产；期末余额如果在贷方，则为企业负债。共同类账户的结构如图 3-8 所示。

借方	共同类账户 贷方
资产性质增加额 负债性质减少额	资产性质减少额 负债性质增加额
本期借方发生额合计	本期贷方发生额合计
期末余额（为资产）	期末余额（为负债）

图 3-8 共同类账户的结构

根据上述各类账户的结构，将各类账户的借贷方向、余额方向归纳如表 3-2 所示。

表 3-2 各类账户结构汇总表

账户	借方	贷方	余额
资产类	增加	减少	借方
负债类	减少	增加	贷方
所有者权益类	减少	增加	贷方
成本类	增加	减少	借方
收入类	减少	增加	无余额，余额期末转入“本年利润”账户
费用类	增加	减少	无余额，余额期末转入“本年利润”账户

【教中学 学中做】

某企业向银行取得短期贷款 10 万元，计入“短期借款”账户，请问：短期借款账户属于哪一类账户？短期借款账户是增加了还是减少了？应计入借方还是贷方？

【小思考】

为什么要把资产类账户的增加记在借方，而把负债类和所有者权益类账户的增加记在贷方？

三、借贷记账法的记账规则

记账规则是使用记账方法记录经济业务时应遵循的规则和规律。借贷记账法的记账规则是：“有借必有贷，借贷必相等”。

“有借必有贷，借贷必相等”是使用借贷记账法进行账务处理的“金科玉律”，其包含以下三层含义：

1. 一项经济业务，必然会在两个或两个以上相互联系的账户中引起增减变动；
2. 经济业务发生后，有登记在借方的账户，必然有登记在贷方的账户，只有借方账户或只有贷方账户均是错误的；
3. 借方账户的金额总和一定等于贷方账户的金额总和，金额不等一定是错误的。

在实际运用借贷记账法处理经济业务时，可按照以下步骤进行：

首先，分析经济业务，找出其所涉及的会计科目和账户（两个或两个以上），并确定其所属的账户类别。

其次，确定涉及的科目和账户的金额是增加还是减少。

再次，根据前面确定的科目和账户及金额的增减情况，寻找其所属账户类别的账户结构，进一步确定该科目和账户的金额应记入的借贷方向。

最后，通过以上三个步骤，确定了经济业务具体所涉及的科目、金额及科目的借贷方向，依据“有借必有贷，借贷必相等”的记账规则做相应记录便可。

那么经济业务该如何分析呢？在实际生活中，一个企业所涉及的经济业务是纷繁复杂的，但是无论经济业务如何变化，都“万变不离其宗”，这个“宗”就是前文提到的“三大状况、九个细则”。所以经济业务归纳起来无外乎以下几点：

1. 负债、所有者权益与资产同增或同减；

2. 负债、所有者权益内部此增彼减，总额不变；

3. 资产内部此增彼减，总额不变。

【例 3-1】安信食品有限公司收到投资者投入的资本金 100 000 元，存入银行。

依据上文介绍的步骤，进行逐步分析：

（1）分析该经济业务所涉及的会计科目和账户。题中说到“存入银行”，那么可得知安信食品有限公司的银行账户金额必然发生了变化，所以确定“银行存款”账户为相关账户；同时，此次资本金的增加是因为投资者的投入所得，而与投资者投资相关的账户为“实收资本”账户，这便确定好了全部账户。

（2）分析该经济业务中所涉及的金额的增减变动情况。既然题中提到“存入银行”，那么显然安信食品有限公司的银行存款增加了，所以“银行存款”账户为增加；同时，投资者投入资本金，那么对于安信食品有限公司来讲，获得投资者的投入也增加了，所以“实收资本”账户为增加。

（3）分析该经济业务应记入的借贷方向。根据前两个步骤分析，已知经济业务涉及“银行存款”和“实收资本”两个账户，并且两个账户的金额都为增加。“银行存款”账户属于资产类账户，资产类账户增加记借方，所以“银行存款”账户应记入借方；“实收资本”账户属于所有者权益类账户，所有者权益类账户增加记贷方，所以“实收资本”账户应记入贷方。

（4）根据借贷记账法的记账规则“有借必有贷，借贷必相等”，将此业务做账务记录如下：

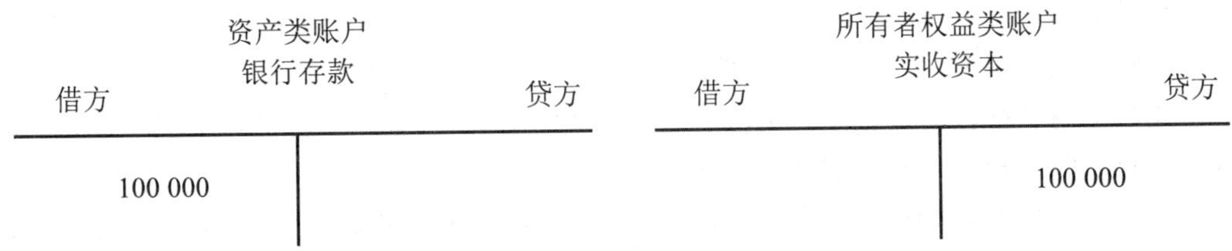

【例 3-2】安信食品有限公司以银行存款 30 000 元偿还前欠 A 公司货款。

同样，依据上文介绍的步骤，进行逐步分析。

（1）分析该经济业务所涉及的会计科目和账户。题中提到，安信食品有限公司是用其银行存款支付的欠款，所以确定“银行存款”账户为相关账户；同时，安信食品有限公司这笔钱的用途是偿还前欠 A 公司货款，以企业的角度来看，欠其他单位的款项应涉及账户“应付账款”。至此，确定好了全部相关账户。

（2）分析该经济业务中所涉及的金额的增减变动情况。题中提到“以银行存款 30 000 元偿还”，可以确定安信食品有限公司银行存款的金额必然减少了，所以“银行存款”账户为减少；同时，安信食品有限公司是偿还了前欠 A 公司货款，那就说明安信食品有限公司原有的负债已经被偿清了，所以“应付账款”账户也为减少。

（3）分析该经济业务应记入的借贷方向。根据前两个步骤分析，已知经济业务涉及“银行存款”和“应付账款”两个账户，并且两个账户的金额都为减少。“银行存款”账户属于资产类账户，资产类账户减少记贷方，所以“银行存款”账户应记入贷方；“应付账款”

账户属于负债类账户，负债类账户减少记借方，所以“应付账款”账户应记入借方。

（4）根据借贷记账法的记账规则“有借必有贷，借贷必相等”，将此业务做账务记录如下：

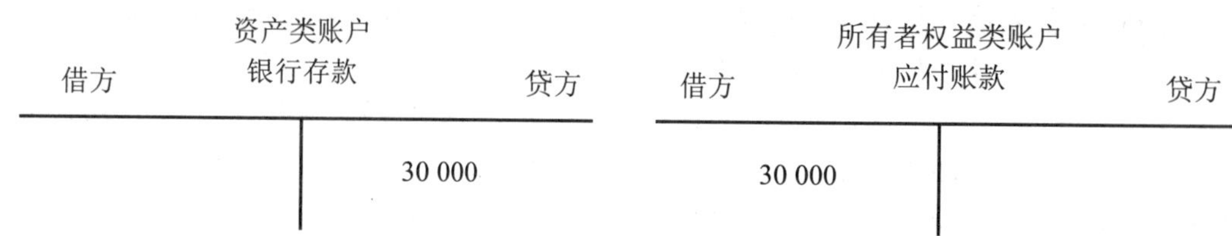

【例 3-3】安信食品有限公司在月末向银行归还短期借款本金 50 000 元，并支付最后一个季度利息 3 000 元，共计 53 000 元，已用银行存款支付。

同样，依据上文介绍的步骤，进行逐步分析：

（1）分析该经济业务所涉及的会计科目和账户。题中说到安信食品有限公司已用银行存款支付本金和利息，所以确定“银行存款”账户为相关账户；同时，题中还提到此次经济业务是归还前欠银行的短期借款，所以“短期借款”账户也为相关账户；此外，安信食品有限公司同时支付了借款最后一个季度的利息，因融资业务导致的费用应记入“财务费用”账户，故“财务费用”账户也为相关账户。至此，确定好了全部相关账户。

（2）分析该经济业务中所涉及的金额的增减变动情况。题中提到“已用银行存款支付”，说明安信食品有限公司银行存款的金额必然减少了，所以“银行存款”账户为减少；银行存款的减少是为了归还前欠银行的短期借款本金，那就表明安信食品有限公司原本欠银行的负债已经被清偿了，所以“短期借款”账户为减少；此外，安信食品有限公司还用 3 000 元支付了此短期借款最后一个季度的利息，付给银行的利息并非企业的债务，利息可以看作是企业在使用了银行的资金后，支付给银行的“使用费”，安信食品有限公司支付的“使用费”，则说明企业的“财务费用”增加了。

（3）分析该经济业务应记入的借贷方向。根据前两个步骤分析，已知经济业务涉及“银行存款”“短期借款”和“财务费用”三个账户，并且“银行存款”和“短期借款”为减少，“财务费用”为增加。“银行存款”账户属于资产类账户，资产类账户减少记贷方，所以“银行存款”账户应记入贷方；“短期借款”账户属于负债类账户，负债类账户减少记借方，所以“短期借款”账户应记入借方；“财务费用”账户属于损益类账户里的费用类账户，费用类账户增加记借方，所以“财务费用”账户应记入借方。

（4）根据借贷记账法的记账规则“有借必有贷，借贷必相等”，将此业务做账务记录如下：

资产类账户
银行存款
借方　　贷方
　　50 300

负债类账户
短期借款
借方　　贷方
50 000

费用类账户
财务费用

借方	贷方
3 000	

【教中学　学中做】

按照【例 3-1】至【例 3-3】的解题步骤，解决以下经济业务：

1. 安信食品有限公司购买了一辆小货车用于经营，价值 80 000 元，用银行存款支付。

（1）分析该经济业务所涉及的会计科目和账户。________________

____

____

（2）分析经济业务中所涉及的金额的增减变动情况。________________

____

____

（3）分析该经济业务应记入的借贷方向。________________

____

____

（4）根据借贷记账法记账规则“有借必有贷，借贷必相等”，将此业务做账务记录如下：

______账户

借方	贷方

______账户

借方	贷方

2. 安信食品有限公司员工王华原出差借款 1 000 元，现报销 700 元，交回剩余现金 300 元。

（1）分析该经济业务所涉及的会计科目和账户。________________

____

____

（2）分析该经济业务中所涉及的金额的增减变动情况。________________

____

____

（3）分析该经济业务应记入的借贷方向。________________

____

____

（4）根据借贷记账法的记账规则“有借必有贷，借贷必相等”，将此业务做账务记录如下。

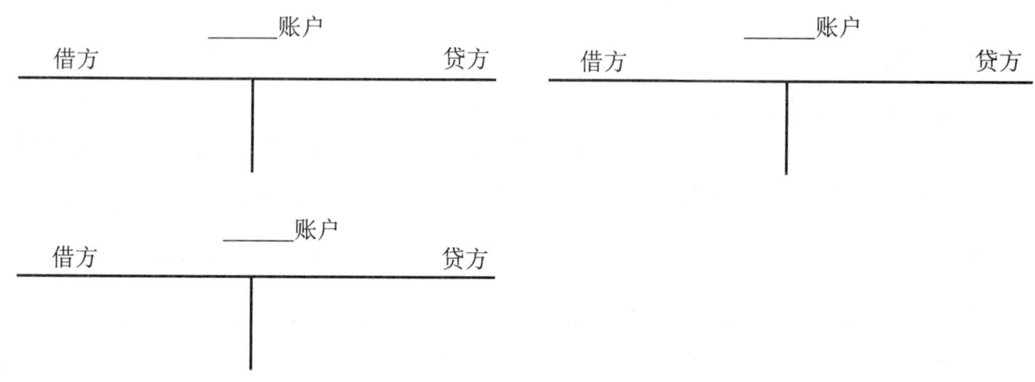

四、会计分录

（一）账户的对应关系与对应账户

在使用借贷记账法处理账务时，经济业务涉及的相关账户之间总会形成应借、应贷的关系，这种账户间应借、应贷的关系称为账户的对应关系。那么形成对应关系的账户，称作对应账户。以【例 3-2】为例，使用银行存款偿还欠款，要分别在“银行存款”账户的贷方和“应付账款”账户的借方进行登记，“银行存款”和“应付账款”账户间就发生了相对应的关系，同时这两个账户也互为对方的对应账户。通过账户的对应关系，可以全面了解经济业务的内容和资金的变动情况，以及检查经济业务的合理性和合法性。

（二）会计分录

从上述的例子中可以看到，每发生一笔经济业务时，会计人员都需要在两个或两个以上相互联系、相互对应的账户中进行等金额记录，这便面临一个棘手的问题：每次进行账务处理时，都要设置“T”型账户。显然这会给会计人员带来极大的工作量，并且容易造成失误。这时便需要一个相对操作简单、不易失误的方法——编制会计分录。

1. 会计分录的内容

会计分录是一种能记录经济业务账户名称、应借应贷方向及其金额的专门方法。会计分录是由账户名称（科目）、借贷方向及金额三个要素构成的，三个要素缺一不可，并且必须遵循“有借必有贷，借贷必相等”的记账规则。在实际应用中，会计分录会依据原始凭证的内容在记账凭证上编制记录，用以反映经济业务的内容和金额。会计分录是记账凭证中最重要的内容。

2. 会计分录的分类

会计分录按其所反映经济业务的复杂程度，可分为简单会计分录和复合会计分录。

（1）简单会计分录。

简单会计分录是指可用一借一贷两个账户反映经济业务的会计分录，即一借一贷的会计分录。简单会计分录可以一目了然地反映经济业务，便于会计人员掌握和理解账户的对应关系。

（2）复合会计分录。

复合会计分录是指由三个或三个以上的账户反映经济业务的会计分录，即一借多贷，一贷多借或多贷多借的会计分录。复合会计分录一般是由多个简单会计分录组合而来的，其不仅能够反映较为复杂的经济业务，还可以简化账务处理工作，更可以集中反映整个经济业务的全貌。

在实际工作中需要注意，简单会计分录和复合会计分录并没有好坏之分。两者都有其各自的优势，需要根据实际情况来使用，更不能刻意将不同业务的简单会计分录组合成复合会计分录，这样容易造成混淆。不能简单地认为编制复合会计分录是会计人员水平高低的表现。

【小思考】

如果将不同业务的会计分录组合在一起，会造成什么样的后果？

____

____

3. 会计分录的书写

会计分录的书写应遵循“左借右贷、借贷错开、上借下贷、借贷平衡”的规则要求，具体格式如下：

（1）简单会计分录格式：

借：××××（账户名称）　　　0 000（金额）

　　贷：××××（账户名称）　　　0 000（金额）

以【例 3-1】和【例 3-2】的经济业务为例编制简单会计分录：

①借：银行存款　　　100 000

　　　贷：实收资本　　　100 000

②借：应付账款　　　30 000

　　　贷：银行存款　　　30 000

（2）复合会计分录格式：

一借多贷

借：××××（账户名称）　　　0 000（金额）

　　贷：××××（账户名称）　　　0 000（金额）

××××（账户名称）　　0 000（金额）

一贷多借

借：××××（账户名称）　　0 000（金额）

××××（账户名称）　　0 000（金额）

贷：××××（账户名称）　　0 000（金额）

多借多贷

借：××××（账户名称）　　0 000（金额）

××××（账户名称）　　0 000（金额）

贷：××××（账户名称）　　0 000（金额）

××××（账户名称）　　0 000（金额）

以【例 3-3】的经济业务为例编制复合会计分录：

借：短期借款　　50 000

财务费用　　3 000

贷：银行存款　　53 000

4. 编制会计分录的步骤

会计分录的编制与运用借贷记账法的步骤类似，分为四个步骤：

（1）分析该经济业务所涉及的会计科目和账户，确定相关账户的名称；

（2）分析该经济业务中所涉及的金额的增减变动情况；

（3）根据前面所学各类账户的结构，以及步骤（1）和步骤（2）的信息，进一步确定该科目和账户的金额应记入的借贷方向；

（4）根据“有借必有贷，借贷必相等”的记账规则和会计分录书写规则，编制会计分录。

【教中学 学中做】

按照以上编制的【例 3-1】至【例 3-3】的会计分录，编制以下经济业务会计分录：

1. 安信食品有限公司购买了一辆小货车用于经营，价值 80 000 元，用银行存款支付。

借：________________________

贷：________________________

2. 安信食品有限公司员工王华原出差借款 1 000 元，现报销 700 元，交回剩余现金 300 元。

借：________________________

____

贷：________________________

知识链接

1. 在实际业务中，会计分录一般出现在填制记账凭证的环节中，记账凭证如图 3-9 所示。

记 账 凭 证　　　出纳编号＿＿＿＿

年　月　日　　　制单编号＿＿＿字＿＿＿

摘　要	总账科目	明细科目	借方金额										√	贷方金额										√
			千	百	十	万	千	百	十	元	角	分		千	百	十	万	千	百	十	元	角	分	
合计																								

附件　张

主管会计　　记账　　复核　　出纳　　制单

图 3-9　记账凭证

但是，在实际业务中会计分录的填制方式不一定与我们上文所讲的一致。一般来说，会计分录在记账凭证中填制，填制方式一定要符合记账凭证的格式。如图 3-9 所示的记账凭证，应在“总账科目”和“明细科目”中填写经济业务所涉及的会计科目。如果科目在借方，那么在“借方金额”下填制金额，贷方不填；如果科目在贷方，则在“贷方金额”下填制金额，借方不填。但是，无论会计分录的方式如何改变，会计分录的三大要素都一定存在，即账户名称（科目）、借贷方向及金额。

2. 借贷记账法下，总分类账户与明细分类账户的登记要注意平行登记。

根据前文内容，明细分类账户是总分类账户的细分，是属于总分类账户的，而一个总分类账户下往往有多个明细分类账户。总分类账户和明细分类账户的依据相同、方向相同、期间相同、金额相同，唯一不同的是两者记录经济内容的详细程度不同，即：总分类账户记录会计核算内容的总括信息，明细分类账户记录会计核算内容的详细信息。

总分类账户与明细分类账户的平行登记是指对所有的经济业务，都要以会计凭证为依据，在登记有关总分类账户的同时，也要登记该总分类账户下属的明细分类账户。在实际业务中，万万不能漏记总分类账户和明细分类账户中的任何一个，那将会导致严重的会计差错。

五、试算平衡

在一个会计期间结束后，为了检验这一期间经济业务记录的正确性，应进行账户的试算平衡。借贷记账法下的试算平衡，就是根据会计等式“资产=负债+所有者权益”的平衡关系和借贷记账法的记账规则“有借必有贷，借贷必相等”，对经济业务记录是否正确进行检验的一种方法。试算平衡包括发生额的试算平衡和余额的试算平衡两种方法。

（一）发生额的试算平衡

发生额的试算平衡是指全部账户的本期借方发生额合计与全部账户本期贷方发生额合计成平衡关系，即：

全部账户的本期借方发生额合计=全部账户本期贷方发生额合计

发生额试算平衡的依据是借贷记账法的记账规则，即“有借必有贷，借贷必相等”。每一笔经济业务，都会在借方和贷方以相等的金额进行记录，即借方一定等于贷方。那么在一个会计期间后，发生的数笔经济业务的借方总和是一定等于贷方总和的。

（二）余额的试算平衡

余额的试算平衡是指全部账户的借方余额合计与全部账户的贷方余额合计成平衡关系，这里的余额包含期初余额与期末余额两部分，即：

全部账户借方期初（末）余额合计=全部账户贷方期初（末）余额合计

余额试算平衡的依据是会计等式，即“资产=负债+所有者权益”。从前文借贷记账法下各类账户的结构这部分内容可知，资产类账户的余额在借方，负债与所有者权益类账户的余额在贷方。那么全部账户借方期初（末）余额合计，恰好就是所有资产类账户的期初（末）余额合计；而全部账户贷方期初（末）余额合计，就是负债类账户期初（末）余额合计与所有者权益类账户期初（末）余额合计之和。

（三）试算平衡表的编制

试算平衡是通过试算平衡表的编制实现的。试算平衡表一般应设置三大栏目：期初余额、本期发生额、期末余额。每一个栏目下还需设置“借方”和“贷方”两个子栏目。各大栏目中的借方合计数与贷方合计数一定是相等的，否则便存在记账上的错误。

一般来讲，试算平衡表应放在编制会计分录和登记总分类账户之后完成，作为对会计分录和账户的检验程序。但仍要注意的是，即使试算平衡表三大栏目的借贷方均达到平衡，也只能说明账户记录是基本正确的，而非绝对正确，这是因为有些账务错误是不影响借贷平衡关系的。因此，试算不平衡，一定有错误；试算全部平衡，仍要多注意。

试算平衡表的标准格式如表 3-3 所示。

表 3-3　试算平衡表的标准格式

账户名称	期初余额		本期发生额		期末余额	
	借方	贷方	借方	贷方	借方	贷方
合计						

下面再回到本项目开始的案例导入问题，以安信食品有限公司的部分经济业务为例，演示试算平衡表的编制。

安信食品有限公司 2019 年 1 月 1 日相关账户的期初余额，如表 3-4 所示。

表 3-4　安信食品有限公司账户的期初余额

2019 年 1 月 1 日　　金额单位：元

账户名称	期初余额	
	借方	贷方
银行存款	150 000	
库存现金	2 000	
固定资产	50 000	
短期借款		67 000
应付账款		10 000
实收资本		125 000
合计	202 000	202 000

2019 年 1 月，安信食品有限公司发生的经济业务如下：

（1）收到投资者投入的资本金 100 000 元，存入银行；

（2）向银行取得期限 6 个月的借款 40 000 元，存入银行；

（3）从银行提取现金 5 000 元备用；

（4）用银行存款归还到期的短期借款 67 000 元；

（5）购入一台价值 55 000 元的机械设备，用银行存款支付 35 000 元，其余暂欠，设备已投入使用（不考虑增值税因素）；

（6）用银行存款 40 000 元，归还短期借款 30 000 元和前欠购货款 10 000 元。

根据以上经济业务，编制会计分录如下：

（1）借：银行存款　　100 000
　　　　贷：实收资本　　100 000

（2）借：银行存款　　40 000
　　　　贷：短期借款　　40 000

（3）借：库存现金　　5 000
　　　　贷：银行存款　　5 000

（4）借：短期借款　　67 000
　　　　贷：银行存款　　67 000

（5）借：固定资产　　55 000
　　　　贷：银行存款　　35 000
　　　　　　应付账款　　20 000

（6）借：短期借款　　30 000
　　　　应付账款　　10 000
　　　　贷：银行存款　　40 000

根据以上会计分录，登记总分类账户，并完善各分类账户的本期发生额和期末余额，如图 3-10 至图 3-15 所示。

借方	银行存款		贷方
期初余额	150 000		
（1）	100 000	（3）	5 000
（2）	40 000	（4）	67 000
		（5）	35 000
		（6）	40 000
借方发生额	140 000	贷方发生额	147 000
期末余额	143 000		

图 3-10　银行存款账户

借方	库存现金		贷方
期初余额	2 000		
（3）	5 000		
借方发生额	5 000	贷方发生额	0
期末余额	7 000		

图 3-11　库存现金账户

借方	固定资产		贷方
期初余额	50 000		
（5）	55 000		
借方发生额	55 000	贷方发生额	0
期末余额	105 000		

图 3-12　固定资产账户

借方	短期借款		贷方
		期初余额	67 000
（4）	67 000	（2）	40 000
（6）	30 000		
借方发生额	97 000	贷方发生额	40 000
		期末余额	10 000

图 3-13　短期借款账户

借方	应付账款		贷方
		期初余额	10 000
（6）	10 000	（5）	20 000
借方发生额	10 000	贷方发生额	20 000
		期末余额	20 000

图 3-14　应付账款账户

借方		实收资本	贷方
		期初余额	125 000
		（1）	100 000
借方发生额	0	贷方发生额	100 000
		期末余额	225 000

图 3-15　实收资本账户

根据以上所有总分类账户的期初余额、本期发生额和期末余额，编制试算平衡表，如表 3-5 所示。

表 3-5　试算平衡表

金额单位：元

账户名称	期初余额		本期发生额		期末余额	
	借方	贷方	借方	贷方	借方	贷方
银行存款	150 000		140 000	147 000	143 000	
库存现金	2 000		5 000		7 000	
固定资产	50 000		55 000		105 000	
短期借款		67 000	97 000	40 000		10 000
应付账款		10 000	10 000	20 000		20 000
实收资本		125 000		100 000		225 000
合计	202 000	202 000	307 000	307 000	255 000	255 000

根据表 3-5 的内容可知，试算平衡表内期初余额、本期发生额和期末余额三大栏目的借贷双方金额合计数均相等，试算平衡表完全平衡，这表明本期账户记录基本正确。

拓展视域

试算平衡表不仅是检验一个会计期间内账务正确与否的工具，还可以在需要时当作这个会计期间的小“资产负债表”，因为试算平衡表与资产负债表的格式、原理、账户名称基本相似。我们可根据试算平衡表的内容看出上期企业各项账户的余额，本期资产、负债、所有者权益发生的变动，以及本期期末各项账户的期末余额等。

项 目 反 思

1. 通过学习复式记账法，你学到了哪些内容？

____

____

____

2. 你的疑惑点：

____

____

____

3. 解决方案：

____

____

____

4. 总结：

____

____

____

知识要点总结

复式记账法是指对发生的每一项经济业务，都要以相等的金额，同时在两个或两个以上相互关联的账户中进行全面登记的一种记账方法。

借贷记账法是用“借”和“贷”为记账符号，对每一项经济业务在两个或两个以上相互联系的账户中以相同金额、相反方向进行全面登记的一种复式记账方法。借贷记账法在国际上被广泛使用。“借”“贷”并无实际含义，只被当作记账符号。

借贷记账法的账户结构是本章的重中之重。借贷记账法的账户结构总结如下：资产类账户，借记增加，贷记减少；负债类账户，借记减少，贷记增加；所有者权益类账户，借记减少，贷记增加；成本类账户，借记增加，贷记减少；损益类账户比较特殊，分为收入类账户和费用类账户，其中收入类账户借记减少，贷记增加，费用类账户，借记增加，贷记减少。损益类账户期末无余额，余额转至“本年利润”账户；共同类账户也比较特殊，当期末余额在哪方，便属于哪方。除此之外，余额一般在增加方登记。

会计分录是一种能记录经济业务账户名称、应借应贷方向及其金额的专门方法。会计分录有三大要素，即账户名称（科目）、借贷方向、金额，三者缺一不可。借贷记账法的记账规则是“有借必有贷，借贷必相等”。试算平衡是检测各类账户是否记录正确的方法，它是通过编制试算平衡表来实现的，分为发生额的试算平衡和余额的试算平衡两种方法。

知识要点总结导图

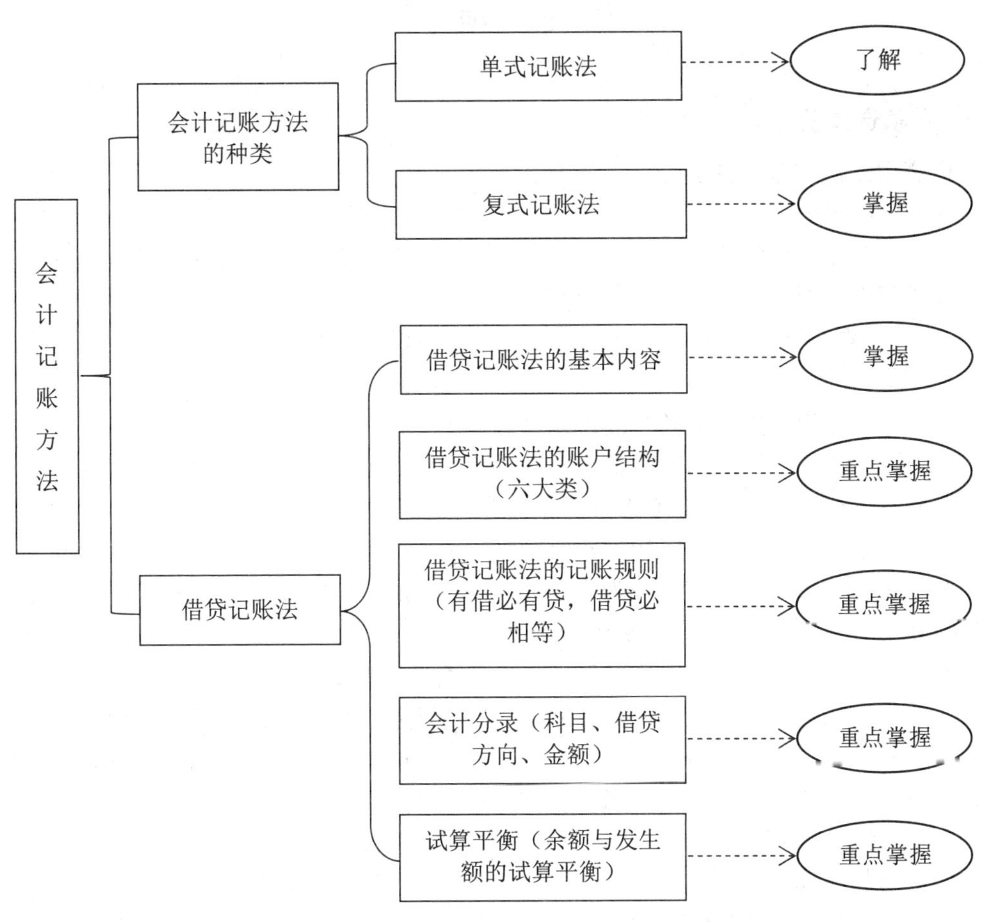

项 目 考 核

一、简答题

1. 复式记账法的原理是什么？相对于单式记账法，复式记账法有什么特点？

2. 简述借贷记账法的概念，并阐述它的记账规则是什么？

3. 叙述借贷记账法的账户结构。

4. 会计分录是什么？会计分录的书写格式有哪些要求？

5. 为什么在借贷记账法下可以进行账户试算平衡？账户试算平衡是否可以保证账户记录的正确？

技 能 训 练

一、单项选择题

1. 借贷记账法的理论依据是（　　）。

A. 借贷平衡　　B. 复式记账法
C. 资产=负债+所有者权益　　D. 有借必有贷，借贷必相等

2. 复式记账法对每项经济业务都以相等的金额，在（　　）中进行登记。

A. 一个账户　　B. 两个账户
C. 全部账户　　D. 两个或两个以上账户

3. “借”与“贷”的记账符号起源于（　　）。

A. 银行业　　B. 物流业　　C. 制造业　　D. 种植业

4. 企业收到所有者投入的 50 万元货币资金并将其存入银行，应贷记（　　）科目。

A. 实收资本　　B. 短期投资　　C. 银行存款　　D. 长期投资

5. 某企业原材料账户期初余额为 80 000 元，本期购入原材料 160 000 元，本期发出原材料 200 000 元，则该账户的期末余额是（　　）元。

A. 40 000　　B. 120 000　　C. 160 000　　D. 280 000

6. （　　）就是标明某项经济业务应借、应贷账户名称及其金额的一种记录。

A. 会计账簿　　B. 会计分录　　C. 对应账户　　D. 对应关系

7. 在借贷记账法下，期末余额在贷方的账户是（　　）。

A. “生产成本”账户　　B. “实收资本”账户
C. “银行存款”账户　　D. “应收账款”账户

8. 资产类账户的期末余额一般在（　　）。

A. 借方　　B. 贷方
C. 借方或贷方　　D. 一般期末无余额

9. 会计分录必须具备（　　）三大要素。
A. 总分类会计科目、明细分类会计科目、金额
B. 借方、贷方、金额
C. 记账符号、会计科目名称、金额
D. 摘要、凭证号数、金额

10. 在借贷记账法下，余额试算平衡表的依据是（　　）。
A. 平衡登记要点　　B. 资产=负债+所有者权益
C. 收入-费用=利润　　D. 借贷记账法的记账规则

11. 复合会计分录一般涉及（　　）个账户。
A. 一个　　B. 两个
C. 三个或三个以上　　D. 四个

12. 成本类账户的贷方登记（　　）。
A. 增加额　　B. 减少额
C. 增加额或减少额　　D. 以上都不对

13. 关于损益类账户，下列说法正确的是（　　）。
A. 损益类账户的增加记借方，减少记贷方
B. 损益类账户的增加记贷方，减少记借方
C. 损益类账户分为收入类账户和费用类账户
D. 损益类账户期末余额记在贷方

14. 关于收入类账户，下列说法错误的是（　　）。
A. 借方登记减少和结转额　　B. 贷方登记增加额
C. 期末无余额　　D. 期末余额在贷方

15. 负债类账户的余额应登记在（　　）。
A. 借方　　B. 贷方　　C. 期末无余额　　D. 以上都不对

16. 我国的法定记账方法是（　　）。
A. 单式记账法　　B. 借贷记账法　　C. 收付记账法　　D. 增减记账法

17. 按照平衡记账法的原则，发生的经济业务在相关的总账和明细账的登记方法是（　　）。
A. 根据相同的原始依据各自独立登记　　B. 先登记总账后登记明细账
C. 根据总账登记明细账　　D. 根据明细账登记总账

18. 关于所有者权益类账户，以下说法正确的是（　　）。
A. 与负债类账户的借贷方向相同　　B. 增加记借方
C. 减少记贷方　　D. 期末余额在借方

19. 成本类账户期末如果有余额，则代表（　　）。
A. 本期登记错误　　B. 上期登记错误
C. 结转至“本年利润”账户　　D. 为企业未生产完成的半成品

20. 会计期末，（　　）账户应无余额。
A. 资产类账户　　B. 收入类账户　　C. 负债类账户　　D. 成本类账户

二、多项选择题

1. 下列各项中，应在贷方登记的有（　　）。

A. 收入的增加　　B. 费用的增加　　C. 资产的增加　　D. 负债的增加

2. 下列关于单式记账法的表述，正确的有（　　）。

A. 单式记账法的记账手续简单，没有一套完整的账户体系

B. 单式记账法是指对每一项经济业务，只在一个账户中加以登记的记账方法

C. 便于检查账户记录的正确性和完整性

D. 能够全面反映经济业务内容和资金运动的来龙去脉

3. 复式记账法的优点有（　　）。

A. 便于进行试算平衡　　B. 有利于检查会计分录的正确性

C. 便于按会计科目进行汇总　　D. 能全面反映账户的对应关系

4. 下列各项中，属于会计分录形式的有（　　）。

A. 一借一贷　　B. 多借一贷　　C. 一借多贷　　D. 多借多贷

5. 下列记账错误中，通过试算平衡难以发现的有（　　）。

A. 漏记了某一项经济业务

B. 重复登记了某一项经济业务

C. 将某一会计科目的贷方发生额 200 元，误写成 2 000 元，借方金额无误

D. 某项经济业务在记账过程中颠倒了借贷科目，但金额无误

6. 复式记账法按记账符号的不同，可分为（　　）。

A. 收付记账法　　B. 借贷记账法　　C. 单式记账法　　D. 增减记账法

7. 下列关于借贷记账法表述正确的有（　　）。

A. 以“借”“贷”作为记账符号的一种复式记账方法

B. 以“有借必有贷，借贷必相等”作为记账规则

C. 建立在“资产=负债+所有者权益”会计等式的基础上

D. 对每一笔经济业务在两个或两个以上相互联系的账户中，以相反的方向、相等的金额全面地进行记录

8. 试算平衡是根据（　　）检查所有账户记录是否正确的过程。

A. 借贷记账法的记账原则　　B. 资产与权益的恒等关系

C. 复式记账法的特点　　D. 借贷记账法的特点

9. 借贷记账法下的试算平衡方法有（　　）。

A. 差额试算平衡法　　B. 发生额试算平衡法

C. 总额试算平衡法　　D. 余额试算平衡法

10. 下列各项中，应在借方登记的有（　　）。

A. 资产的增加　　B. 负债的减少

C. 所有者权益的增加　　D. 费用的增加

11. 下列有关资产类账户说法正确的有（　　）。

A. 期末余额一般在借方　　B. 借方登记资产金额的增加

C. 借方登记资产的减少　　D. 贷方登记资产金额的减少

12. 下列各项，应在贷方登记的有（　　）。

A. 所有者权益的增加　　B. 收入的增加

C. 费用的减少　　D. 资产的减少

13. 下列账户中，期末有借方余额的是（　　）。

A. 应付账款　　B. 固定资产　　C. 库存现金　　D. 应收账款

14. 下列账户中，期末结转后应无余额的是（　　）。

A. 制造费用　　B. 其他业务收入　　C. 管理费用　　D. 库存商品

15. 下列账户中，“借”方代表增加的有（　　）。

A. 固定资产　　B. 银行存款　　C. 预付账款　　D. 应付账款

三、实务题

某企业 12 月初有关总分类账户的余额如下：

（1）库存现金　　2 000 元

（2）银行存款　　150 000 元

（3）固定资产　　600 000 元

（4）应收账款　　38 000 元

（5）其他应收款　　4 000 元

（6）低值易耗品　　46 000 元

（7）短期借款　　50 000 元

（8）应付账款　　30 000 元

（9）实收资本　　700 000 元

（10）盈余公积　　60 000 元

某企业 12 月份发生以下经济业务：

（1）用银行存款 10 000 元偿还前欠货款；

（2）从银行提取现金 5 000 元留作备用；

（3）暂付职工李阳差旅费 1 500 元，以现金支付；

（4）向银行借入短期借款 80 000 元；

（5）用银行存款购买办公用打印机一台，共 4 300 元；

（6）归还银行短期借款 50 000 元，款项已到账；

（7）收到 B 公司投入资本 100 000 元，款项已到账。

要求：

1. 根据上述资料编制会计分录（不考虑增值增值税因素）。

2. 开设“T”型账户，登记期初余额及本期发生额，并结出期末余额。

3. 编制试算平衡表。

模块二　日常业务处理

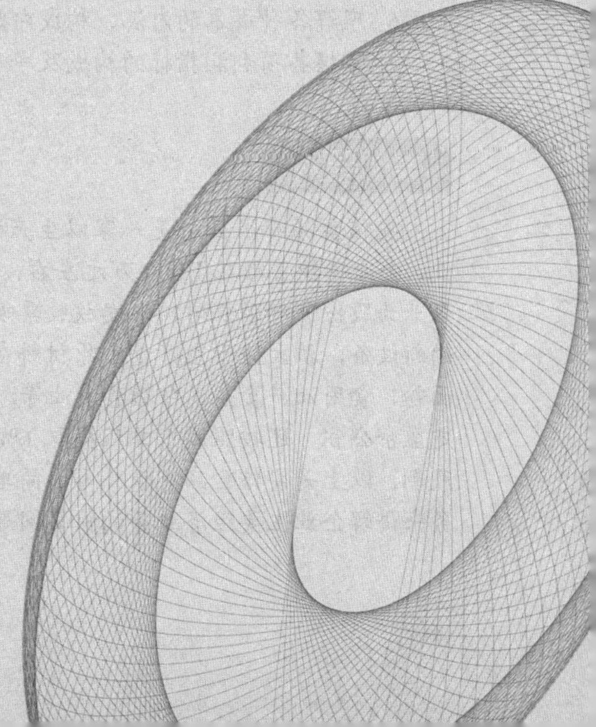

项目四

企业主要经济业务核算

学习向导

1. 介绍企业主要经济业务的内容；
2. 介绍筹集资金业务核算；
3. 介绍材料采购业务核算；
4. 介绍固定资产业务核算；
5. 介绍产品生产业务核算；
6. 介绍销售与收入业务核算；
7. 介绍利润的形成和分配业务核算。

学习目标

1. 理解企业经济活动的主要内容；
2. 熟悉制造企业主要经济业务总分类账户的设置和运用；
3. 掌握制造企业主要经济业务会计分录的编制方法；
4. 掌握增值税在一般纳税人企业的核算；
5. 掌握制造费用的分配方法和利润的计算方法；
6. 理解各种成本的内涵、构成内容及形成原理；
7. 掌握各项利润指标的构成及净利润的分配顺序。

案例导入

安信食品有限公司是一家以生产酥皮月饼、软香酥和饼干为主营业务的食品加工企业，企业年销售额在1 000万元左右，注册为一般纳税人企业，采用的增值税税率为13%。企业为股份制有限公司，以发放股票吸收股东投资；现有两条生产线，准备引进生产饼干的新设备，扩大饼干生产量；原材料在本地或上海地区采购，主要材料有用于生产加工的面粉、食用油、食盐、白糖和黄油等；年末实现净利润时除了按照法律规定提取10%的法定盈余公积，还按照股东章程提取6%的任意盈余公积，并且按净利润的40%给股东发放股利。以上是安信食品有限公司的简单介绍，本项目根据安信食品有限公司的主要经济业务来讲解企业主要经济业务的核算问题。

任务一　企业主要经济业务

企业按照经营活动不同可以分为：制造企业、商品流通企业、农业企业、建筑安装企业和金融企业等。不同企业的经济业务各有特点，业务流程也各不相同，其中以制造企业最为典型。

全书以制造企业为例来了解企业的主要经济业务。制造企业的生产经营活动是以生产产品为中心的材料和机器设备采购过程、产品生产过程和产品销售过程。主要经济业务分为以下几个过程：

（1）资金筹集过程：企业通过接受投资者的投资和向债权人借入各种款项以此筹集到资金，满足生产经营对资金的需求；

（2）采购过程：企业用筹集的资金购买机器设备等固定资产和生产所需的各种材料物资等，为进行生产准备必要的物质基础；

（3）生产过程：企业的生产者利用机器设备对材料进行加工，生产出各种产品，该过程会消耗材料、人员工资费用、固定资产产生磨损折旧和生产车间发生各种与生产产品相关的费用，这些费用构成了产品的成本；

（4）销售过程：企业通过销售产品，办理结算业务等，形成收入并产生相应的费用；

（5）利润形成与分配过程：企业在会计期末将一定时期取得的收入（包括非日常经营产生的利得）减去费用（包括非日常经营产生的损失）后计算出财务成果。如果收入大于费用，则形成利润；企业对于利润进行分配，一部分资金会退出企业，另一部分以留存收益的形式参与企业资金循环。

任务二　筹集资金业务核算

企业资金筹集按照来源一般分为投资者投资和债权人借款。投资者投资形成企业的所有者权益，而债权人借款则会形成企业的负债。

一、投资者投资

（一）投资者投入资本内容

投资者投入资本按照投资主体的不同分为：国家资本金、法人资本金、个人资本金和外商资本金等。

投资者投入资本主要包括：实收资本（或股本）和资本公积。

（二）账户设置

1. “实收资本（或股本）”账户

概念：核算企业投资者按照企业章程、合同或者协议实际投入企业的资本金（股份制有限公司称为股本），以及按照有关规定由资本公积、盈余公积等转增资本的资金；

性质：所有者权益类账户；

结构：贷方登记企业实际收到投资者投入的资金或者转增的资本，借方登记依法减资的数额；期末余额在贷方，反映企业实有资本或股本总额；

明细账设置：按照投资者设置明细账户。

2. “资本公积”账户

概念：核算企业收到投资者出资额超出其在注册资本（或股本）中所占份额的部分，即资本溢价，以及直接计入所有者权益的利得和损失；

性质：所有者权益类账户；

结构：贷方登记企业的资本公积增加数额，借方登记资本公积减少数额，期末余额在贷方，反映企业资本公积的结余数；

明细账设置：按“资本溢价（股本溢价）”“其他资本公积”设置明细账户。

3. “银行存款”账户

概念：核算企业存入银行或其他金融机构的各种存款；

性质：资产类账户；

结构：借方登记银行存款的增加数额，贷方登记银行存款的减少数额，期末余额在借方，反映企业存入银行或其他金融机构的存款数额；

明细账设置：按开户银行和存款种类设置明细账户。

（三）投资业务账务处理

企业接受投资者不同类型的投资：如货币资金投资、固定资产投资、无形资产投资或者存货投资等，因为实物投资或无形资产投资涉及税费问题，这里只阐述货币资金投资。

企业收到货币资金投资时，应以收到的金额借记“银行存款”账户，按照投资合同、协议等投资者在企业注册资本（或股本）中所占份额贷记“实收资本（股本）”账户；对于实际收到金额超出投资者在企业注册资本（或股本）中所占份额部分，贷记“资本公积——资本溢价（股本溢价）”账户。

【例 4-1】安信食品有限公司收到华泰有限责任公司投入货币资金 550 000 元，款项已存入银行。

业务分析：收到投资款，一方面使企业银行存款增加 550 000 元，另一方面使企业的实收资本增加 550 000 元。

会计分录：

借：银行存款　　　　　　　　　　　　　　　550 000

　　贷：实收资本（股本）——华泰有限责任公司　　　　550 000

【例 4-2】安信食品有限公司为扩大经营规模，收到鼎胜有限责任公司投资款 320 000 元；按照合同规定，其中属于所占注册资金的部分为 300 000 元。

业务分析：收到投资款，一方面使银行存款增加 320 000 元，另一方面使企业的实收资本增加 300 000 元，资本公积增加 20 000 元。

会计分录：

借：银行存款 320 000

贷：实收资本（股本）——鼎胜有限责任公司 300 000

资本公积——资本（股本）溢价 20 000

【教中学 学中做】

安信食品有限公司收到长安公司投资固定资产评估价格20 000元，增值税额2 600元，已经验收使用。编写会计分录。

借：________________

____

贷：________________

二、债权人借款

（一）债权人借款内容

按照借款偿还期限，向债权人借款一般分为短期借款和长期借款。

（二）账户设置

1. “短期借款”账户

概念：核算企业向银行或其他金融机构借入的偿还期限在1年以下（含1年）的各种款项；

性质：负债类账户；

结构：贷方登记借入的各种短期借款本金数额；借方登记偿还短期借款本金数额；期末余额在贷方，反映企业尚未偿还的短期借款本金数额；

明细账设置：按照借款种类、贷款单位和币种设置明细账户。

2. “长期借款”账户

概念：核算企业向银行或其他金融机构借入的偿还期限在1年以上（不含1年）的各种借款；

性质：负债类账户；

结构：贷方登记借入的各种长期借款及计提一次还本付息的利息；借方登记已经偿还的长期借款的本金及利息；期末余额在贷方，反映企业尚未偿还的长期借款及已经计提的利息；

明细账设置：按照借款种类和贷款单位或者“本金”“利息调整”等设置明细账户。

3. “财务费用”账户

概念：核算企业为筹集生产经营所需资金等而发生的筹资费用，包括利息支出（减利息收入）、汇兑损益及相关的手续费、企业发生的现金折扣或收到的现金折扣等。为购建或生产满足资本化条件的资产发生的应予资本化的借款费用，通过“在建工程”“制造费用”等账户核算；

性质：损益类账户；

结构：借方登记企业为筹集生产经营所需资金等发生的筹资费用；贷方登记转入“本年利润”账户的金额；期末结转后一般无余额；

明细账设置：按照费用项目设置明细账户。

4. “应付利息”账户

概念：核算企业按照合同约定应支付的利息，包括吸收存款、分期付息到期还本的长期借款、企业债券等应支付的利息；

性质：负债类账户；

结构：贷方登记按合同利率计算确定的应付未付利息；借方登记归还的利息；期末余额在贷方，反映企业尚未归还的应付利息；

明细账设置：按债权人设置明细账户。

（三）借款业务账务处理

1. 短期借款业务账务处理

（1）借入短期借款。

企业从银行或其他金融机构借入短期借款时，应借记“银行存款”账户，贷记“短期借款”账户。

【例 4-3】2019 年 3 月 1 日安信食品有限公司向中国银行借入 120 000 元，期限 3 个月，年利率 4%，借款已存入银行；利息按季支付。

业务分析：借入 3 个月款项，一方面银行存款增加 120 000 元；另一方面短期借款增加 120 000 元。

会计分录：

借：银行存款　　120 000

　　贷：短期借款　　120 000

（2）计提及支付利息。

资产负债表日，企业应按照本金和借款利率计算确定短期借款利息，借记“财务费用”账户，贷记“应付利息”账户。支付利息时，已经预提但尚未支付的利息借记“应付利息”账户，尚未计提的利息直接借记“财务费用”账户，贷记“银行存款”账户。

【例 4-4】承【例 4-3】，3 月 31 日计算应计提的利息：

120 000×4%÷12=400（元）

业务分析：计提利息尚未支付，一方面财务费用增加 400 元，另一方面应付利息增加 400 元。

会计分录：

借：财务费用　　400

　　贷：应付利息　　400

4 月份计提利息的账务处理同上。

【例 4-5】承【例 4-4】，5 月 31 日以银行存款支付上述短期借款 3 个月的利息 1 200 元。

业务分析：支付利息，一方面 3 月份及 4 月份的利息已经计提，支付利息时应付利息减少 800 元；5 月份没有计提利息，财务费用增加 400 元。另一方面银行存款减少 1 200 元。

会计分录：

借：财务费用　　　　　　　　　　　　　　　　　　800

　　应付利息　　　　　　　　　　　　　　　　　　400

　　贷：银行存款　　　　　　　　　　　　　　　　　1 200

（3）偿还本金

短期借款到期偿还时，应借记“短期借款”账户，贷记“银行存款”账户。

【例 4-6】承【例 4-3】，6 月 1 日，短期借款到期，以银行存款归还中国银行借款本金 120 000 元。

业务分析：偿还本金，一方面短期借款减少 120 000 元，另一方面银行存款减少 120 000 元。

会计分录：

借：短期借款　　　　　　　　　　　　　　　　　　120 000

　　贷：银行存款　　　　　　　　　　　　　　　　　120 000

【小思考】

假如 3 月 1 日借入的短期借款利息按月支付，利息不用计提，该如何进行账务处理？

____

____

2. 长期借款业务账务处理

由于长期借款利息核算比较复杂，本章只作长期借款借入业务处理。

企业从银行或其他金融机构借入长期借款时，应借记“银行存款”账户，贷记“长期借款”账户。

【例 4-7】安信食品有限公司由于要进行基础项目建设，向建设银行借入 3 年期，年利率为 4.75%，本金为 900 000 元的借款，款项已存入银行，每年年底付息，到期一次还本。

业务分析：借入长期借款，一方面银行存款增加 900 000 元，另一方面长期借款增加 900 000 元。

会计分录：

借：银行存款　　　　　　　　　　　　　　　　　　900 000

　　贷：长期借款　　　　　　　　　　　　　　　　　900 000

【教中学 学中做】

安信食品有限公司借入8个月借款50 000元，款项已经存入银行。编写会计分录。

借:

贷:

任务三 材料采购业务核算

企业筹集资金业务后，为了进行生产需要采购材料为生产做好准备。

一、增值税的问题

增值税是以商品（含应税劳务）在流转过程中产生的增值额作为计税依据而征收的一种流转税。从计税原理上说，增值税是对商品生产、流通、劳务服务中多个环节的新增价值或商品的附加值征收的一种流转税。我国对增值税纳税人按纳税人规模分为一般纳税人和小规模纳税人，本书以制造业一般纳税人企业的角度对增值税所涉及的内容加以简单介绍。

由于增值税实行凭增值税专用发票抵扣税款的制度，因此对一般纳税人的会计核算水平要求较高，要求能够准确核算销项税额、进项税额和应纳税额。

（一）销项税额

销项税额是指纳税人企业销售货物或提供应税劳务，按照销售额和增值税税率计算并向购买方收取的增值税额。销项税额是要交给税务局的，你只是帮国家代征收而已。一般纳税人企业的销项税额应在销售货物或提供应税劳务时所开出的增值税专用发票上注明金额。

（二）进项税额

进项税额是指纳税人企业购进货物或接受应税劳务，所支付或负担的增值税额。进项税额是你已经交给国家的，销售货物的公司帮国家向你征收了。

（三）应纳税额

对任何一个一般纳税人企业而言，在生产经营活动中会有销售货物或提供劳务业务，也会有采购物资或接受劳务业务，因此既会代征收销项税额也会支付进项税额。增值税的核心就是用一般纳税人收取的销项税额抵扣其支付的进项税额来计算实际缴纳的增值税额。

应纳税额=当期销项税额-当期进项税额

【小思考】

一般纳税人企业在购入材料时，增值税应该计入哪个项目？

二、采购材料业务

制造企业要进行正常生产经营，就需要采购和储备材料。购入材料时按照与供应单位货款结算的情况，可以分为以下几种情况。

（一）材料采购成本

制造企业材料采购成本一般包括：买价和采购费用。

1. 买价：材料供货单位发票上注明的价格（一般纳税人企业不包括增值税）；

2. 采购费用：

（1）运杂费：包括运输费、装卸费、包装费、保险费和仓储费等；

（2）运输途中的合理损耗；

（3）入库前的挑选整理费用等。

如果采购费用可以确定是某种材料负担的，可以直接计入该材料的采购成本。

【例 4-8】安信食品有限公司采购面粉，买价总价款为 52 000 元，运输费为 500 元，保险费为 300 元，装卸包装费为 200 元。计算面粉的入账成本。

材料采购成本=买价+采购费用

面粉入账成本=52 000+500+300+200=53 000（元）

如果企业同时购入两种或两种以上材料发生的采购费用不能确定是某种材料负担时，则应将采购费用按照一定的分配标准在各材料之间进行分配。

1. 计算分配率：

$$采购费用分配率=\frac{采购费用总额}{分配标准之和}$$

分配标准一般可以是材料的重量、体积、买价等。

2. 计算各材料分配的采购费用：

各材料分配的采购费用=该材料的分配标准×分配率

3. 计算各材料的采购成本：

各材料的采购成本=该材料买价+该材料分配的采购费用

【例 4-9】安信食品有限公司采购食用油和黄油两种材料，食用油 150 升，单价 20 元；黄油 500 克，单价 4 元；运输费共计 200 元；按照两种材料的价格对运输费进行分配，计算出食用油和黄油的采购成本。

分配率=200/(150×20+500×4)=0.04

食用油分配的采购费用=3 000×0.04=120（元）
食用油的采购成本=3 000+120=3 120（元）
黄油分配的采购费用=2 000×0.04=80（元）
黄油的采购成本=2 000+80=2 080（元）

（二）账户设置

1. “原材料”账户

概念：核算企业在生产过程中经过加工改变其形态或性质并构成产品主要实体的各种原料、主要材料和外购半成品，以及不构成产品实体但有助于产品形成的辅助材料；

性质：资产类账户；

结构：在企业采用实际成本法核算下，借方登记已经验收入库材料增加的实际成本；贷方登记发出材料减少的实际成本；期末余额在借方，反映企业库存材料的实际成本；

明细账设置：按照原材料的类别、品种和规格设置明细账户。

2. “在途物资”账户

概念：企业采用实际成本法进行材料核算时，核算企业价款已付尚未验收入库的各种物资的采购成本；

性质：资产类账户；

结构：借方登记已购入尚未入库材料的实际采购成本；贷方登记已经验收入库材料的实际采购成本；期末余额在借方，反映尚未入库的在途材料的实际采购成本；

明细账设置：按供应单位和物资品种设置明细账户。

3. “应交税费”账户

概念：核算企业按照税法规定计算应交纳的各种税费；

性质：负债类账户；

结构：贷方登记按照规定计算应交纳的各项税费；借方登记实际交纳的各项税费；期末余额一般在贷方，反映企业尚未交纳的税费；期末余额如在借方，反映企业多交或尚未抵扣的税费；

明细账设置：按照税费种类设置明细账户。

4. “应交税费——应交增值税”账户

概念：核算企业按照增值税法规定计算应交纳的增值税；对于一般纳税人企业而言，应分别核算进项税额、销项税额和应交税额等；

性质：负债类账户；

结构：一般纳税人企业贷方登记销项税额和计算的应交税额等；借方登记进项税额和已交税额等；期末余额一般在贷方，反映尚未交纳的增值税额；

明细账设置：按照“进项税额”“销项税额”等设置三级明细账户。

5. “应付账款”账户

概念：核算企业为购买材料、商品或接受劳务供应等经营活动而应付给供应单位的款项；

性质：负债类账户；

结构：贷方登记应付而未付的款项；借方登记已经偿还的款项；期末余额一般在贷方，反映尚未支付的应付款项；

明细账设置：按照供应商名称设置明细账户。

6. “应付票据”账户

概念：核算企业为购买材料、商品或接受劳务供应等而给供应单位开出的商业汇票；我国商业汇票的付款期限最长不得超过 6 个月，按照承兑人不同分为商业承兑汇票和银行承兑汇票两种；

性质：负债类账户；

结构：贷方登记开出的商业汇票，应付票据款项；借方登记到付款期限偿还票据上的款项；期末余额在贷方，反映已经开出尚未到付款期限的商业汇票的票面金额；

明细账设置：按照债权人名称设置明细账户。

7. “预付账款”账户

概念：核算企业按照购货合同规定预付给供货单位的款项；

性质：资产类账户；

结构：借方登记按照合同预付和补付给供货单位的款项；贷方登记收到所购货物的货款和退回多付的款项；期末余额如果在借方，反映企业预付的款项；期末余额如果在贷方，反映业尚未补付的款项；

明细账设置：按照供货单位名称设置明细账户。

（三）采购材料业务账务处理

材料的日常收发结存有两种方法：实际成本法和计划成本法；本书主要从实际成本法进行核算。

在实际成本法下：材料如果在采购途中尚未入库，则计入“在途物资”账户；材料如果已经验收入库，则计入“原材料”账户。

由于采购材料与供货企业货款结算分为：货款已经支付和货款尚未支付两种情况，所以核算时也应按这两种情况分类。

1. 货款已经支付

（1）购入材料货款已经通过银行支付。

【例 4-10】安信食品有限公司采购面粉，增值税专用发票上注明：价款为 52 000 元，增值税税率为 13%，税额为 6 760 元，运输发票上运输费 500 元，保险费 300 元，装卸包装费 200 元，增值税税率为 9%，税额为 90 元；以上款项均通过银行存款转账支付，材料已经验收入库，出具收料单。

业务分析：采购面粉已经入库，一方面材料已经购入并验收入库，则按照买价+采购费用记入“原材料”账户，增值税在购入环节交纳出去则材料税额+采购费用税额记入“应交税费——应交增值税（进项税额）”账户借方；另一方面通过银行存款支付，银行存款减少记入“银行存款”账户贷方。

会计分录：

借：原材料——面粉　　53 000

　应交税费——应交增值税（进项税额）　　6 850

　　贷：银行存款　　59 850

（2）给供货单位预付款项。

【例 4-11】安信食品有限公司向南宁糖业采购一批白糖，货款 24 000 元，按照合同规定预付 40%的货款，银行转账 9 600 元。

业务分析：预付货款，一方面按规定预付货款，货没有收到，增加预付款项记入“预付账款”账户借方；另一方面银行转账，银行存款减少记入“银行存款”账户贷方。

会计分录：

借：预付账款　　9 600

　　贷：银行存款　　9 600

2. 货款尚未支付

（1）按照购销合同款项未付。

【例 4-12】安信食品有限公司采购中粮食品有限公司食用油和黄油两种材料，增值税专用发票上注明：食用油价款 3 000 元，黄油价款 2 000 元，增值税合计 650 元，材料尚未入库，价税款按购销合同尚未支付。

业务分析：购入材料尚未入库，一方面在途材料增加则记入“在途物资”账户，已经交纳给供货企业增值税增加记入“应交税费——应交增值税（进项税额）”账户；另一方面款项尚未支付，未付款项增加记入“应付账款”账户。

会计分录：

借：在途物资——食用油　　3 000

　　　　　　——黄油　　2 000

　应交税费——应交增值税（进项税额）　　650

　　贷：应付账款——中粮食品有限公司　　5 650

【例 4-13】承【例 4-12】，上述食用油和黄油共同运输，运费增值税发票上注明：运费共计 200 元，食用油分配运费 120 元，黄油分配运费 80 元，增值税税率 9%，税额 18 元；运费由中粮食品有限公司垫付，款项尚未支付给中粮食品有限公司。

业务分析：采购产生运费，一方面运费应计入采购成本中，材料尚未入库则记入“在途物资”账户；增值税依法抵扣，记入“应交税费——应交增值税（进项税额）”账户；另一方面款项由供货商代付款项未偿还，记入“应付账款”账户。

会计分录：

借：在途物资——食用油　　120

　　　　　　——黄油　　80

　应交税费——应交增值税（进项税额）　　18

　　贷：应付账款——中粮食品有限公司　　218

【例 4-14】承【例 4-13】，上述食用油和黄油已经运达公司，全部验收入库，开出收料单。

业务分析：材料已经运达企业，一方面库存食用油和黄油增加记入“原材料”账户借方，另一方面在途的物资减少记入“在途物资”账户贷方。

会计分录：

借：原材料——食用油　　3 120
　　　　　——黄油　　2 080
　贷：在途物资——食用油　　3 120
　　　　　　　——黄油　　2 080

【例 4-15】承【例 4-14】，公司开出一张转账支票支付上述价税款和中粮食品有限公司代垫运费。

业务分析：支付价税款及运费，一方面应付的负债减少记入“应付账款”账户借方；另一方面以转账支票支付，银行存款减少记入“银行存款”贷方。

会计分录：

借：应付账款——中粮食品有限公司　　5 868
　贷：银行存款　　5 868

【小思考】

应付账款如果到期因对方企业破产等原因不能支付出去了，该怎么处理？

（2）开出商业汇票支付款项。

【例 4-16】安信食品有限公司购入益丰商贸食盐 5 000 斤，单价 3.4 元，总价款 17 000 元，增值税税额为 2 210 元，增值税专用发票已收到，材料验收入库，公司开出一张付款期限为 2 个月的商业承兑汇票。

业务分析：采用商业汇票形式购入材料，一方面材料已验收入库，材料增加记入“原材料”账户借方，增值税可抵扣记入“应交税费——应交增值税（进项税额）”借方；另一方面开出一张商业汇票，尚未支付票据金额记入“应付票据”账户贷方。

会计分录：

借：原材料——食盐　　17 000
　　应交税费——应交增值税（进项税额）　　2 210
　贷：应付票据——益丰商贸　　19 210

【例 4-17】承【例 4-16】，2 个月后，票据到期，公司以银行转账承兑上述商业汇票金额。

业务分析：承兑汇票，一方面偿还了应付汇票上的款项记入“应付票据”账户借方；另一方面银行存款减少记入“银行存款”账户贷方。

会计分录：

借：应付票据——益丰商贸　　19 210
　贷：银行存款　　19 210

【教中学 学中做】

安信食品有限公司以赊购的方式，购入食用油价款 13 000 元，增值税额 1 690 元，材料尚未入库。5 日后材料验收入库，会计部门收到收料单。编写会计分录。

借：____

____

贷：____

____

____

任务四　固定资产业务核算

企业在进入生产环节前还需要建造厂房、购置机器设备等固定资产。

一、固定资产的概念

（一）固定资产

定义：企业为生产商品、提供劳务、出租或经营管理而持有、使用寿命超过 1 个会计年度的有形资产。

特征：

（1）有形资产。固定资产是实物有形资产，区别于无形资产。

（2）为使用持有。固定资产为生产、提供劳务、出租或经营管理而持有，区别于商品，不是直接用于出售。

（3）使用超过 1 个会计年度。固定资产使用寿命超过 1 个会计年度，所以固定资产属于非流动资产。

（二）固定资产成本

固定资产成本是企业购入某项固定资产达到预定可使用状态前所发生的合理、必要的支出，一般纳税人购入或建造生产用固定资产可以抵扣购入时已经支付的进项税额。本书以外购固定资产业务为主。

外购固定资产成本的构成包括：购买价款、相关税费（除一般纳税人生产用固定资产增值税）、运输费、安装费、专业人员服务费和装卸费等，达到预定可使用状态前所有的支出。

二、账户设置

（一）“固定资产”账户

概念：核算企业持有固定资产原价的增减变动及期末固定资产原价；

性质：资产类账户；

结构：借方登记增加的固定资产原始价值；贷方登记减少的固定资产原始价值；期末余额在借方，反映企业现有固定资产的原价；

明细账设置：按照固定资产的类别、名称和项目设置明细账户。

（二）“在建工程”账户

概念：核算企业基建、更新改造等在建工程发生的支出；

性质：资产类账户；

结构：借方登记企业各项在建工程的实际支出；贷方登记已经达到预定可使用状态后转入固定资产的成本；期末余额在借方，反映企业尚未达到预定可使用状态的在建工程的成本；

明细账设置：按照在建工程的类别、名称设置明细账户。

三、固定资产业务账务处理

（一）外购不需安装的固定资产

企业购入不需安装的固定资产，直接交付使用达到可使用状态，按照购入时产生的成本直接记入“固定资产”账户。

【例 4-18】安信食品有限公司由于生产需要购入一台计算机，符合固定资产定义，不需安装且已经验收使用。购买计算机的增值税专用发票上注明买价 8 700 元，增值税 1 131 元；运输公司增值税专用发票上注明：运费 120 元，增值税 10.8 元；以上款项全部以银行存款支付。

业务分析：购入不需安装的固定资产，款项已支付；一方面固定资产增加 8 700+120=8 820（元），记入“固定资产”账户借方，增值税交纳了 1 131+10.8=1 141.8（元），记入“应交税费——应交增值税（进项税额）”账户借方；另一方面以银行存款支付全部费用计入“银行存款”账户贷方。

会计分录：

借：固定资产　　8 820

　　应交税费——应交增值税（进项税额）　　1 141.8

　　贷：银行存款　　9 961.8

（二）外购需安装的固定资产

购入需安装的固定资产，固定资产运达企业时还未达到可使用状态，则购入成本先记入“在建工程”账户，购入成本包括买价、运费、安装费、装卸费和相关人员服务费等；当在建工程达到可使用状态并验收使用时，将“在建工程”账户的全部构建成本从贷方转入“固定资产”账户的借方。

1. 购入需安装的固定资产

【例4-19】安信食品有限公司需要拓展业务，购入一条饼干生产线，增值税专用发票上注明：买价500 000元，增值税65 000元，运输发票上注明运费1 000元，增值税90元；上述款项已经通过银行转账支付。生产线已运达企业，尚未安装使用。

业务分析：购入生产线未安装使用，一方面企业的未达到使用状态的生产线增加500 000 +1 000=501 000（元）记入“在建工程”账户借方，增值税交纳了65 000+90=65 090（元）记入“应交税费——应交增值税（进项税额）”账户借方；另一方面款项均通过银行转账支付记入“银行存款”账户贷方。

会计分录：

借：在建工程　　501 000
　　应交税费——应交增值税（进项税额）　　65 090
　　贷：银行存款　　566 090

2. 支付固定资产安装费用

【例4-20】承**【例4-19】**，公司以银行存款支付生产线安装费用，增值税发票上注明安装费24 000元，增值税3 120元，开出一张转账支票支付安装费。

业务分析：以银行存款支付安装费，一方面使需安装固定资产成本增加，安装费记入“在建工程”账户借方，增值税交纳记入“应交税费——应交增值税（进项税额）”账户借方；另一方面开出转账支票，银行存款减少记入“银行存款”账户贷方。

会计分录：

借：在建工程　　24 000
　　应交税费——应交增值税（进项税额）　　3 120
　　贷：银行存款　　27 120

3. 安装完成，验收使用

【例4-21】承**【例4-20】**，公司上述饼干生产线安装完工，经验收已经交付使用。

业务分析：生产线完工交付使用，在建工程成为完工的固定资产。一方面固定资产增加501 000+24 000=525 000（元），记入“固定资产”账户借方；另一方面在建工程减少，记入“在建工程”账户贷方。

会计分录：

借：固定资产　　525 000
　　贷：在建工程　　525 000

【教中学 学中做】

安信食品有限公司购入一台电视机不需安装已经调试使用，开出固定资产验收单，增值税专用发票注明：价款6 200元，增值税806元，款项尚未支付。编写会计分录。

借：

　　贷：

任务五　产品生产业务核算

生产过程是将生产资金转变为成品资金的过程。

一、生产过程中的产品生产成本及期间费用

（一）产品生产成本的构成

产品生产成本一般由直接费用和间接费用构成：直接费用包括生产产品所需的材料成本和直接生产产品工人工资、福利等，这部分称为直接材料和直接人工，直接计入“生产成本”账户。间接费用是指没用直接作用于产品但在生产产品时不可缺少的生产车间发生的各项其他费用，如果车间生产产品超过两种以上则需要对间接费用进行分配，先计入“制造费用”账户。

生产成本主要由以下内容构成。

直接材料：构成产品实体的原材料及有助于产品形成的辅助材料等；

直接人工：直接从事产品生产人员的工资、奖金、津贴、补贴和职工福利费等；

制造费用：车间发生的间接费用，包括车间发生的管理人员的工资福利费，车间发生的办公费、水电费、修理费、折旧费，车间消耗，劳动保护费等。

（二）期间费用

期间费用是指企业为组织和管理整个经营活动所发生的费用，企业非生产部门产生的费用与生产没有直接关系，因而期间费用不计入产品的成本，而是直接计入当期损益。

管理费用：企业为组织和管理整个生产经营活动所发生的管理费用。包括企业在筹建期间内发生的开办费、行政管理部门发生的各项费用（行政管理部门职工工资及福利费，物料消耗，低值易耗品摊销，办公费及差旅费等）、工会经费、诉讼费、咨询费（顾问费）、业务招待费、生产部门（车间）和管理部门发生的固定资产修理费等后续支出。

销售费用：企业在销售过程中所发生的费用。销售费用是指企业在销售产品、自制半成品和工业性劳务等过程中发生的各项费用，以及企业专设销售机构的各项费用。具体包括应由企业销售时负担的运输费、装卸费、包装费、保险费、展览费、广告费、租赁费和销售服务费用，专设销售机构人员工资、福利费、差旅费、办公费、折旧费、修理费、材料消耗、低值易耗品摊销及其他费用。

财务费用：企业为筹集生产经营所需资金等而发生的筹资费用。包括利息支出（利息收入）、汇兑损益、在银行或其他金融机构办理业务的手续费支出、企业发生或收到的现金折扣等。

【小思考】

财务部门员工的工资薪酬应该计入哪个期间费用？

二、账户设置

（一）“生产成本”账户

概念：核算企业生产各种产品（产成品、自制半成品等）、自制材料、自制工具、自制设备等发生的各项生产成本；

性质：成本类账户；

结构：借方归集生产过程中发生的直接材料、直接人工和分配到产品生成成本的制造费用等生产成本；贷方登记产品完工转入库存商品的生产成本；期末余额在借方，反映企业期末尚未加工完成的产品成本；

明细账设置：按照产品的品种和费用类别设置明细账户。

（二）“制造费用”账户

概念：核算生产车间发生的各项需要分配的间接费用，包括车间管理人员工资及福利费、车间固定资产折旧、车间水电费和车间材料一般消耗等；

性质：成本类账户；

结构：借方核算生产车间发生的各项制造费用；贷方核算按照一定分配标准分配到生产成本里的制造费用；期末一般无余额；

明细账设置：按照费用类别设置明细账户。

（三）“管理费用”账户

概念：核算企业为组织和管理企业生产经营活动而产生的费用，包括工会经费、业务招待费、生产部门（车间）和管理部门发生的固定资产修理费等后续支出与行政管理部门人员工资、固定资产折旧、办公费等；

性质：损益类账户；

结构：借方核算企业产生的各项管理费用；贷方核算按规定期末转入到“本年利润”账户借方的金额；期末一般无余额；

明细账设置：按照费用项目设置明细账户。

（四）“应付职工薪酬”账户

概念：核算企业月末计算的应付而未付给职工的工资、奖金、补贴和福利费等；

性质：负债类账户；

结构：贷方核算企业按规定计算出的职工各项薪酬；借方核算已经支付给职工的各项薪酬；期末余额一般在贷方，反映企业应付未付的职工薪酬；

明细账设置：按照薪酬类别设置明细账户，如“工资”“福利费”“社会保险费”“住房公积金”“职工教育经费”等。

（五）“累计折旧”账户

概念：核算企业各项固定资产因使用计提的各项折旧，折旧的增加预示固定资产价值的减少；

性质：资产类账户；

结构：贷方核算按照折旧方法计提的各项固定资产的折旧额；借方核算因固定资产减少而转出的折旧额；期末余额一般在贷方，反映已经计提的固定资产折旧额；

明细账设置：按照固定资产的类别或项目设置明细账户。

（六）“库存商品”账户

概念：核算企业库存的各种商品成本增减变动情况及已经入库的完工产品的实际成本；

性质：资产类账户；

结构：借方核算已经入库从“生产成本”账户转入的完工产品的实际成本；贷方核算出库商品的实际成本；期末余额在借方，反映企业期末库存商品的实际成本；

明细账设置：按照商品的种类、名称设置明细账户。

三、账务处理

（一）发出材料业务

企业在生产过程中必然要消耗材料。生产部门需要材料时，应该填制“领料单”向仓库办理手续领料。企业为了核算方便可以在月末由会计部门根据“领料单”编制“领料（发料）汇总表”，根据汇总表按照各部门及材料不同用途分别计入有关账户：生产部门领用用于直接生产产品的材料，直接记入“生产成本”账户；生产车间领用一般消耗材料，记入“制造费用”账户；行政管理部门领用材料，记入“管理费用”账户；销售部门领用材料，记入“销售费用”账户；工程建造部门领用材料，记入“在建工程”账户。

【例 4-22】安信食品有限公司 2019 年 9 月领用面粉 150 000 元，领用食用油 50 000 元，领用包装纸 30 000 元。会计部门根据转来的领料单编制原材料耗用汇总表，如表 4-1 所示。

表 4-1　原材料耗用汇总表

项目	面粉	食用油	包装纸	合计
生产产品耗用	150 000	50 000		200 000
其中：软香酥	65 000	15 000		80 000
月饼	85 000	35 000		120 000
车间一般耗用			20 000	20 000
行政管理部门耗用			10 000	10 000
合计	150 000	50 000	30 000	230 000

业务分析：领用原材料，一方面使企业的生产产品成本、车间制造费用、行政管理费用增加计入借方；另一方面企业的各项原材料减少计入贷方。

会计分录：

借：生产成本——软香酥　　80 000
　　　　　　——月饼　　120 000
　　制造费用　　20 000
　　管理费用　　10 000
　　贷：原材料——面粉　　150 000
　　　　　　　——食用油　　50 000
　　　　　　　——包装纸　　30 000

（二）应付职工薪酬业务

生产过程中将材料发放到生产线准备生产时，就会有工人参与生产活动，企业就应该支付职工报酬和补偿；企业不仅有生产工人，还有车间管理人员、销售人员及组织和管理企业的行政管理人员等，这些职工都应该取得相应的薪酬。一般而言，薪酬的核算分为两步：每月月末计提应付职工薪酬和下月发放职工薪酬。

1. 计提职工薪酬

企业支付给职工的工资、薪酬和福利费等属于企业的支出，应当按照职工提供的受益对象不同记入不同的成本费用账户中去。一般而言，直接生产产品的工人薪酬记入“生产成本”账户；生产车间管理人员薪酬记入“制造费用”账户；行政管理部门职工薪酬记入“管理费用”账户；销售机构人员薪酬记入“销售费用”账户等。

企业支付职工薪酬在大多数情况下都是本月分配到各成本费用账户，下月进行发放，所以形成了负债账户“应付职工薪酬”。

【例 4-23】2019 年 9 月末，安信食品有限公司根据考勤记录和有关资料编制了工资计算汇总表，如表 4-2 所示。

表 4-2　工资计算汇总表

2019 年 9 月　　　　单位：元

职员类别	应付工资	应扣工资	实付工资
生产软香酥工人	60 000		60 000
生产月饼工人	110 000		110 000
小计	170 000		170 000
车间管理人员	40 000		40 000
行政部门管理人员	80 000		80 000
销售机构人员	50 000		50 000
合计	340 000		340 000

业务分析：计提职工薪酬，一方面职工所属受益对象不同，记入不同的成本费用账户的借方；生产软香酥和月饼职工薪酬记入“生产成本”账户，车间管理人员记入“制造费用”账户，管理人员薪酬记入“管理费用”账户，销售人员薪酬记入“销售费用”账户的借方；另一方面没有支付工资记入“应付职工薪酬”账户的贷方。

会计分录：

借：生产成本——软香酥 60 000

——月饼 110 000

制造费用 40 000

管理费用 80 000

销售费用 50 000

贷：应付职工薪酬 340 000

2. 发放职工薪酬

【例 4-24】2019 年 10 月 10 日企业以银行存款发放职工薪酬。

业务分析：发放工资，一方面使负债“应付职工薪酬”减少记入借方；另一方面银行存款减少记入“银行存款”账户的贷方。

会计分录：

借：应付职工薪酬 340 000

贷：银行存款 340 000

【小思考】

职工薪酬一般包括哪些内容？

____

____

____

（三）累计折旧业务

固定资产在使用过程中会发生磨损、折旧等使资产价值减少，从本质上讲固定资产折旧也是一种费用。固定资产折旧在生产过程，即是随着固定资产价值的转移，以折旧的形式在产品销售收入中得到补偿，并转化为货币资金的过程，在生产过程中应记入产品成本，由于固定资产可能生产多种产品，所以折旧先记入“制造费用”账户核算；而行政管理部门的固定资产折旧记入“管理费用”账户；销售机构固定资产折旧记入“销售费用”账户。

固定资产折旧会使固定资产价值减少，记入“累计折旧”账户。

【例 4-25】2019 年 9 月末，计算出本企业固定资产折旧总额为 47 000 元，其中生产车间生产线、厂房等折旧额为 32 000 元，行政管理部门固定资产折旧额为 10 000 元，销售机构固定资产折旧额为 5 000 元。

业务分析：企业计提固定资产折旧，一方面生产车间折旧额会使“制造费用”账户增加记入借方，行政管理部门费用增加记入“管理费用”账户借方，销售费用增加记入“销售费用”账户借方；另一方面固定资产价值减少记入“累计折旧”账户贷方。

会计分录：

借：制造费用　　32 000
　　管理费用　　10 000
　　销售费用　　5 000
　　贷：累计折旧　　47 000

（四）生产过程的其他费用

生产过程中除了材料发放、工人薪酬的核算和固定资产折旧的计提外，还会有水电费、办公费等费用的发生。这些费用发生时按照费用分配的不同部门计入不同的成本费用账户。

【例 4-26】 2019 年 9 月共使用了 42 000 元电费，其中：生产车间耗用 31 000 元，行政管理部门耗用 9 700 元，销售机构耗用 1 300 元；上述电费银行直接代扣代缴。

业务分析：缴纳分配电费，一方面费用产生，车间消耗记入“制造费用”账户借方，行政管理部门记入“管理费用”账户借方，销售机构记入“销售费用”账户借方；另一方面银行代扣代缴则记入“银行存款”账户贷方。

会计分录：

借：制造费用　　31 000
　　管理费用　　9 700
　　制造费用　　1 300
　　贷：银行存款　　42 000

（五）制造费用的分配

由于企业同一车间生产了软香酥和月饼两种产品，所以车间里发生的其他费用（包括车间材料的一般消耗、车间管理人员薪酬、车间固定资产折旧和车间水电费等费用）不能直接记入“生产成本”账户，应先记入“制造费用”账户进行归集核算，到月末时将归集的制造费用按照一定的分配标准分配记入各产品的生产成本。分配标准一般可以采用机器工时、人工工时、材料发放或者企业计划分配等。制造费用分配所选择的标准要能体现受益原则，即：受益大的产品多负担费用；受益少的产品少负担费用。

分配制造费用的计算公式：

$$制造费用分配率=\frac{制造费用总额}{各产品的分配标准之和}$$

某一产品应分配的制造费用=该产品的分配标准×制造费用分配率

【例 4-27】 2019 年 9 月 30 日，安信食品有限公司按照发放材料标准将本月的制造费用分配转入生产成本账户，如表 4-3 和表 4-4 所示。

表 4-3 制造费用明细账

2019 年		凭证号数	摘要	借方					贷方	借或贷	余额
月	日			材料费	工资	折旧费	水电费	合计			
9	30	略	分配材料费	20 000				20 000		借	20 000
9	30	略	分配工资		40 000			40 000		借	40 000
9	30	略	计提折旧费			32 000		32 000		借	32 000
9	30	略	支付水电费				31 000	31 000		借	31 000
9	30	略	分配转出						123 000	平	0
9	30		本月合计	20 000	40 000	32 000	31 000	123 000	123 000	平	0

表 4-4 制造费用分配表

2019 年 9 月　　　　单位：元

受益对象	工资总额	分配率	金额
软香酥	80 000		49 200
月饼	120 000		73 800
合计	200 000	0.615	123 000

$$\text{制造费用分配率}=\frac{123\,000}{80\,000+120\,000}=0.615$$

软香酥负担的制造费用=80 000×0.615=49 200（元）

月饼负担的制造费用=123 000−49 200=73 800（元）

业务分析：分配制造费用，一方面使生产成本增加记入“生产成本”账户的借方；另一方面制造费用转入到生产成本使制造费用减少记入“制造费用”账户的贷方。

会计分录：

借：生产成本——软香酥　　49 200
　　　　　　——月饼　　73 800
　贷：制造费用　　123 000

（六）计算和结转完工产品成本

产品成本指企业在生产产品（包括提供劳务）过程中所发生的材料费用、职工薪酬等，以及不能直接计入而按一定标准分配计入的各种间接费用。一般由直接材料、直接人工、制造费用三部分构成。

计算完工产品成本一定要准确划分各费用界限：

（1）正确划分计入产品成本与不计入产品成本的界限，确定成本费用的范围。企业发生的费用可能涉及很多项目，根据“谁受益（或谁消耗）、谁承担”的原则，凡在生产过程中消耗的各种材料、人工和其他费用都应计入生产成本。否则，就不能计入生产成本。

（2）正确划分各个月份的费用界线。根据会计分期原则，为了及时反映和考核费用开支情况，需要定期分月进行成本计算。

（3）正确划分产品成本和期间费用的界限。凡在产品生产中发生的费用，属于产品成本，应该先记入“生产成本”账户，产品完工后再转入“库存商品”账户。凡在非生产领域中发生的管理费用、销售费用和财务费用都属于期间费用。

（4）正确划分不同产品的成本界限。如果企业只是生产一种产品，那么全部生产成本就是这种产品的成本。但一般的企业都不止生产一种产品，这就需要把全部生产成本在几种产品之间进行分配，凡能分清应由哪种产品负担的费用，应直接计入该种产品的成本。凡由几种产品共同负担的费用，则要采用恰当的标准（根据“谁受益、谁承担”的原则）进行分配，最终把各种产品的成本计算出来。

（5）正确划分完工产品与在产品成本的界限。通过前一步骤计算出了每一种产品的总成本。产品完工，成本全部为产成品成本；产品全部未完工，成本全部为在产品成本。但通常情况下，往往是既有产成品，又有在产品，此时需要把总的产品成本在完工产品和在产品之间进行分配。

完工产品成本基本计算公式：

完工产品成本=期初在产品成本+本期发生的全部生产费用-期末在产品成本

在实际工作中，为了系统地归集、分配应计入各种成本计算对象的费用，应按照成本计算对象和成本核算项目分别设置和登记费用、成本明细分类账户，然后根据明细分类账户编制产品成本汇总表，据此计算成本对象的总成本和单位成本。

【例 4-28】2019 年 9 月 30 日，安信食品有限公司，通过生产成本明细账和产品成本汇总表计算出企业生产的软香酥 94 600 个，月饼 75 950 个，全部完工。结转完工软香酥、月饼成本，假定软香酥和月饼期初没有在产品，如表 4-5、表 4-6 和表 4-7 所示。

表 4-5　生产成本明细账

产品名称：软香酥

2019 年		凭证号数	摘要	借方				贷方	余额
月	日			直接材料	直接人工	制造费用	合计		
9	30	略	领用材料	80 000			80 000		80 000
9	30	略	分配工资		60 000		60 000		140 000
9	30	略	分配制造费用			49 200	49 200		189 200
9	30	略	结转完工产品成本					189 200	0
9	30		本月生产费用合计	80 000	60 000	49 200	189 200	189 200	0

表 4-6　生产成本明细账

产品名称：月饼

2019 年		凭证号数	摘要	借方				贷方	余额
月	日			直接材料	直接人工	制造费用	合计		
9	30	略	领用材料	120 000			120 000		120 000
9	30	略	分配工资		110 000		110 000		230 000
9	30	略	分配制造费用			73 800	73 800		303 800
9	30	略	结转完工产品成本					303 800	0
9	30		本月生产费用合计	120 000	110 000	73 800	303 800	303 800	0

表 4-7　产品成本汇总表

2019 年 9 月　　　　单位：元

产品名称	产量	生产费用累计	月末在产品成本	完工产品成本	
				总成本	单位成本
软香酥	94 600	189 200		189 200	2
月饼	75 950	303 800		303 800	4
合　计	—	493 000			—

业务分析：产品生产完工，结转完工产品成本。一方面企业完工入库产品增加，记入“库存商品”账户借方；另一方面正在生产的产品成本减少，记入“生产成本”账户的贷方。

会计分录：

借：库存商品——软香酥　　189 200

　　　　　　——月饼　　303 800

　　贷：生产成本——软香酥　　189 200

　　　　　　　　——月饼　　303 800

【教中学　学中做】

安信食品有限公司 6 月份产生的制造费用总额为 130 000 元，本月生产软香酥 87 600 个，饼干 42 400 包；月末按照产品数量分配制造费用，并做出会计分录。

借：____________________________________

____

贷：____________________________________

任务六　销售与收入业务核算

销售过程是产品实现价值的过程，包括的主要业务有：销售产品取得收入、结转已经销售产品成本、销售人员工资、销售过程中发生的包装、运输、广告等费用，以及为组织和管理销售活动发生的其他费用。通过销售过程，成品资金转变为货币资金。

一、账户设置

（一）“主营业务收入”账户

概念：核算企业从事本行业生产经营活动所取得的营业收入；销售商品企业转让商品或劳务企业提供劳务等日常活动中所产生的收入；

性质：损益类账户；

结构：贷方登记企业因销售商品或提供劳务等主营业务取得的收入；借方登记销售退回减少的销售收入和期末转入“本年利润”账户的金额；期末结转后一般无余额；

明细账设置：按照主营业务的种类设置明细账户。

（二）“主营业务成本”账户

概念：核算企业在销售商品或提供劳务等经常性活动所发生的成本；

性质：损益类账户；

结构：借方登记企业因销售商品或提供劳务等日常活动中产生的实际成本；贷方登记因销售退回冲减的销售成本和转入“本年利润”借方的已销产品成本或劳务成本；期末结转后一般无余额；

明细账设置：按照主营业务的种类设置明细账户。

（三）“其他业务收入”账户

概念：核算除了主营业务收入以外的企业其他经营活动实现的收入，包括销售材料、提供工业性劳务、出租固定资产、出租无形资产、出租出售包装物等；

性质：损益类账户；

结构：贷方登记企业其他经营活动实现的收入；借方登记转入“本年利润”账户贷方的其他业务收入；期末结转后一般无余额；

明细账设置：按照其他业务的种类设置明细账户。

（四）“其他业务成本”账户

概念：核算企业除了主营业务以外其他经营活动所发生的实际支出，包括销售材料成本、工业性劳务支出、出租固定资产的折旧额、出租无形资产的摊销额、出租出售包装物的成本或摊销额等；

性质：损益类账户；

结构：借方登记其他经营活动所发生的实际支出；贷方登记转入“本年利润”账户借方的支出额；期末结转后一般无余额；

明细账设置：按照其他业务的种类设置明细账户。

（五）“销售费用”账户

概念：核算企业在销售商品或提供劳务过程中发生的各项支出费用，包括广告费、包装费、展览费、运输费、装卸费及专设销售机构人员工资、福利费、固定资产折旧、差旅费和办公用品费等；

性质：损益类账户；

结构：借方登记销售过程中或专设销售机构产生的各项费用；贷方登记转入“本年利润”账户借方的各项销售费用；期末结转后一般无余额；

明细账设置：按照费用项目设置明细账户。

（六）“税金及附加”账户

概念：核算企业经营活动中产生的消费税、城市维护建设税、教育费附加、资源税等税费；

性质：损益类账户；

结构：借方登记按照税法要求计算的本期各项税费；贷方登记转入“本年利润”账户借方本期已经产生的各项税费；期末结转后一般无余额。

（七）“应收账款”账户

概念：核算在赊销情况下，企业因销售商品、提供劳务等经营活动应向购货单位或接受劳务单位收取的款项；

性质：资产类账户；

结构：借方登记因赊销向购货单位或接受劳务单位应收取的款项；贷方登记实际收回的应收款项；期末余额一般在借方，反映企业尚未收回的应收款项；

明细账设置：按照购货单位或接受劳务单位设置明细账户。

（八）“应收票据”账户

概念：核算企业因销售商品、提供劳务等经营活动向购货单位或接受劳务单位收取的商业汇票；

性质：资产类账户；

结构：借方登记因销售商品、提供劳务而收到的商业汇票；贷方登记票据贴现或票据到期收回商业汇票的金额；期末余额一般在借方，反映未到期的商业汇票尚未收回的金额；

明细账设置：按照商业汇票的种类和开出或承兑商业汇票的单位名称设置明细账户。

企业还应设置“应收票据备查簿”，逐笔登记商业汇票的种类、号数和出票日期、票面金额、票面利率、交易合同号等资料，应收票据到期结清票款或退票后，应当在备查簿内逐笔注销。

（九）“预收账款”账户

概念：核算企业按合同规定向购货单位预收的货款；

性质：负债类账户；

结构：贷方登记预收的货款及销售实现时购货方补付的货款；借方登记商品销售应收的货款；期末余额一般在贷方，表示企业预收的货款，若为借方余额，表示企业应向购货单位补收的货款；

明细账设置：按照购货单位设置明细账户。

预收款项不多的企业，可以不设置“预收账款”账户，而将预收货款并入“应收账款”账户进行核算。

二、账务处理

（一）销售商品

1. 货款收到业务处理

【例 4-29】安信食品有限公司于 2019 年 9 月 12 日销售软香酥 50 000 个给世纪商贸有限公司，增值税专用发票上注明：价款 200 000 元，增值税 26 000 元。产品已经发出，货款收存银行。

业务分析：销售商品货款已经收回，一方面款项已经收存银行，银行存款增加记入“银行存款”账户借方；另一方面销售商品产品已经发出，主营业务收入和增值税增加，记入“主营业务收入”账户和“应交税费——应交增值税（销项税额）”贷方。

会计分录：

借：银行存款　　226 000

　　贷：主营业务收入　　200 000

　　　　应交税费——应交增值税（销项税额）　　26 000

2. 应收账款业务处理

【例 4-30】2019 年 9 月 21 日，安信食品有限公司销售 75 000 个月饼给林美超市，增值税专用发票上注明：价款 525 000 元，增值税 68 250 元；商品已经发出，款项尚未收到。

业务分析：销售商品款项未收，一方面款项未收使应收账款增加记入“应收账款”账户借方；另一方面主营业务收入和增值税增加记入“主营业务收入”账户和“应交税费——应交增值税（销项税额）”贷方。

会计分录：

借：应收账款——林美超市　　593 250

　　贷：主营业务收入　　525 000

　　　　应交税费——应交增值税（销项税额）　　68 250

【例 4-31】承【例 4-30】2019 年 10 月 20 日，安信食品有限公司收到林美超市于 9 月 21 日尚未支付的货款，已存入银行。

业务分析：收到前欠货款，一方面企业银行存款增加记入“银行存款”账户借方；另一方面应收的款项减少记入“应收账款”账户贷方。

会计分录：

借：银行存款　　593 250

　　贷：应收账款——林美超市　　593 250

3. 预收账款业务处理

【例 4-32】2019 年 9 月 22 日，安信食品有限公司按照销售合同预收高乐超市订购软香酥的货款 30 000 元，已经存入银行。

业务分析：预收货款，一方面款项收到存入银行记入“银行存款”账户借方，另一方面预收了高乐超市货款尚未发货负债增加记入“预收账款”账户贷方。

会计分录：

借：银行存款　　30 000

　　贷：预收账款——高乐超市　　30 000

【例 4-33】承【例 4-32】2019 年 10 月 22 日，安信食品有限公司按照合同规定给高乐超市发出已预收款项的软香酥，开出增值税专用发票：价款 60 000 元，增值税 7 800 元。

业务分析：预收货款发货，一方面负债预收账款减少记入“预收账款”账户借方；另一方面收入和增值税增加记入“主营业务收入”账户和“应交税费——应交增值税（销项税额）”贷方。

会计分录：

借：预收账款——高乐超市　　　　　　　　　67 800
　　贷：主营业务收入　　　　　　　　　　　　60 000
　　　　应交税费——应交增值税（销项税额）　　7 800

【例 4-34】承【例 4-32】和【例 4-33】，2019 年 10 月 30 日，安信食品有限公司收到高乐超市补付的 9 月 22 日采购的软香酥货款 37 800 元，货款收存银行。

业务分析：收到补付货款存入银行，一方面银行存款增加记入“银行存款”账户借方；另一方面冲减预收账款借方金额记入“预收账款”账户贷方。

会计分录：

借：银行存款　　　　　　　　　　　　　　37 800
　　贷：预收账款——高乐超市　　　　　　　　37 800

4. 结转已销商品成本业务处理

【例 4-35】2019 年 9 月 30 日，安信食品有限公司本月已经销售软香酥 50 000 个，单位成本 2 元；销售月饼 75 000 个，单位成本 4 元，结转其商品成本。

业务分析：结转已销商品成本，一方面商品成本离开企业费用增加记入“主营业务成本”账户借方；另一方面仓库库存商品减少记入“库存商品”账户贷方。

会计分录：

借：主营业务成本——软香酥　　　　　　　100 000
　　　　　　　　——月饼　　　　　　　　300 000
　　贷：库存商品——软香酥　　　　　　　　100 000
　　　　　　　　——月饼　　　　　　　　　300 000

（二）销售材料

制造企业销售商品为主营业务，销售材料则为其他业务。销售材料时，应确认“其他业务收入”同时结转“其他业务成本”。

1. 确认其他业务收入业务处理

【例 4-36】安信食品有限公司 2019 年 9 月 24 日销售一批不需用的黄油，增值税专用发票上注明：价款 4 000 元，增值税 520 元；材料已经发出，款项收存银行。

业务分析：销售材料款项收到，一方面收到款项收存银行记入“银行存款”账户借方；另一方面销售材料增加其他业务收入和增值税，记入“其他业务收入”账户和“应交税费——应交增值税（销项税额）”账户贷方。

会计分录：

借：银行存款　　　　　　　　　　　　　　4 520
　　贷：其他业务收入　　　　　　　　　　　　4 000
　　　　应交税费——应交增值税（销项税额）　　520

2. 结转其他业务成本业务处理

【例 4-37】2019 年 9 月 30 日，结转上述已经销售的黄油实际成本 2 600 元。

业务分析：结转已销材料成本，一方面材料成本离开企业成为费用记入“其他业务成本”账户借方，另一方面库存原材料减少记入“原材料”账户贷方。

会计分录：

借：其他业务成本　　2 600

　　贷：原材料——黄油　　2 600

（三）销售费用

企业在销售过程中发生的包装费、装卸费、保险费、运输费、展览费和广告费等，以及企业专设销售机构人员工资、福利、固定资产折旧、办公费等都应在销售费用中核算。

【例 4-38】2019 年 9 月 22 日安信食品有限公司销售给林美超市月饼时，销售过程中发生的运输费用由企业承担，收到的运输增值税专用发票上注明：运输费 1 000 元，装卸费 500 元，保险费 300 元，增值税 162 元，开出转账支票支付运输费用及增值税。

业务分析：销售过程承担运费，一方面销售费用增加记入“销售费用”账户借方，可以抵扣的增值税记入“应交税费——应交增值税（进项税额）”账户借方；另一方面开出转账支票以银行存款支付费用记入“银行存款”账户贷方。

会计分录：

借：销售费用　　1 800

　　应交税费——应交增值税（进项税额）　　162

　　贷：银行存款　　1 962

【例 4-39】2019 年 9 月 26 日，安信食品有限公司以银行存款支付广告费 6 000 元，增值税 540 元。

业务分析：银行存款支付广告费，一方面广告费增加记入“销售费用”账户借方，同时交纳了可抵扣增值税记入“应交税费——应交增值税（进项税额）”账户借方；另一方面以银行存款支付广告费记入“银行存款”账户贷方。

会计分录：

借：销售费用　　6 000

　　应交税费——应交增值税（进项税额）　　540

　　贷：银行存款　　6 540

（四）税金及附加

企业销售商品、提供劳务，应按规定计算应交纳的消费税、城市维护建设税、资源税、教育费附加等。税金及附加通常是按月计算，于下个月交纳，所以计算的税费为当期的费用，同时形成了下个月应交纳的税费。

一般纳税人企业缴纳的增值税是价外税，采购材料物资所支付的增值税进项税额和抵扣后实际交纳的增值税，都不属于“税金及附加”账户核算的范围。

【例 4-40】2019 年 9 月底，安信食品有限公司按照税法规定，计算出本月应交纳的城市维护建设税 3 200 元，教育费附加 1 300 元。

业务分析：计提城市维护建设税及教育费附加，一方面使当期的费用增加记入“税金及附加”账户借方；另一方面税费尚未交纳负债增加记入“应交税费”账户贷方。

会计分录：

借：税金及附加　　4 500
　　贷：应交税费——应交城市维护建设税　　3 200
　　　　　　　——教育费附加　　1 300

【小思考】

企业的主营业务和其他业务怎么区分？你认为工业企业哪些是主营业务？哪些是其他业务？

______

______

______

______

【教中学　学中做】

安信食品有限公司销售软香酥一批，企业开出的增值税专用发票注明：价款 410 000 元，增值税额 53 300 元，款项尚未收到；这批软香酥的成本为 190 000 元，确认收入同时结转成本。编写会计分录。

借：______

贷：______

______

______

______

任务七　利润的形成和分配业务

企业从事生产经营活动的目的是为了获得尽可能多的利润，最大限度地实现资本增值。但由于影响企业获得利润的因素较多，因此企业也可能出现亏损的情况。不论是实现的利润还是发生的亏损，都是企业的经营结果。企业获得利润后，要按照规定对利润进行分配，一部分要留存企业作为发展资金，另一部分要分配给所有者，作为所有者的投资回报。如果企业发生亏损，则需要进行弥补，企业弥补亏损的资金来源主要是以后年度所获得的利润。本任务主要是对企业获得的利润进行核算。

一、利润的形成

（一）利润的概念

利润包括收入减去费用后的净额，也包括直接计入当期损益的利得和损失等。为了便于评价企业经营活动的各个环节与利润形成之间的效益关系，更好地为经营管理和决策服务，在实际工作中利润一般由营业利润、利润总额和净利润三个层次构成。

1. 营业利润

营业利润是指企业生产经营活动产生的利润，即收入减去费用后的净值。

其计算公式如下：

营业利润=营业收入（主营业务收入+其他业务收入）-营业成本（主营业务成本+其他业务成本）-管理费用-销售费用-财务费用-税金及附加-资产减值损失+公允价值变动收益（-公允价值变动损失）+投资收益（-投资损失）+其他收益+资产处置收益（-资产处置损失）

2. 利润总额

利润总额又称税前利润，是指营业利润加上利得减去损失后的金额。

其计算公式如下：

利润总额=营业利润+营业外收入-营业外支出

3. 净利润

净利润又称税后利润，是利润总额扣除所得税费用后的净额。

其计算公式如下：

净利润=利润总额-所得税费用

（二）账户设置

1. “营业外收入”账户

概念：核算企业发生的各项与生产经营活动无关的利得，包括盘盈利得、捐赠利得等；

性质：损益类账户；

结构：贷方登记企业发生的各项营业外收入；借方登记转入“本年利润”账户贷方的营业外收入；期末结转后，该账户无余额；

明细账设置：按照营业外收入类别设置明细账户。

2. “营业外支出”账户

概念：核算企业产生的各项与生产经营活动无关的损失，包括公益性捐赠支出、非正常损失、盘亏损失等；

性质：损益类账户；

结构：借方登记企业产生的各项营业外支出；贷方登记转入“本年利润”账户借方的营业外支出；期末结转后，该账户无余额；

明细账设置：按照营业外支出项目设置明细账户。

3. “本年利润”账户

概念：核算企业当期实现的净利润或发生的净亏损；

性质：所有者权益类账户；

结构：贷方登记损益类账户中收入和利得等账户的结转数；借方登记损益类账户中费

用和损失等账户的结转数；期末余额若在借方，反映企业本期的净亏损；期末余额若在贷方，反映企业本期的净利润。

在年度中，该账户余额保留在本账户，表示截至本年累计实现的净利润（或净亏损）；

年度终了，应将本账户的贷方余额（净利润）结转至“利润分配——未分配利润”账户贷方，借方余额（净亏损）结转至“利润分配——未分配利润”账户借方，结转后本账户无余额。

4. 所得税费用

概念：核算企业按税法规定计算本期应负担的所得税费用；

性质：损益类账户；

结构：借方登记按照规定计算出的所得税税额；贷方登记结转至“本年利润”账户借方的所得税税额；期末结转后，该账户无余额。

（三）账务处理

1. 差旅费业务处理

（1）从银行提取现金。

【例 4-41】2019 年 9 月 1 日，安信食品有限公司出纳开出现金支票提取备用金 5 000 元，银行予以批准。

业务分析：开出现金支票提取备用金，一方面备用金增加记入“库存现金”账户借方；另一方面开出现金支票，银行存款减少记入“银行存款”账户贷方。

会计分录：

借：库存现金　　　　5 000

　　贷：银行存款　　　　5 000

（2）预借差旅费。

企业员工出差业务可以采用先出差后报销的制度，也可以采用先预借后报销的制度；本企业采用先预借差旅费，出差归来再报销，差旅费多退少补的制度。

【例 4-42】企业办公室职员王芸填制借款单于 2019 年 9 月 2 日预借差旅费 4 000 元，审核无误后，以现金支付。

业务分析：预计差旅费以现金支付，一方面预借款项，出差还未进行费用还未发生记入“其他应收款”账户借方（“其他应收款”账户是资产类账户，借方登记除应收账款、应收票据及应收利息以外的其他应收未收的款项，贷方登记收回其他应收款金额，期末余额一般在借方，反映尚未收回的其他应收款）；另一方面以现金支付，现金减少记入“库存现金”账户贷方。

会计分录：

借：其他应收款——王芸　　　　4 000

　　贷：库存现金　　　　4 000

（3）报销差旅费。

【例 4-43】承【例 4-42】9 月 6 日王芸出差归来，填制差旅费报销单报销差旅费共计 3 800 元，并退回现金 200 元，出纳开具收款收据。

业务分析：报销差旅费并退回多余现金，一方面企业办公室差旅费增加记入“管理费用”账户借方，收回多余现金记入“库存现金”账户借方；另一方面王芸报销差旅费企业以报销单及现金形式收回其他应收款记入“其他应收款”账户贷方。

会计分录：

借：管理费用　　3 800

　　库存现金　　200

　　贷：其他应收款——王芸　　4 000

【小思考】

1. 如果王芸没有预借差旅费，直接出差归来报销差旅费，应该如何核算？

2. 企业如果有多余现金按照现金管理制度及时存入银行，填制进账单将现金存入银行，应该如何进行账务处理？

2. 营业外收入和营业外支出业务处理

（1）营业外收入业务处理。

【例 4-44】 2019 年 9 月 22 日，安信食品有限公司收到伟达实业违约金收入 2 000 元存入银行。

业务分析：收到违约金存入银行，一方面银行存款增加记入“银行存款”账户借方；另一方面收到违约金，利得增加记入“营业外收入”账户贷方。

会计分录：

借：银行存款　　2 000

　　贷：营业外收入　　2 000

（2）营业外支出业务处理。

【例 4-45】 2019 年 9 月 26 日，安信食品有限公司向希望小学捐款 10 000 元，开出转账支票支付。

业务分析：转账支票支付捐款，一方面捐款发生，记入“营业外支出”账户借方；另一方面开出转账支票支付，银行存款减少记入“银行存款”账户贷方。

会计分录：

借：营业外支出　　10 000

　　贷：银行存款　　10 000

3. 结转收入类和费用类账户

期末将收入类和费用类账户结转到“本年利润”账户，其中：收入类账户结转至“本年利润”账户贷方，费用类账户结转至“本年利润”账户借方；账户借贷方相抵后，余额在贷方表示净利润，余额在借方表示净损失。

（1）结转收入类账户。

【例 4-46】 2019 年 12 月 31 日，结转本期实现的各项收入类账户，其中：主营业务收入 8 700 000 元，其他业务收入 120 000 元，营业外收入 20 000 元。

业务分析：结转收入类账户，一方面收入类账户结转后减少，分别记入“主营业务收入”账户、“其他业务收入”账户、“营业外收入”账户的借方；另一方面结转至本年利润记入“本年利润”账户贷方。

会计分录：

借：主营业务收入　　8 700 000

　　其他业务收入　　120 000

　　营业外收入　　20 000

　　贷：本年利润　　8 840 000

（2）结转费用类账户。

【例 4-47】 2019 年 12 月 31 日，结转本期实现的各项费用类账户，其中：主营业务成本 4 300 000 元，其他业务成本 70 000 元，管理费用 310 000 元，销售费用 100 000 元，财务费用 80 000 元，税金及附加 98 000 元，营业外支出 60 000 元。

业务分析：结转费用类账户，一方面结转到本年利润记入“本年利润”账户借方；另一方面费用类账户结转后减少，分别记入“主营业务成本”账户、“其他业务成本”账户、“管理费用”账户、“销售费用”账户、“财务费用”账户、“税金及附加”账户、“营业外支出”账户的贷方。

会计分录：

借：本年利润　　5 018 000

　　贷：主营业务成本　　4 300 000

　　　　其他业务成本　　70 000

　　　　管理费用　　310 000

　　　　销售费用　　100 000

　　　　财务费用　　80 000

　　　　税金及附加　　98 000

　　　　营业外支出　　60 000

经过上述结转后，“本年利润”账户的贷方和借方进行相抵即为本期实现的利润总额。

本期利润总额=本年利润贷方−本年利润借方=8 840 000−5 018 000=3 822 000（元）

（3） 计算并结转所得税。

按照税法规定，企业应按照应纳税所得额乘以适用的所得税税率来计算当期应交纳的所得税。企业所得税是企业为取得一定的生产经营成果（净利润）按税法规定而必须支出的一项费用，利润总额扣除所得税费用后即为净利润。

在此为了简化处理计算应纳税所得额时不考虑纳税调整项目，应纳税所得额按照利润总额来计算。

计算公式如下：

全年应缴纳的所得税=应纳税所得额×适用所得税税率

【例 4-48】承【例 4-46】和【例 4-47】，计算安信食品有限公司应交纳的所得税，并结转所得税费用。

企业 2019 年的所得税额=利润总额×25%=3 822 000×25%=955 500（元）

业务分析：计算所得税，一方面计算的所得税费用增加记入“所得税费用”账户借方；另一方面应交所得税增加记入“应交税费——应交所得税”账户贷方。

结转所得税费用，一方面结转到本年利润记入“本年利润”账户借方；另一方面费用结转减少费用记入“所得税费用”账户贷方。

会计分录：

计提所得税：

借：所得税费用　　955 500

　　贷：应交税费——应交所得税　　955 500

结转所得税：

借：本年利润　　955 500

　　贷：所得税费用　　955 500

将所得税费用结转至“本年利润”账户借方，就可以根据结转后的“本年利润”账户计算出净利润。

企业本期净利润=利润总额-所得税费用

=3 822 000-955 500=2 866 500（元）

【小思考】

本月如果企业是净亏损还用缴纳所得税吗？

二、利润的分配

（一）利润分配的概念

利润分配是指企业按照国家法律规定和企业章程、投资者协议等，对企业当年可供分配利润指定其特定用途和分配给投资者的行为。

根据《中华人民共和国公司法》（以下简称《公司法》）的有关规定，当期实现的净利润应按以下顺序进行分配：

（1）弥补以前年度亏损。以前年度的亏损未弥补完的，不能提取法定盈余公积。

（2）提取法定盈余公积。按照《公司法》规定，公司应该按照当年净利润的10%计提法定盈余公积，提取的法定盈余公积累计额超过注册资本50%以上的，可以不再计提盈余公积。

（3）提取任意盈余公积。公司提取法定盈余公积后，按照投资者或股东大会决议可以从净利润中提取任意盈余公积，任意盈余公积由企业自行计提。

（4）向投资者分配利润（或股利）。按照股东章程或投资者协议，分配完以上程序后，从净利润中提取部分利润给投资者或股东分配利润或股利。

经上述分配后，剩下的余额为企业的未分配利润（或未弥补的亏损），属于所有者权益的一部分。未分配利润可留待以后年度进行分配。

（二）账户设置

1. “利润分配”账户

概念：核算企业利润的分配（或亏损的弥补）情况及累计未分配利润（或累计未弥补亏损）的情况；

性质：所有者权益类账户；

结构：借方登记利润的分配数（或年末转入的本年度亏损数），贷方登记年末转入的本年度净利润（或亏损的弥补数）；年末贷方余额表示企业累计未分配利润，如为借方余额则表示企业累计未弥补亏损；

明细账设置：该账户应分别设置“提取法定盈余公积”“提取任意盈余公积”“应付股利（或利润）”“未分配利润”等明细账户。

2. “盈余公积”账户

概念：核算企业从净利润中提取的盈余公积；

性质：所有者权益类账户；

结构：贷方登记计提的各项盈余公积，借方登记盈余公积转增资本或弥补亏损的数额；期末余额一般在贷方，反映企业盈余公积结存数；

明细账设置：按照“法定盈余公积”和“任意盈余公积”设置明细账户。

3. “应付股利（利润）”账户

概念：核算企业分配给股东或投资者应付而未付的股利或利润；

性质：负债类账户；

结构：贷方登记应付给股东或投资者的股利或利润，借方登记实际支付的股利或利润；期末余额一般在贷方，反映企业尚未支付给股东或投资者的股利或利润；

明细账设置：按照股东或投资者名称设置明细账户。

（三）账务处理

1. 结转本年利润

【例 4-49】安信食品有限公司“本年利润”账户余额为 2 866 500 元，为净利润金额，结转本年利润账户。

业务分析：结转本年利润账户，将本年利润的贷方余额结转到利润分配账户，一方面本年利润减少记入“本年利润”账户借方；另一方面盈利转入利润分配账户，利润分配增加记入“利润分配——未分配利润”账户贷方。

会计分录：

借：本年利润　　2 866 500

　　贷：利润分配——未分配利润　　2 866 500

2. 提取盈余公积

【例 4-50】按照法律规定从净利润中提取 10%的法定盈余公积，按照企业章程提取 6%的任意盈余公积。

业务分析：从净利润中提取盈余公积，一方面利润减少记入“利润分配——提取法定盈余公积”账户和“利润分配——提取任意盈余公积”账户的借方；另一方面盈余公积增加记入“盈余公积——法定盈余公积”账户和“盈余公积——任意盈余公积”账户的贷方。

会计分录：

借：利润分配——提取任意盈余公积　　286 650

　　　　　　——提取任意盈余公积　　171 990

　　贷：盈余公积——法定盈余公积　　286 650

　　　　　　　　——任意盈余公积　　171 990

3. 分配股利或利润

【例 4-51】按照安信食品有限公司股东协议将净利润的 40%分配给股东。

业务分析：分配股东股利，一方面从净利润中分配 40%，计算出分配股利=2 866 500×40%=1 146 600（元），利润减少记入“利润分配——应付股利”账户借方；另一方面应付给股东的股利增加，记入“应付股利”账户贷方。

会计分录：

借：利润分配——应付股利　　1 146 600

　　贷：应付股利　　1 146 600

4. 结转各利润分配明细账

年度终了，结转利润分配各所属明细账，将其他明细账户结转至“未分配利润”明细账户，结转后“未分配利润”明细账户借方反映企业亏损或已经分配的利润，贷方反映累积未分配的利润。

【例 4-52】承【例 4-50】和【例 4-51】，将“利润分配”账户下的其他明细账户的余额结转至“利润分配——未分配利润”账户。

业务分析：结转“利润分配”各明细账户，一方面其他明细账户减少记入“利润分配——提取法定盈余公积”账户、“利润分配——提取任意盈余公积”账户和“利润分配——应付股利”账户贷方；另一方面结转至利润分配账户记入“利润分配——未分配利润”账户借方。

会计分录：

借：利润分配——未分配利润　　1 605 240

　　贷：利润分配——提取任意盈余公积　　286 650

　　　　　　　　——提取任意盈余公积　　171 990

　　　　　　　　——应付股利　　1 146 600

年末未分配利润=2 866 500−1 605 240=1 261 260（元）

【教中学　学中做】

1. 安信食品有限公司 2018 年度损益类账户如下：主营业务收入 2500 000 元，其他业务收入 800 000 元，营业外收入 20 000 元，主营业务成本 1260 000 元，其他业务成本 530 000 元，管理费用 123 000 元，销售费用 380 000 元，财务费用 330 000 元，税金及附加 32 000 元。结转收入、费用类账户到本年利润，并计算出利润总额。

结转收入:____________________

　　借:____________________

____

____

　　　贷:____________________

结转费用:____________________

　　　借:____________________

　　　　贷:____________________

____

____

____

____

____

2. 根据上题计算出所得税费用，并结转至本年利润账户，计算出净利润。

____

____

____

____

____

项 目 反 思

1. 通过学习企业主要经济业务的核算，你学到了哪些内容？

2. 你的疑惑点：

3. 解决方案：

4. 总结：

知识要点总结

制造企业的生产经营过程包括供应过程、生产过程和销售过程。制造企业在生产经营过程中发生的经济业务主要包括筹集资金业务（接受投资人投资及向银行或其他金融机构借款）、供应过程业务（材料采购及购入固定资产）、生产过程业务（生产费用的归集及分配结转）、销售过程业务（收入形成和费用产生）、利润计算与分配业务等。本项目学习要点：工业企业的主要经济业务及其核算的账户、相关的基本理论与知识、相关的数据计算、编制会计分录等。

知识要点总结导图

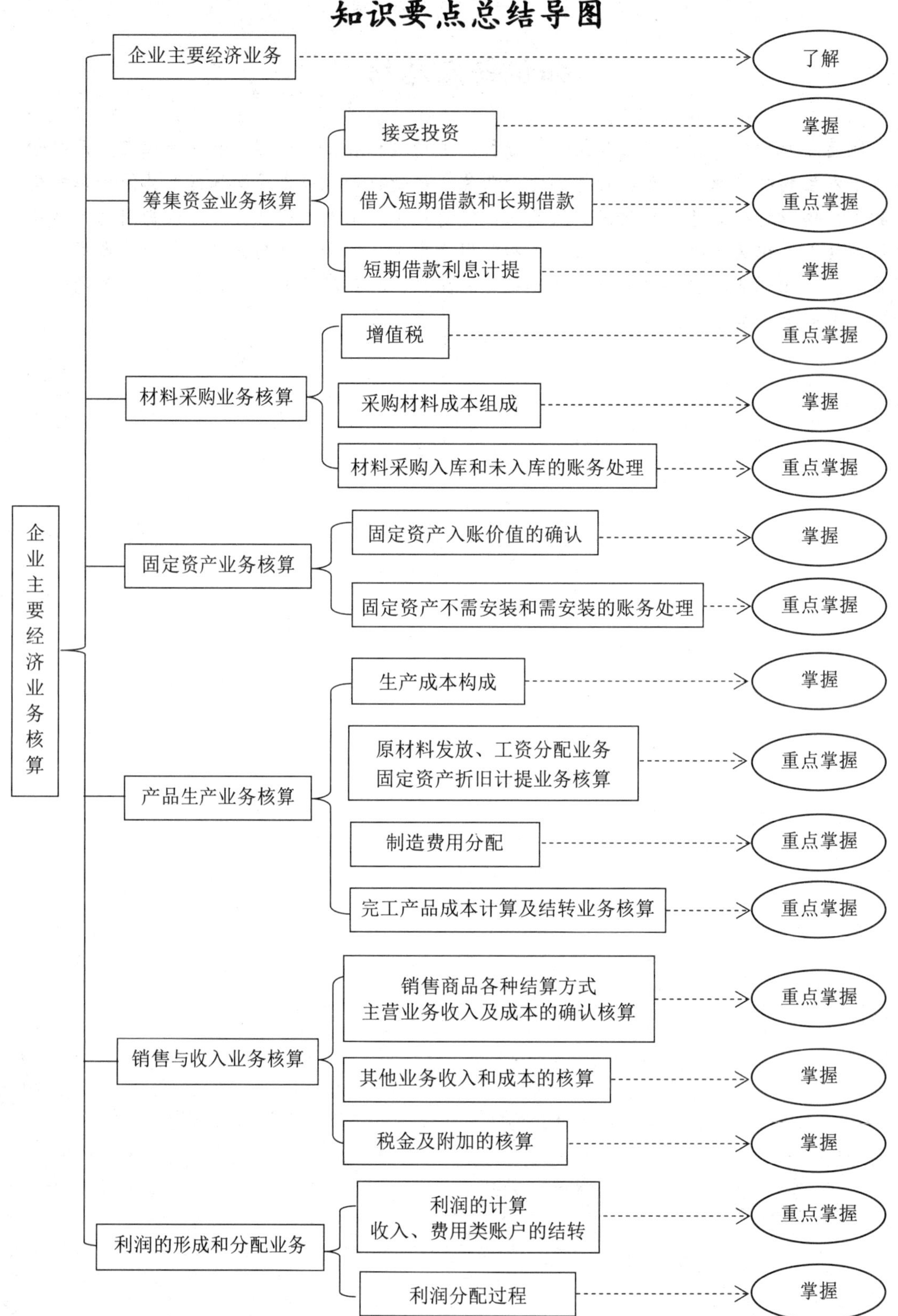
企业主要经济业务核算
企业主要经济业务
了解
筹集资金业务核算
接受投资
掌握
借入短期借款和长期借款
重点掌握
短期借款利息计提
掌握
材料采购业务核算
增值税
重点掌握
采购材料成本组成
掌握
材料采购入库和未入库的账务处理
重点掌握
固定资产业务核算
固定资产入账价值的确认
掌握
固定资产不需安装和需安装的账务处理
重点掌握
产品生产业务核算
生产成本构成
掌握
原材料发放、工资分配业务
固定资产折旧计提业务核算
重点掌握
制造费用分配
重点掌握
完工产品成本计算及结转业务核算
重点掌握
销售与收入业务核算
销售商品各种结算方式
主营业务收入及成本的确认核算
重点掌握
其他业务收入和成本的核算
掌握
税金及附加的核算
掌握
利润的形成和分配业务
利润的计算
收入、费用类账户的结转
重点掌握
利润分配过程
掌握

项 目 考 核

一、简答题

1. 制造企业的主要经济业务包括哪些？
2. 筹集资金业务中接受投资人投资和借入款项有什么区别？
3. 材料采购成本的组成及采购费用如何分配？
4. 材料采购入库和尚未入库如何进行账务处理？
5. 固定资产入账价值如何确定？
6. 简述产品生产成本的组成，制造费用的概念及分配。
7. 销售收入和成本应当如何确认？
8. 什么是期间费用，简述差旅费如何进行账务处理。
9. 利润的形成包括哪些内容？
10. 净利润如何进行分配，分配的程序有哪些？

技 能 训 练

一、单项选择题

1. 接受投资者投资，确认的属于注册资本的份额，应记入（　　）账户。
   A. 资本公积　B. 投资收益　C. 实收资本　D. 生产成本
2. 企业从银行借入 1 年期的借款，应贷记（　　）账户。
   A. 短期借款　B. 长期借款　C. 实收资本　D. 应付账款
3. 企业在生产经营过程中借入短期借款的利息支出应记入（　　）账户。
   A. 生产成本　B. 管理费用　C. 财务费用　D. 在建工程
4. 企业外购原材料支付的运输费、保险费、装卸费等采购费用，应计入（　　）账户。
   A. 管理费用　B. 在途物资　C. 制造费用　D. 销售费用
5. 某企业为一般纳税人，本期外购原材料一批，专用发票注明买价为 20 000 元，增值税为 2 600 元，入库前的挑选整理费为 1 000 元，则该批原材料的入账价值为（　　）元。
   A. 20 000　B. 23 400　C. 21 000　D. 24 400
6. 企业从银行提取现金，贷记“银行存款”账户，应借记（　　）账户。
   A. 库存现金　B. 银行存款
   C. 其他应收款　D. 其他应交款
7. 下列不构成产品成本的是（　　）。
   A. 直接人工　B. 直接材料
   C. 管理费用　D. 制造费用

8. 车间固定资产的折旧额应当计入（　　）账户。

A. 管理费用　　B. 销售费用　　C. 制造费用　　D. 生产成本

9. 下列各项中可以直接记入生产成本的是（　　）。

A. 车间管理人员工资　　B. 厂部管理人员工资

C. 生产工人工资　　D. 销售人员工资

10. “制造费用”账户按照会计要素分类属于（　　）。

A. 资产类账户　　B. 损益类账户　　C. 负债类账户　　D. 成本类账户

11. 预付货款不多的企业，可以不设置“预付账款”账户，直接通过（　　）进行核算。

A. 应付账款　　B. 预收账款　　C. 应收账款　　D. 其他应收款

12. 为了正确核算和监督库存材料的增减变化及其结存情况，需要设置的账户为（　　）。

A. 在途物资　　B. 原材料　　C. 应付账款　　D. 预付账款

13. “累计折旧”账户按其反映的经济内容应归入（　　）。

A. 损益类账户　　B. 费用类账户　　C. 资产类账户　　D. 负债类账户

14. “主营业务收入”账户期末余额一般在（　　）。

A. 在借方　　B. 在贷方

C. 无余额　　D. 可能在借方也可能在贷方

15. 企业出售产品前，按合同预收客户一笔货款，就其性质来看应作为（　　）。

A. 资产　　B. 负债　　C. 收入　　D. 费用

16. 企业因销售商品发生的广告费计入（　　）。

A. 管理费用　　B. 销售费用　　C. 财务费用　　D. 制造费用

17. 应计入产品成本的费用是（　　）。

A. 销售费用　　B. 财务费用　　C. 制造费用　　D. 管理费用

18. 下列项目属于营业外收入的是（　　）。

A. 银行存款利息收入　　B. 接受捐赠

C. 对外提供劳务的收入　　D. 投资收益

19. 期末计提所得税费用所涉及的账户是（　　）。

A. 应交税费　　B. 所得税费用　　C. 本年利润　　D. 银行存款

20. 下列中不属于营业利润计算项目的是（　　）。

A. 主营业务成本　　B. 管理费用

C. 主营业务收入　　D. 所得税费用

21. 下列中属于企业利润分配内容的是（　　）。

A. 交纳所得税　　B. 提取盈余公积金

C. 向供货方支付货款　　D. 向债权人支付利息

22. “生产成本”账户期末借方余额表示（　　）。

A. 完工产品成本　　B. 期末未完工产品成本

C. 库存产品成本　　D. 已经销售产品成本

23. 年末，“利润分配”账户各明细账为了反映出期末未分配利润，需要结转至（　　）

明细账户。

A. 未分配利润　　B. 提取法定盈余公积
C.　提取任意盈余公积　　D. 应付股利（利润）

二、多项选择题

1. 甲企业从银行借款 10 万元，归还前欠 B 公司的购货款。借款和还款的手续都办妥后，这项业务引起企业会计要素的变化有（　　）。

A. 资产和负债都增加了　　B. 所有者权益和资产都增加了
C. 一项负债增加，一项负债减少　　D. 负债减少，资产增加

2. 企业按季度支付银行短期借款利息而按月计提利息费用时，会涉及的账户有（　　）。

A. 财务费用　　B. 管理费用　　C. 其他应付款　　D. 应付利息

3. 企业接受投资者投入资本的核算可能要涉及的资产账户有（　　）。

A. 银行存款　　B. 原材料　　C.　固定资产　　D. 无形资产

4. 下列各项属于企业经营资金来源的有（　　）。

A. 投资者的投资　　B. 赊购原材料
C. 生产产品　　D. 从银行借款

5. 下列各项构成制造企业外购存货入账价值的有（　　）。

A. 买价　　B. 运杂费
C. 运输途中的合理损耗　　D. 入库前的挑选整理费

6. 企业发放职工工资时，应（　　）。

A. 借记“应付职工薪酬”　　B. 贷记“银行存款”
C. 借记“销售费用”　　D. 贷记“应付账款”

7. 在下列各项费用中，属于“管理费用”账户核算的有（　　）。

A. 广告费　　B. 行政管理部门
C. 制造费用　　D. 行政部门职工薪酬

8. 一般纳税人企业，下列内容应在“在途物资”账户借方登记的有（　　）。

A. 材料买价　　B. 材料的增值税
C. 材料的运费　　D. 仓库保管人员的工资

9. 与企业产品生产成本无关的有（　　）。

A. 管理费用　　B. 制造费用　　C. 销售费用　　D. 财务费用

10. 下列账户年末无余额的有（　　）。

A. 主营业务成本　　B. 原材料　　C. 营业外收入　　D. 本年利润

11. 产品成本项目包括（　　）。

A. 直接材料　　B. 直接人工　　C. 制造费用　　D. 管理费用

12. 月末应将（　　）账户的本期发生额转入“本年利润”账户。

A. 主营业务收入　　B. 营业外收入　　C. 制造费用　　D. 管理费用

13. 下列费用属于期间费用的有（　　）。

A. 财务费用　　B. 管理费用　　C.　制造费用　　D. 销售费用

14. 在对企业购销活动的核算中，表示企业负债减少的记录有（　　）。

A. “应付账款”账户的借方　　B. “其他应收款”账户的借方

C. “预收账款”账户的借方　　D. “预付账款”账户的借方

15. 下列各项应计入营业外支出的有（　　）。

A. 销售的材料成本　　B. 交纳的罚款支出

C. 固定资产的折旧　　D. 捐赠支出

三、判断题

1. 企业资金的来源渠道主要有借入款项。（　　）
2. 销售人员的差旅费记入“管理费用”账户。（　　）
3. 销售材料收入属于其他业务收入。（　　）
4. “制造费用”账户期末分配结转后一般无余额。（　　）
5. 工业企业材料采购成本包括买价和采购费用。（　　）
6. 生产车间计算的固定资产折旧应直接记入“生产成本”账户。（　　）

四、实务题

安信食品有限公司2019年12月的主要经济业务如下。

（一）筹资业务

1. 12月1日，收到华星公司投入现金200 000元，款项存入银行。

2. 12月1日，从银行借入一年期借款70 000元，年利率6%，利息按月计提，到期一次还本付息。

3. 12月31日，计提上述借款本月利息。

4. 12月10日，归还已到期6个月借款50 000元，以及已经全额计提的利息1 200元。

（二）材料采购业务

1. 12月7日，从人人乐超市采购食盐价款600元，增值税进项税额78元，款项已经通过银行转账支付。

2. 12月11日，从上海华联商贸购进黄油3 000千克，单价8元，共计24 000元，增值税进项税额为3 120元，发生运费500元，增值税45元，材料如数验收入库，款项尚未支付。

3. 12月19日，从爱菊食品厂购进面粉30千克，单价80元，共计2 400元，增值税进项税额为312元。全部款项以银行存款支付，材料尚未到达。

4. 12月20日，以银行存款支付11日前欠上海华联商贸的款项27 665元。

5. 12月23日，19日采购的面粉已经运达，验收入库。

（三）固定资产业务

1. 12月13日，企业购入一台不需要安装的设备，价款50 000元，增值税进项税额6 500元，发生运费1 000元，增值税90元，设备已验收并交付使用，价款和运杂费均以银行存款支付。

2. 12月22日，企业购入一部电梯，价款300 000元，增值税进项税额39 000元，电梯运达企业，尚未安装。

（四）生产过程业务

1. 12 月 25 日，以银行存款支付车间办公用品费 500 元。

2. 12 月 30 日，以银行存款支付本月水电费 3 500 元，增值税进行税额 455 元。其中，行政管理部门分配 1 000 元，各车间分配 2 500 元。

3. 12 月 31 日，领用材料如下：软香酥产品领用面粉材料 30 000 元，食用油 4 125 元；饼干产品领用面粉 50 000 元，食用油 3 225 元；车间一般耗用领用包装材料 2 000 元。

4. 12 月 31 日，结算本月应付职工工资 60 000 元。其中：生产软香酥工人工资 25 000 元，生产饼干工人工资 20 000 元，车间管理人员工资 2 000 元，行政管理部门人员工资 8 000 元，销售机构人员工资 5 000 元。

5. 12 月 31 日，按规定标准计提本月固定资产折旧费 4 500 元。其中，生产车间计提折旧 3 500 元，行政管理部门计提折旧 1 000 元。

6. 12 月 31 日，本月生产软香酥 80 000 个，饼干 30 000 包，制造费用总额 11 000 元，按照数量分配并结转制造费用。

7. 12 月 31 日，上述软香酥和饼干全部完工，结转完工产品成本。

（五）销售业务

1. 12 月 3 日，销售软香酥一批，价款为 183 000 元，增值税额 23 790 元，价税合计 206 790 元，款项已收存银行。

2. 12 月 14 日，销售饼干一批，价款为 89 000 元，增值税额为 11 570 元，货已发出，款项尚未收到。

3. 12 月 16 日，以银行存款支付本月广告费 4 000 元，增值税进项税额 240 元。

4. 12 月 28 日，收到 14 日销售饼干货税款 100 570 元，存入银行。

5. 12 月 31 日，计提本月城市维护建设税 7 800 元，教育费附加 3 000 元。

6. 12 月 31 日，销售不需用的白糖，价款 3 400 元，增值税进项税额 442 元，款项已经收存银行。

7. 结转本月销售的软香酥成本 88 000 元，饼干成本 65 000 元。

（六）利润的形成及分配业务

1. 12 月 16 日，开出现金支票提取备用金 20 000 元。

2. 12 月 23 日，李兰凌出差回来，报销差旅费 2 550 元，退回余款 450 元（原预借差旅费 5 000 元）。

3. 12 月 29 日，取得罚款收入 3 000 元，存入银行。

4. 12 月 31 日，本月主营业务收入 780 000 元，其他业务收入 90 000 元，营业外收入 5 000 元，主营业务成本 453 300 元，其他业务成本 14 000 元，税金及附加 3 500 元，销售费用 8 000 元，管理费用 90 700 元，财务费用 20 000 元，营业外支出 9 000 元。结转收入和费用类账户。

5. 按本月利润总额的 25%计算应交所得税。

6. 将所得税费用结转到“本年利润”账户。

7. 1 月至 11 月实现的净利润为 3 500 000 元，按全年税后利润的 10%提取法定盈余公积。

8. 向投资者分配利润 1 000 000 元。

项目五

会计凭证

学习向导

1. 熟悉会计凭证的意义与种类；
2. 掌握原始凭证的填制和审核；
3. 掌握记账凭证的填制和审核；
4. 了解会计凭证的传递和保管。

学习目标

1. 能够熟练填制与审核各类原始凭证，并能够对审核结果做出正确处理；
2. 能够熟练填制收、付、转及通用记账凭证，并能够审核记账凭证内容；
3. 能根据企业具体情况制定相应的凭证传递与保管制度。

案例导入

中国证券监督管理委员会（简称证监会）位于某地的办事处计划查处一家上市公司，怀疑其利用虚增利润的方式伪造报表内容来进行经济违法活动。在布控环节，证监会的执行人员准备在第二天的上午联合公安机关突击检查该上市公司的行政办公大楼，第一时间控制该上市公司重要部门和重要人员，执行负责人强调："一定要迅速控制住他们的财务人员，不能给他们留任何反应的时间！"

请问，为何控制住一个公司的财务人员如此重要？为何负责人强调不能给财务人员留任何反应的时间？

任务一　会计凭证的意义与种类

对于企业的财务人员而言，每一项经济业务的发生，都应进行相应的会计核算，并需要将经济业务按照一定的方法（借贷记账法）记录在案。但是会计核算的依据是什么？更具体点说，如何确定经济业务是否真实发生？如何确定经济业务所涉及的金额是否准确无误？如何判断经济业务的审核程序是否正确？编制好的会计分录又该记录在哪里？在实际工作中，这些问题都有一个共同的解决载体，那就是会计凭证。

一、会计凭证的概念

会计凭证是记录经济业务事项的发生和完成情况，明确经济责任，并作为记账依据的书面证明，是会计核算的重要会计资料。

会计人员在对每一项经济业务进行会计核算时，都必须依据“真凭实据”来进行账务处理，才能保证会计信息是准确无误的。所谓的“真凭实据”就是会计凭证。首先，会计凭证就是记录经济业务的书面证明，用以确保经济业务的真实性、金额和数量的准确性，以及经济业务的合理性、合法性和合规性；其次，会计凭证是明确经济责任和法律责任的书面文件，经济业务的相关经办人和负责人必须在有关凭证上签字盖章，以证明经济业务是经过完整的内控程序审批而来的，并且也为以后留下了追溯的可能；最后，会计凭证是会计人员登记账簿的依据，会计凭证要经过若干程序的审核，这就确保了会计信息的可靠性，最终为登记账簿和编制会计报表提供了可靠的依据。

二、会计凭证的意义

会计凭证的填制和审核是会计核算的首要环节，是会计核算后续工作顺利进行的起点和保证，其意义主要有以下几点。

（一）会计凭证是记录经济业务的依据

一个企业在经营过程中会碰到各式各样、门类繁多的经济业务，如现金的收付、原材料的采购和领用、产成品的完工入库和销售发出、差旅费的预借和报销、员工工资的计提与发放等。会计凭证会对每一笔经济业务的产生、审批、执行、完成及其金额、数量、单位和时间进行如实的记录，这些经济信息便是会计人员对经济业务进行记录的依据，可以切实、全面地反映经济业务和确保经济业务是真实可靠的。最后，会计凭证的准确无误也是整个会计信息准确性的基础。

（二）会计凭证是准确登记账簿的保证

登记账簿是记录经济业务与编制会计报表间的“桥梁”，是最终披露会计信息的重要环节，可以说能否准确、及时、完整地登记账簿是最终影响会计成果好坏的重要一环。而保证账簿的准确无误，从根本上来讲，就是准确无误地取得和编制会计凭证。

（三）会计凭证是明确经济责任的措施

会计凭证有利于明确企业各个部门、相关经办人员、相关责任人及财务负责人员的经济责任。一项经济活动从发起、研讨、批准、执行、完成、验收，以及最后的财务处理，都需要相关经办人和负责人在会计凭证上签字盖章，这样就明确了相关人员所负的责任，提高了他们的责任感，减少了弄虚作假的可能。并且一旦业务发生问题，记账凭证也可作为具有法律效应的书面证据，为问题得到合理解决提供依据。

（四）会计凭证是监督经济活动的手段

会计凭证的取得和填制可以有效地检查经济业务是否真实、可靠、完整、合法、合规、合理，这是会计人员、审计人员及其他监督部门有效监督企业运行的必要手段。

三、会计凭证的种类

会计凭证按照填制程序和用途的不同，可分为原始凭证和记账凭证两大类。

（一）原始凭证

原始凭证又称单据，是在经济业务发生时取得或填制的，用以记录经济业务具体内容和完成情况的书面或纸质证明。原始凭证具有法律效力，是明确经济责任的重要方法。同时原始凭证也是会计核算的原始资料，是记录经济业务的原始依据。

（二）记账凭证

记账凭证又称记账凭单，是会计人员根据审核无误的原始凭证，按照经济业务的内容加以归类，并以此确定会计分录后所填制的会计凭证。记账凭证是后续登记账簿的直接依据。

【小思考】

原始凭证和记账凭证有什么区别？

____

____

任务二　原始凭证的填制和审核

一、原始凭证的种类

原始凭证的种类较多，且形式也不尽相同，通常按照原始凭证的来源、填制方法及格式来加以分类。

（一）按来源分类

原始凭证按其来源不同，可分为外来原始凭证和自制原始凭证两种类型。

1. 外来原始凭证

外来原始凭证是指在经济业务发生或完成时，从其他单位或个人处取得的原始凭证。

例如，企业采购时从采购方取得的“增值税专用发票”、企业付款时银行开具的“银行回单”、出差时取得的火车票、高铁票、航空运输电子客票行程单等。部分外来原始凭证如表 5-1 和表 5-2 所示。

表 5-1　增值税专用发票

4100104140　北京增值税专用发票　NO 0000xx

记账/发票/抵扣联

开票日期：

购货单位	名　　称： 纳税人识别号： 地 址、电 话： 开户行及账号：			密码区	6877789*&^*(&%45*&^)(*&*(%(6^^#%#@#$@342vkh%43 223216+5456132415?><$#@$#+I28$+I51#@$@$+I77@+I 103+I129#@Q$@#R#564816#r3w4165151@#553#$%#5+I2 8&^#$&^3515618651*^%651651&$			
货物或应税劳务名称	规格型号	单位	数量	单价	金额	税率	税额	
合　　计					–		–	
价税合计（大写）					（小写）		–	
销货单位	名　　称： 纳税人识别号： 地 址、电 话： 开户行及账号：			备注				

收款人：　　复核：　　开票人：　　销货单位：（章）

第X联：记账/发票/抵扣联

表 5-2　网上银行电子回单

中国XX银行网上银行电子回单

付款人	户　名		收款人	户　名	
	账　号			账　号	
	开户银行			开户银行	
金　额					
摘　要			业务（产品）种类		
用　途					
交易流水号			时间戳		
电子回单专用章	备注：				
	验证码：				
记账网点		记账柜员		记账日期	××××/××/××

重要提示：本回单不作为收款方发货依据，并请勿重复记账　　打印日期：××××年××月××日

2. 自制原始凭证

自制原始凭证是指由单位内部部门和人员在办理某项经济业务时所填制，仅供单位内部使用的原始凭证。例如，原材料出库、入库时由保管员填制的“出库单”和“入库单”，员工预借差旅费时填制的“借款单”等。部分自制原始凭证如表 5-3 和表 5-4 所示。

表 5-3 出库单

安信食品有限公司原材料出库单

领料部门：　　　　　　　　　　　　　　　　　　　　　　出库日期：　　年　月　日

序号	材料名称	规格	部门	数量	单价	金额							
						十	万	千	百	十	元	角	分
1													
2													
3													
4													
5													
合计													
金额合计（大写）：													

保管人：　　　　　　领料人：　　　　　　审核人：　　　　　　主管：

表 5-4 借款单

借　　款　　单

借款部门：　　　　　　　　　　　　　　　　　　填写日期：　　年　　月　　日

任务发起人		任务接收人		所属部门	
任务类型	□差旅费 □招待费	□办公费 □其他		上次借款时间	
借款用途					
借款金额	大写：			小写：	
总经理		经理		领款人（代办人）	
会计经理		会计		出纳	

（二）按填制方法分类

按原始凭证的填制方法不同，可分为一次凭证、累计凭证和汇总凭证。

1. 一次凭证

一次凭证是指在经济业务发生或完成时，一次性填制完成，一般只能反映一次经济业务的原始凭证。外来原始凭证一般都为一次凭证，而大部分自制原始凭证也是一次凭证。例如，借款单、增值税专用发票等。

2. 累计凭证

累计凭证是指在一定时期内，可连续记载不断重复发生的同类经济业务的原始凭证。累计凭证可以在一定日期内多次、连续的使用，并在期末将累计数结出，用作记账的依据。“限额领料单”就是一种典型的累计凭证。在生产企业中，原材料的领取是随生产而定的，所以领取原材料的次数是频繁且不定的，而“限额领料单”的作用就是记载频繁发生且不固定的领料业务。“限额领料单”可以简化原始凭证、节约成本及控制原材料领用数量。限额领料单如表 5-5 所示。

表 5-5 限额领料单

限额领料单

领料部门： 发料仓库： 领料日期：

材料名称	材料规格	单位	领用限额	实际领用	计划单价	金额	备注
日期	领料			退回		限额结余	
	请领数量	实发数量	领料人	退料数量	退料人		

部门负责人： 仓库负责人： 领料人： 仓库管理员：

3. 汇总凭证

汇总凭证也称原始凭证汇总表，是将同时期、同性质、同类型的经济业务的原始凭证加以汇总而重新编制的凭证。常用的汇总凭证有差旅费报销单、工资结算汇总表等。差旅费报销单如表 5-6 所示。

表 5-6 差旅费报销单

差 旅 费 报 销 单

部门： 年 月 日 附件共 页

出差人		工号		城市间交通费	
出差事由				市内交通费	
出差地点				伙食补助费	
同行人员				住宿费	
备 注				会议费	
				培训费	
				杂费	
预借金额		费用合计	大写：		¥：
银行卡号：				开户行：	
起止时间	起止地点		出差人数	住宿天数	备 注
月 日至 月 日	至				
月 日至 月 日	至				

总经理： 部门负责人： 经办人： 审核：

（三）按格式分类

原始凭证按照格式的不同，可分为通用凭证和专用凭证。

1. 通用凭证

通用凭证是指由相关部门统一印制、发布，在一定范围内使用的具有统一格式和使用方法的原始凭证。这种凭证格式统一，内容全面规范，具有很强的法律效力，且能被普遍接受。例如，银行开具的商业汇票、税务局统一印制的增值税发票、某一地区使用的收据等。

2. 专用凭证

专用凭证是为了满足单位内部管理而自行设计印制的，仅在本单位使用的且具有特定用途的原始凭证。例如，借款单、差旅费报销单等。

二、原始凭证的内容

企业的经济业务是多种多样且纷繁复杂的，因此记录经济业务的原始凭证也无法达到内容和格式上的统一。例如，火车票和飞机行程单虽然都是出差时的交通凭证，但其格式、大小、内容及获取方式却是完全不同的。原始凭证虽然在格式和内容上不尽相同，但是为了保证原始凭证能客观和真实地反映经济业务，因此要求原始凭证应具备以下基本内容：

1. 原始凭证的名称

原始凭证的名称可以反映原始凭证的作用和所记录经济业务的种类。例如，出库单、差旅费报销单。

2. 原始凭证的日期和编号

原始凭证的编号应该是连续的，不能中断。同时，原始凭证日期和编号的完善也有助于以后的核查和更正。

3. 原始凭证相关单位名称

相关单位分为接受原始凭证的单位和发出原始凭证的单位，在原始凭证上注明接受单位和发出单位，有助于了解经济业务的来龙去脉，并且可对经济业务的真实性进行核查。

4. 经济业务的内容

经济业务的内容包括经济业务的项目名称、产品名称、产品规格及有关的数量、单位、单价和金额等，这是原始凭证的核心内容。

5. 填制单位、填制人员的签名盖章

从外单位取得的原始凭证，如发票、收据等，应在票据上印有外单位的税务专用章，并且还必须加盖其公章。从个人处取得的原始凭证，须要有填制人员的签章。这样可以确保票据的可靠性和法律性。

6. 经办人员的签名盖章

单位内部自制原始凭证则必须有经办人、负责人及相关部门的签名盖章，以确保凭证的可靠性和真实性。

三、原始凭证的填制要求

1. 记录客观真实

原始凭证上记录的内容、金额、数量等信息都必须是真实可靠的，也是能如实反映经济业务的，不得弄虚作假，不得随意更改。

2. 内容完整明晰

原始凭证要求填列内容必须逐行逐列填写完全，不能漏填、少填或不填。填写时还需要注意内容要简明扼要、清晰易懂、突出重点。

3. 书写清楚规范

原始凭证的书写要求：符合规定、字迹工整、内容清晰、易于辨认。原始凭证是反映经济业务真伪和内容的书面证据，如果书写潦草、不易辨认，容易使会计人员误读凭证内容，造成报错或者失误。

知识链接

填制在原始凭证上的数字金额是有书写要求的，小写金额要用阿拉伯数字书写，不得简化写法，不得写连笔字，金额前要填写人民币符号“¥”，并且符号“¥”必须紧挨金额数字，不得留有空隙。金额数字必须精确到角分，无角分的用“0”替代，不得省略。大写金额用汉字壹、贰、叁、肆、伍、陆、柒、捌、玖、拾、佰、仟、万、亿、元、角、分等书写，大写金额前须加“人民币”三个字，不得留有空隙，大写金额要在最后加上“整”字作为书写的结束。例如，小写金额为¥358.00，则大写金额应写成“人民币叁佰伍拾捌元整”。

4. 编号连续不断

在编制原始凭证时，凭证编号应按顺序记录，不能中断、跳号。如果凭证出现作废情况，应加盖“作废”印记，并妥善保管，不得丢弃。

5. 切勿涂改抹擦

原始凭证有误时，应根据规定由开具单位重开或更正，更正处须加盖出具单位印章及更正人私人章，切勿涂抹。

6. 填制及时规范

各类原始凭证要遵循及时性原则，经济业务完成后尽快填制原始凭证，并交送财务人员进行审核。

四、原始凭证的审核

原始凭证的审核是会计核算和会计监督过程中的重要一环，是保证核算资料真实、准确、可靠、合法合规的重要手段，更是确保经济业务能被正确反映和监督的重要方式，所以经办业务的相关部门、财务部门和审计部门应对原始凭证的相关内容进行严格的审核。

（一）审核原始凭证的内容

1. 审核原始凭证的真实性

原始凭证的真实性包括凭证开具时间是否真实、业务事项是否真实、相关金额及数量是否真实、相关单位印章是否真实、相关责任人签字是否真实等。同时还要注意，外来原始凭证，如增值税发票、飞机行程单等，都有相应的防伪票号或二维码可供辨别真伪。此外，在审核原始凭证的真实性时，还要注意凭证和经济业务的相关关系和逻辑关系，如出差目的地在北京，出差人员却递交了上海的住宿发票，那么在逻辑关系上就出现了问题，违反了真实性原则。

2. 审核原始凭证的合法性

审核原始凭证的合法性是指审核原始凭证时，要注意原始凭证是否符合国家相关政策、法规、制度等。例如，增值税发票在审核时要注意是否存在虚开发票、是否伪造发票、是否蓄意更改发票内容、是否变更品名等违法行为，如果存在此等违法行为，应立即举报。

3. 审核原始凭证的合理性

审核原始凭证的合理性是指审核原始凭证与会计主体经济活动的需求是否相符，是否符合相关计划和预算。例如，企业采购办公用计算机，那么合理性指的就是所采购计算机的配置要满足办公这个基本需求即可，如果采购的计算机是性能远高于办公的专用型计算机，并且采购金额远高于预算金额，那么就可以怀疑这项经济业务的合理性。

4. 审核原始凭证的完整性

审核原始凭证的内容是否齐全，其审核内容包括：项目名称是否齐全、填制日期是否准确、金额数字是否清晰、负责人签字是否齐全、印章是否正确等。

5. 审核原始凭证的正确性

审核原始凭证的正确性是指审核原始凭证上的金额加总是否正确、经济业务与项目是否匹配、原始凭证上的文字和数字是否有涂改或刮擦等。

6. 审核原始凭证的及时性

审核原始凭证的及时性是指审核填制原始凭证的日期是否正确，尤其是一些时效性较强的原始凭证，如支票、银行汇票等，更要仔细审核其签发日期。

（二）原始凭证审核后的处理

原始凭证经审核后，根据审核结构，可做以下处理：

1. 经审核无误

通过会计人员、财务主管等审核后，原始凭证无误的，可以作为编制记账凭证的依据，进行下一步记账凭证的程序。

2. 经审核凭证信息有误或不完整

如凭证信息有误或不完整，则要求相关经办人员按照国家统一会计制度进行更正、补充，更正处必须印有更正人或部门的印章，待信息更正完整后，再予以办理。

3. 经审核凭证违反合法性和合理性

会计人员应不予接受其原始凭证，然后报告给相关负责人，查明原因并做出处理。

【小思考】

原始凭证如果丢失，应该如何处理？

任务三　记账凭证的填制和审核

一、记账凭证的种类

记账凭证的种类较多，且形式和用途也有所不同，通常按照记账凭证的用途和填制方式来加以分类。

（一）按用途分类

记账凭证按照其用途的不同，可分为专用记账凭证和通用记账凭证。

1. 专用记账凭证

专用记账凭证是专门用来记录某一类经济业务的记账凭证。专用记账凭证按照经济业务内容的不同，又可分为收款凭证、付款凭证和转账凭证。

（1）收款凭证。

收款凭证是指专门用来记录企业涉及现金和银行存款收入业务的记账凭证。收款凭证是根据现金收入业务和银行存款收入业务的原始凭证来填制的，如收取现金所开具的收据附件、银行收款凭证等。

收款凭证的格式如表 5-7 所示。在收款凭证表格左上方标有“借方科目”字样，这是因为收款凭证只记录库存现金和银行存款两个账户的收入，无论业务如何改变，这两个账户都记录在分录的借方，即借方是一定的。所以在收款凭证中，只需要记录库存现金和银行存款两个账户的对应账户，即贷方科目，以及摘要、金额等其他信息即可。

表 5-7　收款凭证

收　款　凭　证　　出纳编号

借方科目　　　　年　月　日　　　　制单编号　　字

摘　要	应贷科目		金额										√
	总账科目	明细科目	千	百	十	万	千	百	十	元	角	分	
合计													

附件　张

主管会计　　记账　　复核　　出纳　　制单

（2）付款凭证。

付款凭证是指专门用来记录企业涉及现金和银行存款支出业务的记账凭证。付款凭证是根据现金支出业务和银行存款支出业务的原始凭证来填制的，即出纳付款的依据，如银行汇款回单等。

付款凭证的格式如表 5-8 所示。在付款凭证表格左上方标有“贷方科目”字样，这是因为付款凭证只记录库存现金和银行存款两个账户的支出，无论业务如何改变，这两个账户都记录在分录的贷方，即贷方是一定的。所以在付款凭证中，只需要记录库存现金和银行存款两个账户的对应账户，即借方科目，以及摘要、金额等其他信息即可。

表 5-8　付款凭证

付　款　凭　证　　出纳编号

贷方科目　　　　年　月　日　　　　制单编号　　字

摘　要	应借科目		金额										√
	总账科目	明细科目	千	百	十	万	千	百	十	元	角	分	
合计													

附件　张

主管会计　　记账　　复核　　出纳　　制单

（3）转账凭证。

转账凭证是指用于记录不涉及现金和银行存款业务的会计凭证。企业所涉及的众多业务中，除了直接的款项收支业务以外，还有许多业务是与资金无关的，转账凭证就是记录这类经济业务的会计凭证。转账凭证的格式如表 5-9 所示。

表 5-9 转账凭证

转 账 凭 证

出纳编号

年 月 日

制单编号 字

摘要	总账科目	明细科目	借方金额										√	贷方金额										√
			千	百	十	万	千	百	十	元	角	分		千	百	十	万	千	百	十	元	角	分	
合计																								

附件 张

主管会计 记账 复核 出纳 制单

将专用记账凭证分为收款凭证、付款凭证和转账凭证，是为了能将经济业务分门别类地记录在案，方便以后的调取和查询，但是这样也会导致业务量加重。在现代会计业务中，更多的企业会选择使用通用记账凭证。

2. 通用记账凭证

通用记账凭证是指对全部经济业务均采用同一格式、统一编号的记账凭证进行记录。

通用记账凭证的格式如表 5-10 所示。在记录时，要同时记录借贷双方的会计科目，即完整的会计分录，借方科目金额填制“借方金额”栏内，“贷方金额”栏不填，贷方科目则相反。

表 5-10 通用记账凭证

记 账 凭 证

出纳编号

年 月 日

制单编号 字

摘要	总账科目	明细科目	借方金额										√	贷方金额										√
			千	百	十	万	千	百	十	元	角	分		千	百	十	万	千	百	十	元	角	分	
合计																								

附件 张

主管会计 记账 复核 出纳 制单

（二）按填制方式分类

记账凭证按填制方式的不同，可分为复式记账凭证和单式记账凭证。

1. 复式记账凭证

复式记账凭证是指将每笔经济业务所涉及的全部会计科目及其发生额均在同一张记账凭证中反映的一种凭证。前文提到的收款凭证、付款凭证、转账凭证及通用记账凭证都是复式记账凭证。在实际工作中，复式记账凭证是应用最为广泛的，其可以集中反映经济业务的借贷关系和对应科目，便于了解经济业务的全貌。

2. 单式记账凭证

单式记账凭证是指每一张记账凭证只记录经济业务所涉及的一个会计科目及其金额的记账凭证。填制借方科目的称为借项记账凭证，填制贷方科目的称为贷项记账凭证。单式记账凭证不能反映经济业务的全貌，其优势是方便分工，减少工作量。单式记账凭证的格式如表 5-11 和表 5-12 所示。

表 5-11　借项记账凭证

借项记账凭证　　出纳编号 ________

对应科目　　年　月　日　　制单编号 ______ 字 ______

摘　要	总账科目	明细科目	金额										√
			千	百	十	万	千	百	十	元	角	分	
合计													

附件　张

主管会计　　记账　　复核　　出纳　　制单

表 5-12　贷项记账凭证

贷项记账凭证　　出纳编号 ________

对应科目　　年　月　日　　制单编号 ______ 字 ______

摘　要	总账科目	明细科目	金额										√
			千	百	十	万	千	百	十	元	角	分	
合计													

附件　张

主管会计　　记账　　复核　　出纳　　制单

二、记账凭证的内容

记账凭证将原始凭证中分散、杂乱的经济业务信息转化成了集中、统一的会计专业数据，如果说原始凭证是经济业务不带“加工”的直接反映，那么记账凭证就是经过会计人员“精细加工”后的专业反映。经过加工后的会计数据，可以直接登记会计账簿，并为后面的编制报表打下坚实的基础。既然记账凭证如此重要，那么它必须具备以下几个方面的内容：

1. 记账凭证的名称

记账凭证所选用的凭证类别，即收款凭证、付款凭证、转账凭证或通用记账凭证等。

2. 记账凭证的日期及编号

记账凭证的日期是指填制记账凭证的日期。记账凭证的编号要保持连续，不能中断。在编号的方法上，可以采用统一编号法，也可以采用分类编号法。如果一笔经济业务所要记录的账务较长，需要填制多张记账凭证，可采用“分数编号法”。

3. 经济业务的内容摘要

摘要就是简述经济业务事项的内容。例如，公司发放员工工资，摘要可写为“发放某年某月员工工资”。

4. 会计分录

这里包括经济业务所涉及的会计科目、记账方向、金额等。

5. 记账标记

记账后在标记栏点“√”，表示该账务已进行过处理。

6. 附件张数

记录所附原始凭证的张数。

7. 签章

会计主管、记账人、审核人、出纳和制单人等人员的签章。

【小思考】

如果碰到既有收付业务，又有转账业务的业务时，应该如何处理？如：员工提前请款出差，待出差归来时，按照实际情况报销差旅费，最后未花完的钱如数交回。这种情况下，既有处理差旅费的转账业务，又有收回未花完差旅费的收款业务。

三、记账凭证的填制要求

不同的记账凭证，填制要求也略有差别。总体来讲，记账凭证的填制都须遵守一系列的基本要求。具体要求如下：

（一）依据要充分合理

记账凭证的填制要以审核无误的原始凭证为依据。如果原始凭证数量较多，可以编制汇总原始凭证，即将原始凭证的信息汇总至一张表格中，原始凭证另行存放，汇总原始凭证充当附件放至记账凭证后保存。

（二）格式要统一，装订要标准

在开账前，记账凭证必须统一格式，会计期间内要按照统一的格式严格做账。在一个会计期间内不能随意更改格式，不然会导致会计工作的混乱。记账凭证的装订也是财务人员的职责之一，记账凭证的装订要按统一标准，也不可随意更改。此外还要注意的是：在实际工作中，为了区分收款凭证、付款凭证和转账凭证，往往要求以不同的颜色进行印制，便于区分。

（三）记账凭证的日期要及时

记账凭证的日期一般情况下为编制记账凭证当天的日期，这与收到原始凭证的日期会有所不同，因为原始凭证还要经过审核才可填制记账凭证。但是要注意，涉及现金收付的经济业务，应在当天完成记账凭证的填制，因为企业现金要求“日清月结”，每天工作结束前都要进行现金的盘点。如果经济业务当天未入账，则会造成账实有误，增大出纳的工作量。

（四）编号要连续

记账凭证的编号一般采用“字号”编号法。“字”为记账凭证的种类，如收款凭证为“收字”，付款凭证为“付字”，转账凭证为“转字”；“号”是在确定凭证字号后，按连续性编制的编号，注意编号不能中断。

在一笔经济业务需要多张记账凭证记录的情况时，可采用分数编号法。例如，一笔经济业务需要填制三张付款凭证，凭证的顺序号为5，则编号为付字5 1/3、付字5 2/3、付字5 3/3，金额合计数只在最后一张记账凭证（付字5 3/3）上填制。同时第一张、第二张记账凭证上的金额合计栏要画斜线注销。

（五）摘要的填写要明确

摘要是对经济业务的描述，描述方法没有统一标准，但原则上要求与原始凭证内容一致，能准确反映经济业务内容，表达简练，书写工整。

（六）会计科目的填写要规范

会计科目填写时必须为会计科目的全称，不能简化或以别的符号代替。有需要填制明细科目的，应在“明细科目栏”填写。

（七）金额的填写要准确无误

记账凭证在填制金额时，需要注意几点：首先，合计金额前要标明人民币符号“¥”，起到“封票”的作用；其次，大写金额数字填制时要认真细致，避免漏写或者写错；最后，有多张记账凭证的，只在最后一张记账凭证填写合计金额，之前的记账凭证合计数栏均画斜线注销。

（八）会计分录要准确无误

会计分录要确保借贷的平衡及科目使用的正确，要遵守借贷记账法的规则，即有“借必有贷，借贷必相等”。科目使用的不正确，会导致试算平衡表虽然平衡，但实际上是错误的，并且这种错误难以发现，徒增工作量。

（九）签章要齐全

记账凭证上的相关人员签字和盖章应齐全，签章不全的会计人员有权不予处理，直到签章全部补齐。

（十）空行要注销

在填制记账凭证时，应按行次逐项填写，不得跳行或留有空行。填制完毕的记账凭证中如有空行的，应画斜线注销。

（十一）记账凭证后要附原始凭证

除更正错误的记账凭证外，其他记账凭证必须附有原始凭证。如果是一张原始凭证涉及几张记账凭证的，可以将原始凭证附在其中一张主要记账凭证上，然后将原始凭证复印件附在其他几张记账凭证上，并标明主要记账凭证的编号。

知识链接

如果企业在采用专用记账凭证的情况下，出现现金和银行存款相互划转的业务，如从银行取得现金留作备用，只填付款凭证，不填收款凭证。

【小思考】

记账凭证在填制过程中，为什么要注销空行，以及为什么要在金额前标记人民币符号“¥”，且不得留有空隙？

四、记账凭证的填制

（一）通用记账凭证的填制

通用记账凭证的特点就是无论什么经济业务，均使用一种格式的记账凭证进行填制。通用记账凭证比较适合经营规模较小的企业使用。

【例 5-1】2019 年 2 月 3 日，安信食品有限公司的行政管理部门购买办公用品 1 500 元，以银行存款支付。此经济业务用通用记账凭证记录如表 5-13 所示。

表 5-13　例 5-1 通用记账凭证

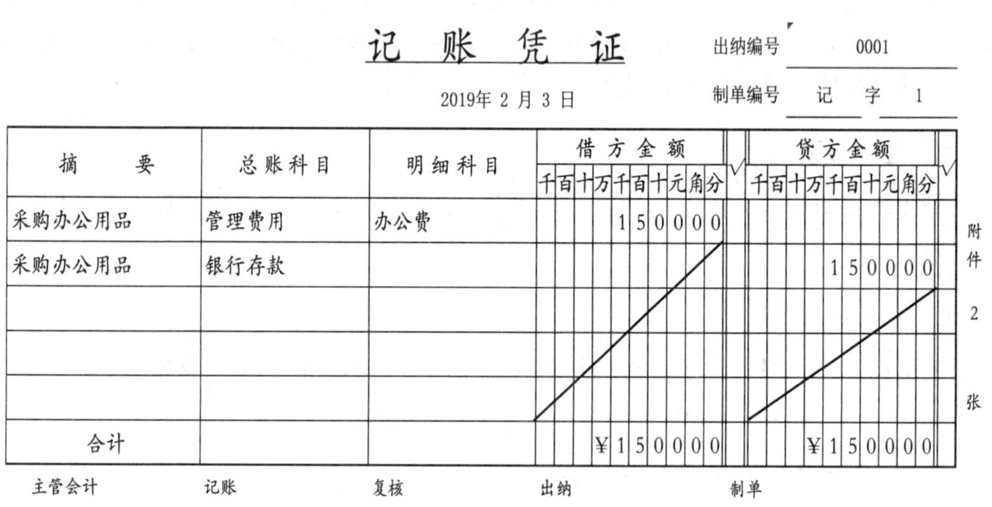

记　账　凭　证　　　　出纳编号 0001

2019年 2 月 3 日　　　　制单编号 记 字 1

摘　要	总账科目	明细科目	借方金额										√	贷方金额										√
			千	百	十	万	千	百	十	元	角	分		千	百	十	万	千	百	十	元	角	分	
采购办公用品	管理费用	办公费					1	5	0	0	0	0												
采购办公用品	银行存款																	1	5	0	0	0	0	
合计						¥	1	5	0	0	0	0					¥	1	5	0	0	0	0	

附件 2 张

主管会计　　记账　　复核　　出纳　　制单

【教中学 学中做】

某单位购买车辆一台，价值 76 000 元，用银行存款支付 70 000 元，6 000 元暂欠。根据以上经济业务，填制下列通用记账凭证：

记　账　凭　证　　　　出纳编号

年　月　日　　　　制单编号　字

摘　要	总账科目	明细科目	借方金额										√	贷方金额										√
			千	百	十	万	千	百	十	元	角	分		千	百	十	万	千	百	十	元	角	分	
合计																								

附件　张

主管会计　　记账　　复核　　出纳　　制单

（二）专用记账凭证的填制

1. 收款凭证的填制

收款凭证是专门用来记录企业涉及现金和银行存款收入业务的记账凭证，所以此类经济业务的借方一定为“库存现金”或“银行存款”账户。填制收款凭证时，左上方为借方科目，应填“库存现金”或“银行存款”，凭证的贷方科目应填其对应科目。

【例 5-2】2019 年 2 月 5 日，安信食品有限公司员工李阳退回之前预借差旅费未花完的 875 元，以现金支付。此经济业务用收款凭证记录如表 5-14 所示。

表 5-14 例 5-2 收款凭证

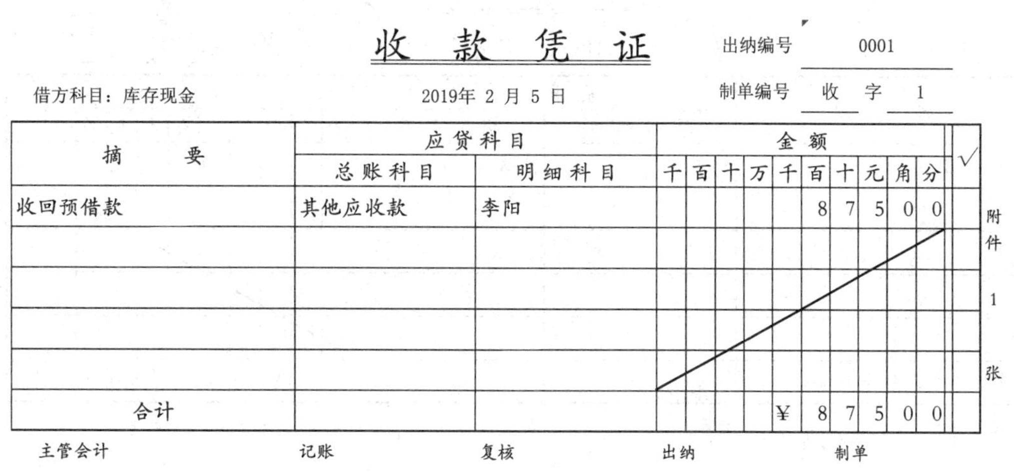

收 款 凭 证　　出纳编号 0001

借方科目：库存现金　　2019年 2 月 5 日　　制单编号 收 字 1

摘要	应贷科目		金额										√
	总账科目	明细科目	千	百	十	万	千	百	十	元	角	分	
收回预借款	其他应收款	李阳						8	7	5	0	0	
合计							¥	8	7	5	0	0	

附件 1 张

主管会计　　记账　　复核　　出纳　　制单

【教中学 学中做】

某单位收到 A 公司前欠货款 100 000 元，已全部存入银行。

根据以上经济业务，填制下列收款凭证：

收 款 凭 证　　出纳编号

借方科目　　年 月 日　　制单编号 字

摘要	应贷科目		金额										√
	总账科目	明细科目	千	百	十	万	千	百	十	元	角	分	
合计													

附件 张

主管会计　　记账　　复核　　出纳　　制单

2. 付款凭证的填制

付款凭证是专门用来记录企业涉及现金和银行存款支出业务的记账凭证，所以此类经济业务的贷方一定为“库存现金”或“银行存款”账户。填制付款凭证时，左上方为贷方科目，应填“库存现金”或“银行存款”，凭证的借方科目应填其对应科目。

【例 5-3】2019 年 2 月 8 日，安信食品有限公司开出转账支票，支付产品广告费 20 000 元。此经济业务用付款凭证记录如表 5-15 所示。

表 5-15　例 5-3 付款凭证

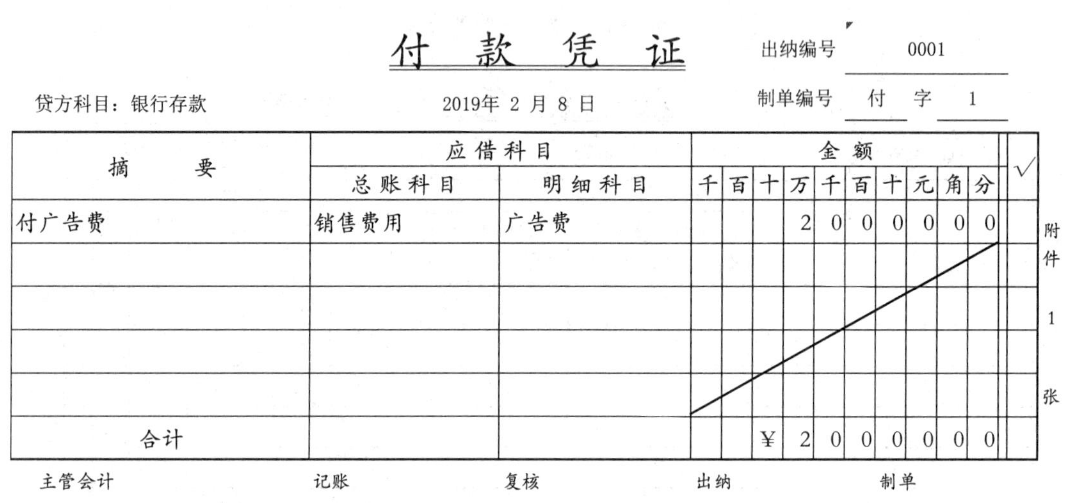

付　款　凭　证　　出纳编号 0001

贷方科目：银行存款　　2019年 2 月 8 日　　制单编号 付 字 1

摘　要	应借科目		金额										√
	总账科目	明细科目	千	百	十	万	千	百	十	元	角	分	
付广告费	销售费用	广告费				2	0	0	0	0	0	0	
合计					¥	2	0	0	0	0	0	0	

附件 1 张

主管会计　　记账　　复核　　出纳　　制单

【教中学　学中做】

某单位发放本月员工工资，共计 89 000 元，用银行存款转账支付。

根据以上经济业务，填制下列付款凭证：

付　款　凭　证　　出纳编号

贷方科目　　年　月　日　　制单编号　　字

摘　要	应借科目		金额										√
	总账科目	明细科目	千	百	十	万	千	百	十	元	角	分	
合计													

附件　张

主管会计　　记账　　复核　　出纳　　制单

3. 转账凭证的填制

转账凭证是指用于记录不涉及现金和银行存款业务的会计凭证。转账凭证的特征是：填制凭证时，要将完整的会计分录按照借方在上、贷方在下全部记录在凭证内，并且将应借应贷的金额分别填制在“借方金额”和“贷方金额”栏内。同时，分录必须遵守借贷记账法的记账规则，即“有借必有贷，借贷必相等”。

【例 5-4】2019 年 2 月 28 日，企业计提生产车间固定资产折旧费，共计 5 000 元。此经济业务用转账凭证记录如表 5-16 所示。

表 5-16　例 5-4 转账凭证

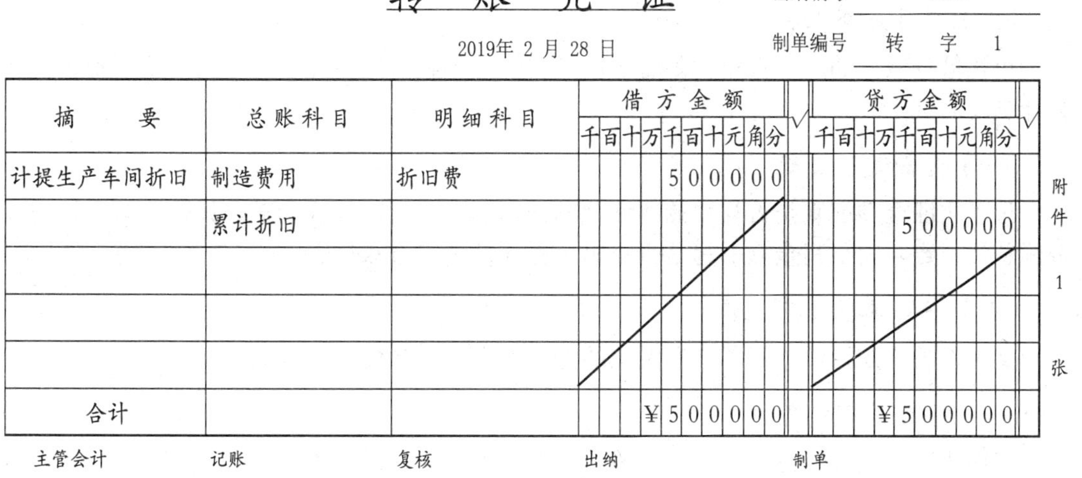

转　账　凭　证

出纳编号　0001

2019年 2 月 28 日　　　　制单编号　转　字　1

摘　要	总账科目	明细科目	借方金额（千百十万千百十元角分）	√	贷方金额（千百十万千百十元角分）	√
计提生产车间折旧	制造费用	折旧费	500000			
	累计折旧				500000	
合计			¥500000		¥500000	

附件 1 张

主管会计　　记账　　复核　　出纳　　制单

【教中学　学中做】

某单位计提本月员工工资，共计 132 000 元。

根据以上经济业务，填制下列转账凭证：

转　账　凭　证

出纳编号

年　月　日　　　　制单编号　　字

摘　要	总账科目	明细科目	借方金额（千百十万千百十元角分）	√	贷方金额（千百十万千百十元角分）	√
合计						

附件　张

主管会计　　记账　　复核　　出纳　　制单

五、记账凭证的审核

为了正确登记会计账簿和监督经济业务，并确保整个会计信息的正确无误，在记账凭证填制完成后，应由相关财务人员、审计人员和稽核人员对记账凭证进行审核。记账凭证的审核内容主要有以下几点：

（一）内容是否真实

审核相关原始凭证附件，查清记账凭证内容与原始凭证内容是否一致。

（二）项目是否齐全

审核记账凭证的日期、摘要、凭证编号、科目、附件张数等内容是否完整、无误。

（三）科目是否正确

审核借贷双方的总分类科目是否正确，明细分类科目是否正确，科目的使用是否符合会计制度的规定等。

（四）金额是否正确

记账凭证金额细则是否与原始凭证金额细则一致，记账凭证金额总计是否与原始凭证金额总计一致，大小写金额书写是否正确，格式是否符合规定。

（五）书写是否规范

文字、数字是否清晰明了，有更正的是否符合会计制度的要求。

（六）手续是否完备

记账凭证的相关经办人、责任人签章是否完备。

【小思考】

根据以下经济业务，找出下面的通用记账凭证都有哪些错误？

2019 年 2 月 14 日，某公司员工于某因出差预借差旅费 1 500 元，用现金支付。

记　账　凭　证　　　出纳编号 ________

制单编号 收 字 1

2019年 2 月 15 日

摘　要	总账科目	明细科目	借方金额										✓	贷方金额										✓
			千	百	十	万	千	百	十	元	角	分		千	百	十	万	千	百	十	元	角	分	
于某预借差旅费	其他应收款						1	5	0	0														
	银行存款																	1	5	0	0			
合计							1	5	0	0								1	5	0	0			

附件　　张

主管会计　　记账　　复核　　出纳　　制单

任务四　会计凭证的传递和保管

一、会计凭证的传递

会计凭证的传递是指会计凭证从取得时起，经过审核、填制、复核、整理、记账到装订成册、归档保管时止，在单位内部各有关部门和人员之间按照规定流程传递和处理的过程。会计凭证的传递是企业内部控制的一部分，是组织、协调企业经济活动的重要过程，也是会计信息的传输过程。

正确组织会计凭证的传递对企业的经营管理有着重大的作用。首先，会计凭证的传递是企业经济管理的重要组成部分，可极大地加强各部门的经济责任，落实责任到岗、责任到人的管理策略；其次，可以充分发挥会计的监督职责，合理设计会计凭证的传递程序可以监控经济业务的完成情况。根据传递程序的执行情况，管理部门可以监测到会计凭证已递交至哪个部门，哪个经办人正在处理，以及处理的时间是否合理等，进而对经济业务实行监督；最后，可以提高企业的经营效率，会计凭证的传递有助于督促各部门及时处理和登记经济业务，协调各部门提高工作效率，优化各环节的工作时长。

那么该如何组织会计凭证的传递呢？

设计高效、合理的会计凭证传递流程并非易事，因为企业在经营过程中发生的经济业务是多种多样的，而各个部门承担的责任又不尽相同，不同的经济业务，经办人员不同，办理业务的手续、时间和程序也会略有差异。因此，要合理地组织会计凭证的传递，既要保证会计凭证在必要的环节进行处理和审核，也要减少不必要的传递环节。在确认会计凭证的传递程序和传递时间时，应考虑以下几点：

（一）结合企业实际情况来确定会计凭证的传递程序

结合企业实际情况是指结合企业的经济业务，尤其是主体经济业务的实际情况，配合企业机构设置和人员分工，以及经营活动中的实际需要，科学地规定会计凭证在传递过程中的步骤、流程，要兼具实用性、合理性、经济性，避免不必要的步骤。

（二）会计凭证在各个环节的停留时间

会计凭证在各个部门或者人员那里所停留的时间应该符合其部门业务的需要，时间过紧或过松都会带来不利影响。

二、会计凭证的保管

会计凭证的保管是指会计凭证记账结束后的整理、装订、归档和存查工作。会计凭证作为记账的依据，是企业重要的经济资料和法律资料。企业在经营过程中，会经常碰到需要追溯过去经济事项的事件，如出现贪污行为、出现违法乱纪行为、出现法律诉讼、对过去经济事项进行核查、各种各样的审计活动等。会计凭证作为能反映经济活动和具有法律效力的书面文件，碰到这些事件时就变得尤为重要，所以妥善保管会计凭证是会计人员的职责和必备技能之一。其保管方法和要求如下：

（一）会计凭证应及时传递，不得拖延、积压。及时完成会计凭证的传递，才能保证后续财务工作的顺利进行。原始凭证的传递是极为重要的，因为原始凭证比较分散、且大小也可能不同，所以要避免积压原始凭证，并且应该将原始凭证固定在记账凭证之后。

（二）记账结束后，应及时将会计凭证装订成册，防止丢失。财务部门应定期装订会计凭证，并将其按照顺序存放。

（三）会计凭证封面应注明单位名称、凭证种类（收字、付字、转字）、凭证张数、起止号数、日期、会计主管、装订人员等信息。

（四）会计凭证在装订完成后，可根据规定留存在财务部门一段时间，期满后应移交本单位档案管理部门进行保管。

【小思考】

会计凭证如果丢失，会有什么后果。

项 目 反 思

1. 通过学习会计凭证，你学到了哪些内容？

2. 你的疑惑点：

3. 解决方案：

4. 总结：

知识要点总结

会计凭证是记录经济业务事项的发生和完成情况，明确经济责任，并作为记账依据的书面证明，是会计核算的重要会计资料。会计凭证的意义为：会计凭证是记录经济业务的依据；会计凭证是准确登记账簿的保证；会计凭证是明确经济责任的措施；会计凭证是监督经济活动的手段。

会计凭证按照填制程序和用途的不同，可分为原始凭证和记账凭证两大类。原始凭证是在经济业务发生时取得或填制的，用以记录经济业务具体内容和完成情况的书面或纸质证明；记账凭证是会计人员根据审核无误的原始凭证，按照经济业务的内容加以归类，并以此确定会计分录后所填制的会计凭证。

原始凭证按其来源不同，可分为外来原始凭证和自制原始凭证两种类型；按原始凭证的填制方法不同，可分为一次凭证、累计凭证和汇总凭证；按其格式不同，可分为通用凭证和专用凭证。

（1）原始凭证的内容包括：原始凭证的名称；原始凭证的日期和编号；原始凭证相关单位名称；经济业务的内容；填制单位、填制人员的签名盖章；经办人员的签名盖章。

（2）原始凭证的填制要求包括：记录客观真实；内容完整明晰；书写清楚规范；编号连续不断；切勿涂改抹擦；填制及时规范。

（3）原始凭证审核的内容包括：审核原始凭证的真实性；审核原始凭证的合法性；审核原始凭证的合理性；审核原始凭证的完整性；审核原始凭证的正确性；审核原始凭证的及时性。

记账凭证按照其用途的不同，可分为专用记账凭证和通用记账凭证，专用记账凭证又可分为收款凭证、付款凭证和转账凭证。记账凭证按填制方式的不同，可分为复式记账凭证和单式记账凭证。

（1）记账凭证的内容包括：记账凭证的名称；记账凭证的日期及编号；经济业务的内容摘要；会计分录；记账标记；附件张数；签章。

（2）记账凭证的填制要求包括：依据要充分合理；格式要统一，装订要标准；记账凭证的日期要及时；编号要连续；摘要的填写要明确；会计科目的填写要规范；金额的填写要准确无误；会计分录要准确无误；签章要齐全；空行要注销；记账凭证后要附原始凭证。

（3）记账凭证的审核包括：内容是否真实；项目是否齐全；科目是否正确；金额是否正确；书写是否规范；手续是否完备。

企业会计凭证的传递应考虑以下几点：结合企业实际情况来确定会计凭证的传递程序；会计凭证在各个环节的停留时间。会计凭证的保管应注意：会计凭证应及时传递，不得拖延、积压；记账结束后，应及时将会计凭证装订成册，防止丢失；会计凭证封面应注明内容；会计凭证装订完成后，应注意保存时间节点。

知识要点总结导图

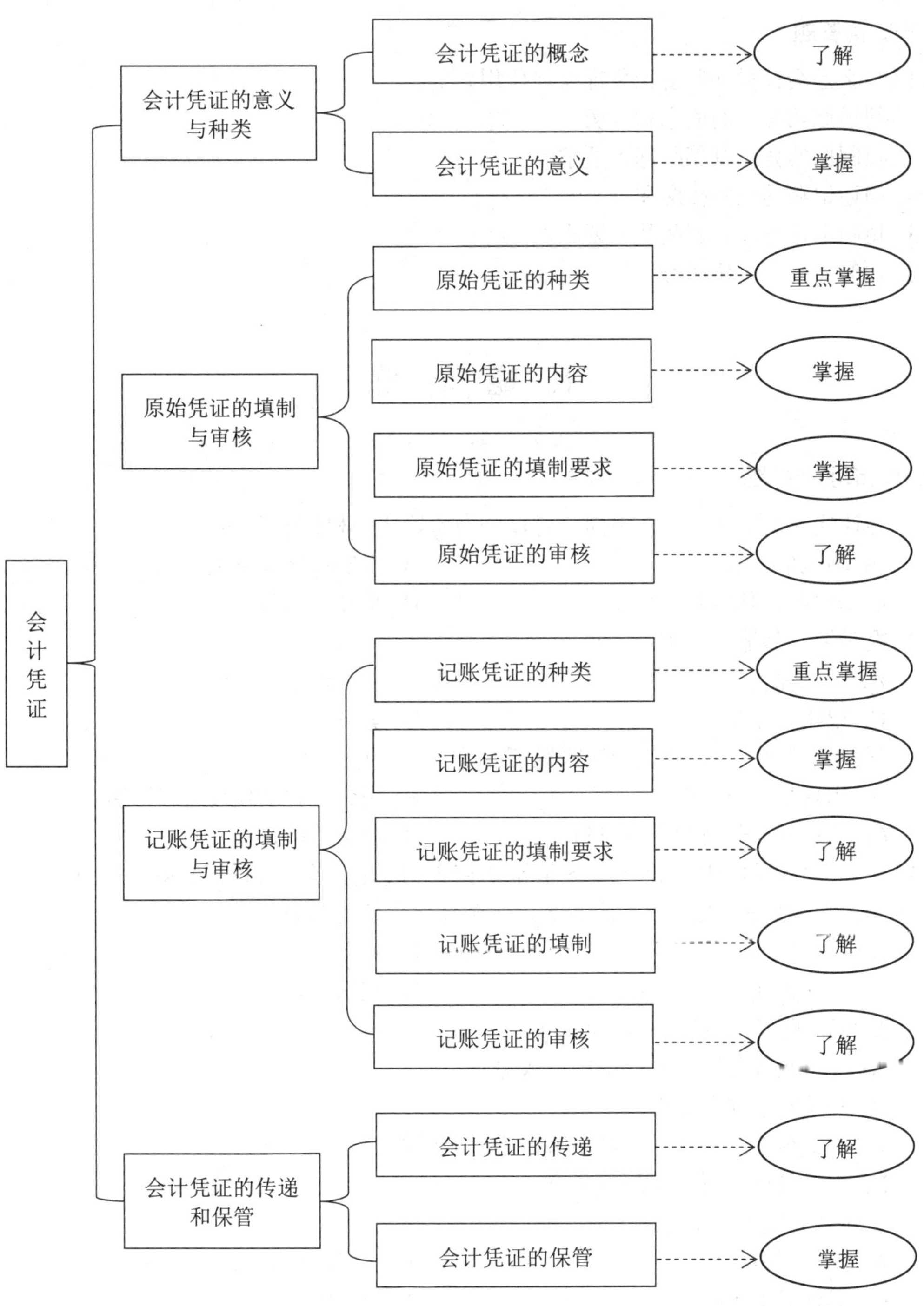
会计凭证
会计凭证的意义与种类
会计凭证的概念
了解
会计凭证的意义
掌握
原始凭证的填制与审核
原始凭证的种类
重点掌握
原始凭证的内容
掌握
原始凭证的填制要求
掌握
原始凭证的审核
了解
记账凭证的填制与审核
记账凭证的种类
重点掌握
记账凭证的内容
掌握
记账凭证的填制要求
了解
记账凭证的填制
了解
记账凭证的审核
了解
会计凭证的传递和保管
会计凭证的传递
了解
会计凭证的保管
掌握

项 目 考 核

一、简答题

1. 什么是会计凭证？会计凭证有何作用？
2. 简述原始凭证的概念和分类。
3. 填制原始凭证有哪些基本要求？
4. 简述记账凭证的概念和分类。
5. 填制记账凭证有哪些基本要求？
6. 如何审核记账凭证？

技 能 训 练

一、单项选择题

1. 会计凭证按其（　　）不同，可以分为原始凭证和记账凭证。
   A. 填制的方式　　B. 反映经济业务的次数
   C. 编制的程序和用途　　D. 取得的来源
2. 限额领料单是一种（　　）。
   A. 汇总凭证　　B. 明细账
   C. 记账凭证　　D. 累计凭证
3. 下列经济业务中，应填制转账凭证的是（　　）。
   A. 用现金支付工资　　B. 用银行存款偿还应付账款
   C. 企业管理部门领用原材料　　D. 收回应收账款，存入银行
4. （　　）俗称单据，是在经济业务发生或完成时由经办人直接取得或填制的，用以记录或证明经济业务的发生或完成情况，明确经济责任的书面证明。
   A. 收款凭证　　B. 原始凭证
   C. 付款凭证　　D. 记账凭证
5. 原始凭证金额有错误的，应当（　　）。
   A. 经上级领导同意后，由经办人更正
   B. 在原始票据上更正
   C. 由出具单位重开，不得在原始凭证上更正
   D. 由出具单位更正并加盖公章
6. 下列属于累计凭证的是（　　）。
   A. 限额领料表　　B. 工资结算汇总表
   C. 汇总记账凭证　　D. 科目汇总表

7. 差旅费报销单按填制的手续及内容分类，属于原始凭证中的（　　）。

A. 汇总凭证　　B. 累计凭证

C. 一次凭证　　D. 专用凭证

8. 会计机构、会计人员对真实、合法、合理但内容不准确、不完整的原始凭证，应当（　　）。

A. 予以纠正　　B. 予以受理

C. 不予受理　　D. 予以退回，要求更正、补充

9. 下列选项中，不是自制原始凭证的是（　　）。

A. 收料单　　B. 领料单

C. 发票　　D. 单位差旅费报销单

10. 会计人员在审核原始凭证时，发现某原始凭证内容合理、合法，但不够完整、准确，按规定，下列处理办法中，正确的是（　　）。

A. 及时办理　　B. 交给上级

C. 予以退回，要求补办手续　　D. 拒绝办理

11. 下列记账凭证中，可以不附原始凭证的是（　　）。

A. 用于结账的记账凭证　　B. 所有收款凭证

C. 所有付款凭证　　D. 所有借项凭证

12. 下列业务中，应该填制收款凭证的是（　　）。

A. 购买固定资产，款项尚未支付　　B. 收到销售商品的款项

C. 购买原材料用银行存款支付　　D. 销售商品，收到商业汇票一张

13. 会计凭证是（　　）的依据。

A. 记账凭证　　B. 原始凭证

C. 登记账簿　　D. 编制财务报表

14. 在原始凭证上书写阿拉伯数字，错误的做法是（　　）。

A. 数字前写有货币符号的，数字后不再写货币单位

B. 金额数字前书写货币币种符号

C. 货币符号与金额数字之间要留有空白

D. 货币符号与金额数字之间不得留有空白

15. 记账凭证填制完毕加计合计数后，如有空行应（　　）。

A. 盖章注销　　B. 空置不填

C. 签字注销　　D. 划线注销

16. 下列各项中，不属于原始凭证审核内容的是（　　）。

A. 原始凭证的合法性　　B. 原始凭证的真实性

C. 会计分录的正确性　　D. 原始凭证的完整性和准确性

17. 在实际工作中，规模小、业务简单的单位，为了简化会计核算工作，可以使用一种统一格式的（　　）。

A. 付款凭证　　B. 收款凭证

C. 通用记账凭证　　D. 转账凭证

18. 下列各项中，属于原始凭证的是（　　）。

A. 银行存款余额调节表　　B. 购销合同书

C. 银行对账单　　D. 购存实存对比表

19. 对于从银行提取现金的业务，会计人员应填制的记账凭证是（　　）。

A. 银行付款凭证　　B. 现金收款凭证

C. 银行收款凭证　　D. 现金收款凭证和银行付款凭证

20. 关于会计凭证的传递与保管，以下说法中不正确的是（　　）。

A. 原始凭证不得外借，也不得复制

B. 科学合理地传递程序应能保证会计凭证在传递过程中的安全、及时、准确和完整

C. 会计凭证记账完毕后，应当按分类和编号顺序保管

D. 要建立会计凭证交接的签收制度

二、多项选择题

1. 下列各项中，属于记账凭证基本内容的有（　　）。

A. 记账标记

B. 记账凭证的名称

C. 填制记账凭证的日期

D. 经济业务事项所涉及的会计科目及其记账方向

2. 审核记账凭证时应注意的有（　　）。

A. 内容是否真实　　B. 项目是否齐全

C. 科目是否正确　　D. 金额是否正确

3. 下列属于外来原始凭证的有（　　）。

A. 出差人员车船票　　B. 购货发票

C. 银行结算凭证　　D. 领料单

4. 取得、填制和审核会计凭证的意义有（　　）。

A. 监督经济活动，控制经济运行　　B. 记录经济业务，提供记账依据

C. 明确经济责任，强化内部控制　　D. 增加企业盈利，提高竞争能力

5. 关于原始凭证的填制，下列说法中正确的有（　　）。

A. 加盖了“作废”戳记的原始凭证，应连同其存根一起保管，不得撕毁

B. 原始凭证上填制的经济业务内容和数字必须真实可靠

C. 外来原始凭证，必须盖有填制单位的公章

D. 原始凭证应在经济业务发生或完成时立即填制

6. 下列各项中，符合原始凭证填制要求的有（　　）。

A. 编号连续　　B. 记录真实

C. 手续完备　　D. 书写清楚规范

7. 下列各项中，属于专用记账凭证的有（　　）。

A. 收款凭证　　B. 付款凭证

C. 转账凭证　　D. 单式记账凭证

8. 下列科目中，不能填列在付款凭证左上角“贷方科目”栏的有（　　）。

A. 银行存款　　B. 应付账款

C. 库存现金　　D. 原材料

9. 下列各项中，属于原始凭证必须具备的内容是（　　）。

A. 记账符号　　B. 经办人的签章

C. 接受凭证单位的名称　　D. 交易或事项的内容、数量、金额等

10. 编制记账凭证的基本要求有（　　）。

A. 记账凭证应连续编号　　B. 记账凭证的金额要准确无误

C. 记账凭证的签章要齐全　　D. 记账凭证后要附原始凭证

项目六

会计账簿

学习向导

1. 介绍会计账簿的意义和种类;
2. 介绍会计账簿体系的建立与登记;
3. 介绍错账更正法;
4. 介绍对账与结账;
5. 介绍账簿的更换与保管。

学习目标

1. 了解企业设置会计账簿的意义，熟悉会计账簿的分类;
2. 了解会计账簿设置的原则;
3. 掌握会计账簿的基本内容和不同账簿的登记方法;
4. 熟悉产生错账的原因，掌握错账更正的方法;
5. 熟悉对账的内容、结账程序和方法;
6. 熟悉会计账簿的更换和保管方法。

案例导入

某公司总经理宋某撤换了原来的财务部经理，任命李某为财务部经理。李某上任之后，根据宋总经理的指示，调整了财务部人员的工作分工，重新设置了会计账簿。安排主办会计兼任出纳人员，李某自己保管并登记现金日记账。同时，为了减少登账的工作量，会计账簿中不设置现金日记账和各种明细账，只作为备查簿设置。

请同学们思考：李某这样安排是否合法？如果不合法错在何处？

任务一 会计账簿的意义和种类

一、会计账簿的意义

会计账簿简称账簿，是指由具有一定格式的账页组成的，以经过审核的会计凭证为依据，序时、分类、连续、系统、全面记录和反映企事业单位全部经济业务的簿籍。

设置和登记账簿是会计核算工作的重要环节，在经济管理中具有重要意义。会计账簿的意义主要包括以下几点：

1. 提供系统、全面的会计信息；
2. 保护财产的安全完整；
3. 为编制会计报表提供依据；
4. 促进企事业单位提高经济效益。

二、会计账簿的种类

（一）按照账簿的用途分类

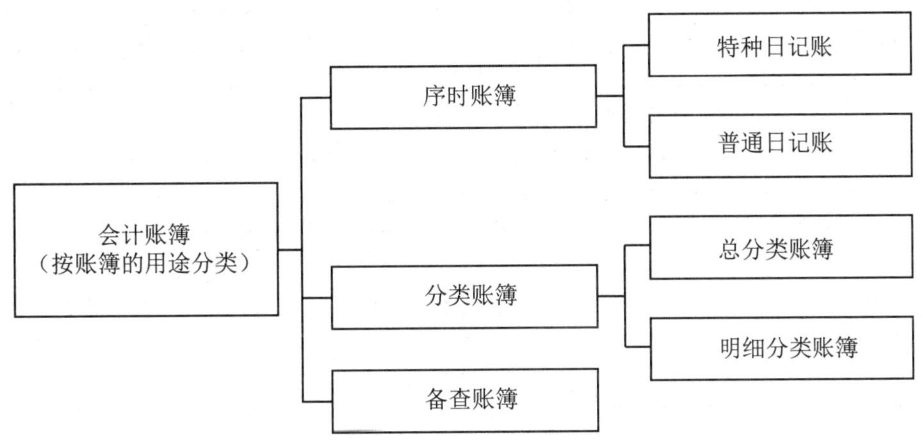

1. 序时账簿

序时账簿亦称日记账，是按经济业务发生时间的先后顺序逐日、逐笔登记的账簿，用以反映某类经济业务随时间变化的情况。

主要包括：特种日记账和普通日记账。特种日记账是把性质相同的经济业务分别登记在一种账簿中，如银行存款日记账（如图 6-1 所示）、现金日记账（如图 6-2 所示）。

银行存款日记账

第　　页

年度

账　　号__________

存款种类__________

20 年		凭证号数	支票号数	摘要	对方科目	收入（借方）金额											✓	付出（贷方）金额											✓	结余金额											✓
月	日			（外汇收支应说明原币及汇率）		亿	千	百	十	万	千	百	十	元	角	分		亿	千	百	十	万	千	百	十	元	角	分		亿	千	百	十	万	千	百	十	元	角	分	

图 6-1　银行存款日记账

现金日记账

第 1 页

2019年度

2019 年		凭证号数	摘要	对方科目	收入（借方）金额										✓	付出（贷方）金额										✓	结余金额										✓
月	日				千	百	十	万	千	百	十	元	角	分		千	百	十	万	千	百	十	元	角	分		千	百	十	万	千	百	十	元	角	分	

图 6-2　现金日记账

2. 分类账簿

（1）总分类账簿（图中示为总分类账），简称总账，根据总分类科目设置账户，通过对全部经济业务的登记，以全面、系统、总括地反映全部资金增减变化和结存情况的账簿，如图 6-3 所示。

（2）明细分类账簿（图中示为明细分类账），是根据明细分类科目设置账户，用以具体反映某类资金增减变化和结存情况的账簿，如图 6-4 所示。

图 6-3　总分类账

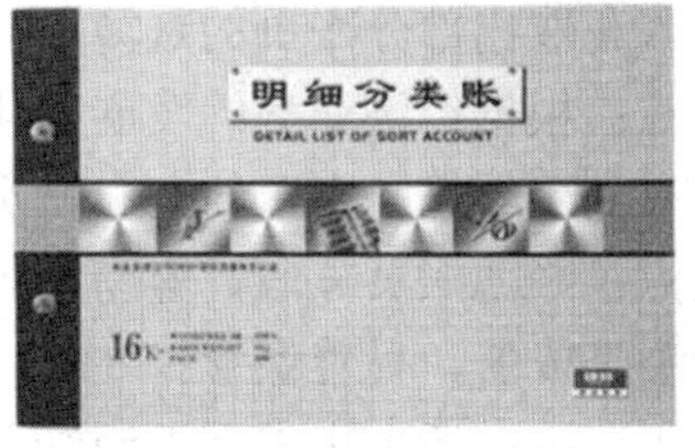

图 6-4　明细分类账

3. 备查账簿

备查账簿也称辅助账，是对在序时账和分类账中未能反映和记录的事项进行补充登记的账簿。

备查账簿主要用来记录一些供日后查考的有关经济事项，如“租入固定资产登记簿”等。

备查账簿只是对其他账簿记录的一种补充，它与其他账簿之间不存在严密的依存、勾稽关系。

（二）按照账簿的外表形式分类

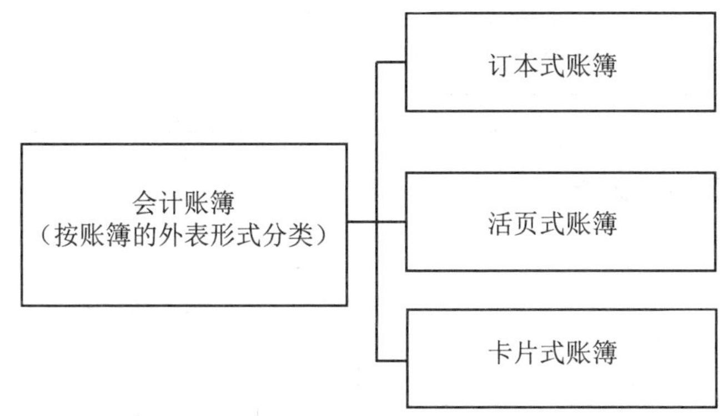

1. 订本式账簿

订本式账簿简称订本账，是将一定数量的账页在使用前就排好页次并装订在一起的账簿。

优点：账簿固定账页，可以防止账页散失或任意抽换，保证账簿的完整性。

缺点：预留账页数量同实际需用账页数量往往不一致，账页不足影响记录的连续性，账页过多又造成浪费。

适用范围：常用于总账、现金日记账和银行存款日记账。

2. 活页式账簿

活页式账簿简称活页账，是将一定数量的账页按一定顺序装在账夹内，并可根据需要随时加入和取出部分账页的账簿。

优点：根据经济业务的发展变化，可随时增减部分账页，使用灵活，便于分类计算和汇总，有利于核算；多余的空白账页可以取出，防止浪费。

缺点：账簿账页分散，容易丢失或抽换，在使用时应有账户记录和编号，会计年度结束后应装订成册，妥善保管。

适用范围：活页账常用于明细分类账。

3. 卡片式账簿

卡片式账簿简称卡片式账，是将一定数量的卡片式的账页按一定顺序码放在卡片箱内，并可根据需要随时加入和抽取的账簿。

优缺点：这种账簿的优缺点与活页账相同。

适用范围：适用于设置固定资产、低值易耗品等，使用时间长，但日常记录少的明细分类账表 6-1 所示为固定资产登记卡。

表 6-1　固定资产登记卡

资产名称		资产类别	办公自动化设备	固定资产编码	无
规格型号		类别编码	无	制造单位名称	
计量单产	台	购置日期		供货单位名称	
数量	1	使用方向		使用状况	良好
资产金额		使用年限		报废时间	
固定资产存放管理部门		使用负责人			
固定资产标识卡粘贴处				备注	

（三）按照账簿的格式分类

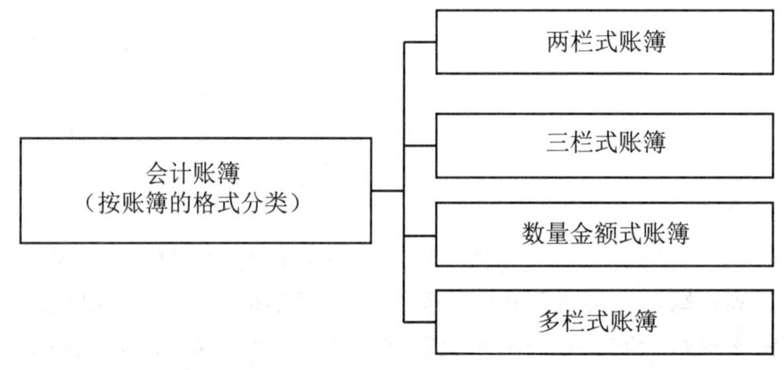

1. 两栏式账簿

两栏式账簿是指只有借方和贷方两个基本金额栏目的账簿。普通日记账和转账日记账一般采用两栏式。

【小思考】

哪类账户的明细账一般采用两栏式的账簿？

2. 三栏式账簿

三栏式账簿是由三栏式账页组成的账簿。三栏式账页一般采用“借方”“贷方”和“余额”三栏作为基本结构，分别用于反映某项资金的增加、减少和结余情况。三栏式账页适用于只需要进行金额核算的经济业务。

【小思考】

哪类账户的明细账一般采用三栏式的账簿？

3. 数量金额式账簿

数量金额式账簿是由数量金额式账页组成的账簿。其基本结构也采用“借方”“贷方”和“余额”三栏，但是在每栏下面再额外设置“数量”“单价”和“金额”三小栏。该种账簿适用于既需要进行金额核算又需要进行数量核算的经济业务。

【小思考】

哪类账户的明细账一般采用数量金额式的账簿？

4. 多栏式账簿

多栏式账簿是由多栏式账页组成的账簿。多栏式账页包括若干金额栏，主要用于需要进行分项目反映的经济业务。账页上设有借方和贷方两个基本金额栏，在借方和贷方基本栏下再分设若干栏的账簿。

【小思考】

哪类账户的明细账一般采用多栏式的账簿？

任务二　账簿体系的建立与登记

一、会计账簿设置的原则

（一）按照《会计法》和国家统一会计制度的规定设置

《会计法》规定，各单位必须依法设置会计账簿，并保证其真实、完整。各单位发生的各项经济业务事项应当在依法设置的会计账簿上统一登记、核算，不得违反《会计法》和国家统一的会计制度的规定，少设、私设会计账簿进行登记、核算。

（二）按照会计业务的需要设置

各单位应根据经济业务的特点和管理要求科学、合理地设置账簿，确保账簿能全面、连续、系统地核算各项经济业务，为经营管理提供系统、分类的会计核算资料。

（三）账簿的设置要组织严密、层次分明

账簿之间既要分工明确又要互相衔接、互相补充、互相制约，能清晰地反映账户间的对应关系；既有总括反映，又有详细说明以便提供完整、系统的会计核算资料；既要防止账簿重叠复杂，又要防止过于简化，以致不能提供日常管理所需的资料和编制报表的数据。

二、会计账簿的启用

（一）会计账簿的基本内容

1. 封面

主要标明账簿名称和记账单位名称，如图 6-5 所示。

会计账簿封面

单位名称　安信食品有限责任公司

账簿名称　应交税费——应交增值税

年　度　2019年1月至12月

本账簿共　张自第　页起至第　页止

负责人　经管人

全宗号	目录号	案卷号

图 6-5　会计账簿封面

2. 扉页

填列账簿启用的日期和截止日期、账簿页数、保管期限、记账人员和会计主管、目录号等，如图 6-6 所示。

<table>
<tr><td>单位名称</td><td colspan="5"></td></tr>
<tr><td>账簿名称</td><td colspan="5"></td></tr>
<tr><td>启用日期</td><td colspan="5">自 年 月 日至 年 月 日</td></tr>
<tr><td>账簿页数</td><td colspan="3">自 页至 页</td><td>保管期限</td><td></td></tr>
<tr><td colspan="2">会计机构负责人</td><td></td><td></td><td rowspan="2">记账人员</td><td></td></tr>
<tr><td>会计主管</td><td></td><td></td><td></td><td></td></tr>
<tr><td>全宗号</td><td></td><td>目录号</td><td></td><td>卷号</td><td></td></tr>
</table>

图 6-6 会计账簿扉页

3. 账页

账页格式因反映经济业务内容的不同可有不同格式，但基本内容应包括：

（1）账户的名称（总账科目、二级或明细科目）；

（2）登账日期栏，包括年、月、日；

（3）凭证种类和号数栏，记录记账凭证的种类和号数；

（4）摘要栏，记录经济业务内容的简要说明；

（5）金额栏，记录经济业务的增减变动和余额；

（6）总页次和分户页次等；

（7）封底。

（二）会计账簿的启用

为了明确有关人员的责任，加强有关人员的责任感，维护会计账簿记录的严肃性，在启用新账簿时，应当坚持以下规则：

1. 启用新的会计账簿时，应当在账簿封面上写明单位名称和账簿名称，并填写账簿扉页上的“启用表”，注明启用日期、账簿起止页数（活页式账簿，可于装订时填写起止页数）、记账人员和会计机构负责人、会计主管人员姓名等，并加盖名章和单位公章。

2. 当记账人员或者会计机构负责人、会计主管人员调动工作时，也要在“启用表”上注明交接日期、接办人员和监交人员姓名，并由交接双方签字或者盖章，如图 6-7 所示是会计账簿启用及交接记录表。

账簿启用及交接记录

<table>
<tr><td colspan="4">使用者名称</td><td colspan="5">××××××××</td><td colspan="4" rowspan="8">财 务 印 鉴</td></tr>
<tr><td colspan="4">账 簿 名称</td><td colspan="5">总账</td></tr>
<tr><td colspan="4">账 簿 页 数</td><td colspan="5">本 账 簿 共 计 × 页</td></tr>
<tr><td colspan="4">启 用 日 期</td><td colspan="5">2019 年 1 月 1 日</td></tr>
<tr><td colspan="4">截 止 日 期</td><td colspan="5">2019 年 12 月 31 日</td></tr>
<tr><td rowspan="3">责任者盖章</td><td colspan="2">记账</td><td colspan="2">审核</td><td colspan="2">主管</td><td colspan="2">部门领导</td></tr>
<tr><td colspan="2"></td><td colspan="2"></td><td colspan="2"></td><td colspan="2"></td></tr>
<tr><td colspan="2"></td><td colspan="2"></td><td colspan="2"></td><td colspan="2"></td></tr>
<tr><td rowspan="6">交接记录</td><td colspan="3">日期</td><td colspan="3">监 交</td><td colspan="3">移 交</td><td colspan="3">接 管</td></tr>
<tr><td>年</td><td>月</td><td>日</td><td>职务</td><td>姓名</td><td>盖章</td><td>职务</td><td>姓名</td><td>盖章</td><td>职务</td><td>姓名</td><td>盖章</td></tr>
<tr><td></td><td></td><td></td><td></td><td></td><td></td><td></td><td></td><td></td><td></td><td></td><td></td></tr>
<tr><td></td><td></td><td></td><td></td><td></td><td></td><td></td><td></td><td></td><td></td><td></td><td></td></tr>
<tr><td></td><td></td><td></td><td></td><td></td><td></td><td></td><td></td><td></td><td></td><td></td><td></td></tr>
<tr><td></td><td></td><td></td><td></td><td></td><td></td><td></td><td></td><td></td><td></td><td></td><td></td></tr>
<tr><td>检印栏</td><td colspan="6"></td><td>确认书</td><td colspan="5"></td></tr>
</table>

图 6-7　会计账簿启用及交接记录表

启用订本式账簿时，应当从第一页到最后一页顺序编定页数，不得跳页、缺号。使用活页式账簿时，应当按账户顺序编号，并须定期装订成册。

（三）会计账簿的登记方法

1. 账簿登记的注意事项

（1）准确完整。登记账簿时，应将会计凭证的日期、种类和编号、业务内容摘要和金额逐项记入账内，做到数字准确、摘要清楚、登记及时、字迹工整；

（2）注明记账符号。账簿登记完毕，应在记账凭证签字或者盖章，并在记账凭证的“过账”栏内注明账簿页数或画“✓”，表明记账完毕，避免重记、漏记；

（3）书写留空。书写的文字和数字上面要留有适当空格，一般占 1/2 空格；

（4）正常记账使用蓝黑墨水。登记账簿必须使用蓝黑墨水或碳素墨水书写，不得用圆珠笔或铅笔；

（5）特殊记账使用红墨水；

（6）按页次连续登记，不得跳行、隔页；

（7）结出余额。凡需结出余额的账户，应注明余额方向；没有余额的账户，应在“借或贷”栏内写“平”字，并在余额栏内用“0”表示；

（8）账页记满时，应办理转页手续。账页结束最后一行注明：“过次页”；下页第一行注明：“承前页”；

（9）实行会计电算化的单位，总账和明细账应当定期打印。

知识链接

下列情况，可以用红色墨水记账：

（1）按照红字冲账的记账凭证，冲销错误记录。

（2）在不设借贷等栏的多栏式账页中，登记减少数。在多栏式账页中，只设借方（或贷方）栏目登记增加数，若需要登记减少数时，则用红字在表示增加栏目中登记。

（3）在三栏式账户的余额栏前，如未印明余额方向的，在余额栏内登记负数余额画更正线、结账线和注销线。

（4）冲销银行存款日记账时，用红字登记支票号码，进行冲销。

（5）当销售货物发生退回时，则用红字冲减已入账的该笔货物销售收入和销售成本。

（6）根据国家统一会计制度的规定可以用红字登记的其他会计记录。

2. 总账的登记

（1）格式：采用订本式账簿，其账页格式一般采用“三栏式”。只提供价值指标，不提供数量指标。

（2）登记依据：总分类账可以直接根据各种记账凭证逐笔进行登记；也可以将一定时期的各种记账凭证先汇总编制科目汇总表或汇总记账凭证再据以登记总账。总分类账的登记方法，取决于所采用的会计核算形式。图 6-8 所示是总账账页。

总　　账

科目名称__________

科目编号__________

201×年度　　　　第 1 页

201×年		凭证号数	摘要（外汇收支应说明原币及汇率）	借方金额	√	贷方金额	借或贷	余额
月	日			千百十万千百十元角分		千百十万千百十元角分		千百十万千百十元角分

图 6-8　总账账页

3. 明细分类账的登记

（1）明细分类账的设置。

各个经济单位在设置总分类账的基础上，还应按照总分类科目设置所属的若干必要的明细分类账。各个单位，除库存现金、银行存款等账户外，应为各种材料物资、应收应付款项、费用、成本、收入、利润等总分类账户设置明细分类账，进行明细分类核算。

（2）明细分类账的格式。

明细分类账一般采用活页式账簿。其账页格式分别有四种：三栏式、数量金额式、多栏式、横线登记式。

① 三栏式明细分类账。

三栏式明细分类账账页，只设有借方、贷方和余额三个金额栏，不设数量栏。它适用于只需要反映金额的经济业务，如“应收账款”“应付账款”等不需要进行数量核算的债权、债务结算账户。图 6-9 所示是三栏式明细分类账。

××××明细账

总第______页　分第______页

一　级　科　目______

二级科目或明细科目______

20 年		凭 证		摘 要	借方金额												✓	贷方金额												✓	借或贷	余 额												✓
月	日	种类	号数		十	亿	千	百	十	万	千	百	十	元	角	分		十	亿	千	百	十	万	千	百	十	元	角	分			十	亿	千	百	十	万	千	百	十	元	角	分	

图 6-9　三栏式明细分类账

② 数量金额式明细分类账。

数量金额式明细分类账的账页，分别设有收入（借方）、发出（贷方）和结存的数量、单价和金额栏。这种格式适用于既要进行金额核算，又要进行实物数量核算的各种财产物资账户，如“原材料”“产成品”等账户的明细分类核算。图 6-10 所示是数量金额式明细账。

③ 多栏式明细分类账。

多栏式明细分类账，是根据经济业务特点和经营管理的需要，在一张账页内按有关明细科目或明细项目分设若干专栏，用以在同一张账页上集中反映各有关明细科目或明细项目的核算资料。它适用于“生产成本”“制造费用”“管理费用”“财务费用”和“本年利润”等账户的明细核算。图 6-11 所示是多栏式明细分类账。

XXX 明 细 账　　　　第＿＿＿＿页

最高储备量＿＿＿＿　类　别＿＿＿＿　储备定额＿＿＿＿　编　号＿＿＿＿　规　格＿＿＿＿
最低储备量＿＿＿＿　存放地点＿＿＿＿　计划单价＿＿＿＿　计量单位＿＿＿＿　名　称＿＿＿＿

201 年		凭证		摘要	收入（借方）												发出（贷方）												结存											
					数量	单价	金额										数量	单价	金额										数量	单价	金额									
月	日	种类	号数				千	百	十	万	千	百	十	元	角	分			千	百	十	万	千	百	十	元	角	分			千	百	十	万	千	百	十	元	角	分

图 6-10　数量金额式明细账

总第＿＿＿页　分第＿＿＿页

XXXX 明 细 账

＿＿＿级科目编号及名称＿＿＿＿＿＿

＿＿＿级科目编号及名称＿＿＿＿＿＿

20 年		凭证号数	摘要	借方（收方）										贷方（付方）										借或贷	余额																																																
月	日			千	百	十	万	千	百	十	元	角	分	千	百	十	万	千	百	十	元	角	分		千	百	十	万	千	百	十	元	角	分	千	百	十	万	千	百	十	元	角	分	千	百	十	万	千	百	十	元	角	分	千	百	十	万	千	百	十	元	角	分	千	百	十	万	千	百	十	元	角	分

图 6-11　多栏式明细分类账

④ 横线式明细分类账。

横线式明细分类账的结构特点是，将前后密切相关的经济业务在同一横行进行详细登记。同一行内借、贷均有记录时，表示该项经济业务已处理完毕，如果只有借（或贷）方记录，而无贷（或借）方记录，则表示该项经济业务的登记还未结束。例如，材料采购业务的收料和付款情况等。

（3）明细分类账的登记依据。

各种明细分类账都是由会计人员根据审核无误的记账凭证或原始凭证，按经济业务发生的时间先后顺序逐日逐笔进行登记。明细分类账所提供的有关经济活动的详细资料，也是编制会计报表的依据之一。

4　序时账的登记

（1）库存现金日记账的格式与登记。

格式：库存现金日记账，必须采用订本式账簿，其账页格式一般采用三栏式，基本结构为“收入（借方）金额”“付出（贷方）金额”和“结余金额”三栏。

登记依据：由出纳人员根据收付款凭证，按经济业务发生的先后顺序，逐日逐笔进行登记。“收入（借方）金额”，根据现金收款凭证和银行付款凭证登记；“付出（贷方）

金额”，根据现金付款凭证登记；并按日结算余额，如图 6-12 所示。

现　金　日　记　账　　　　第 1 页

2019年度

2019 年		凭证号数	摘　　要	对方科目	收入（借方）金额										√	付出（贷方）金额										√	结余金额										√
月	日				千	百	十	万	千	百	十	元	角	分		千	百	十	万	千	百	十	元	角	分		千	百	十	万	千	百	十	元	角	分	
1	1		期初结存																													4	2	0	0	0	
1	1	付1	支付杂志订阅费	管理费用																	2	0	0	0	0							2	2	0	0	0	
1	2	收1	收到包装物押金	其他应付款						3	0	0	0	0																		5	2	0	0	0	
1	4	付2	王丁预借差旅费	其他应收款																	5	0	0	0	0								2	0	0	0	
…	…		…								.	.	.																								
…	…		…																			.	.	.													
1	31		本月合计																																		

图 6-12　现金日记账

（2）银行存款日记账的格式与登记。

格式：采用订本式账簿，其账页格式一般采用三栏式，基本结构为“收入（借方）金额”“付出（贷方）金额”和“结余金额”三栏。

登记依据：由出纳人员根据收付款凭证，按经济业务发生的先后顺序，逐日逐笔进行登记。“收入（借方）金额”，根据银行存款收款凭证和现金付款凭证登记；“付出（贷方）金额”，根据银行存款付款凭证登记；并按日结算余额，如图 6-13 所示。

银　行　存　款　日　记　账　　　　第 1 页

2019 年度

账　　号＿＿＿＿＿＿

存款种类＿＿＿＿＿＿

2019 年		凭证号数	摘要	对方科目	收入（借方）金额											√	付出（贷方）金额											√	结余金额											√
月	日				亿	千	百	十	万	千	百	十	元	角	分		亿	千	百	十	万	千	百	十	元	角	分		亿	千	百	十	万	千	百	十	元	角	分	
1	1		期初结存																													2	1	0	0	0	0	0	0	
1	1	付1	购买白糖	原材料																	1	5	1	0	0	0	0					1	9	4	9	0	0	0	0	
1	2	收1	收到永丰公司货款	应收账款					1	2	0	0	0	0	0																	3	1	4	9	0	0	0	0	
…	…		…									.	.	.											.	.														
…	…		…									.	.	.											.	.														
…	…		…									.	.	.											.	.	.													
1	31		本月合计									.	.	.											.	.	.													

图 6-13　银行存款日记账

知识链接

银行存款日记账注意事项：

1. 及时登账，做到日清月结，经常核对，账钱相符。

2. 定期（每月至少一次）与会计核对现金。

3. 定期到银行拿对账单，做银行存款调节表，与银行存款对账。

4. 对每笔报销款项核对发票金额和发票真伪，避免错账和假票。

5. 如果日记账登记错误，用红笔在手工账错误的一行画双线，等于取消了这个记录，再把正确的用蓝笔登记在后面。

任务三 错账更正法

一、产生错账的原因

登记会计账簿是一项很细致的工作。在记账工作中，尽管财务会计人员对各种会计凭证进行过多次复核，登记账簿又力求认真细致，但由于会计人员每日要处理大量数据，手续又很复杂，因此账簿记录难免发生差错，产生差错的原因大致有以下四种类型。

1. 会计科目错误

【例 6-1】2019 年 3 月 15 日，安信食品有限公司收到永丰公司前欠货款 10 000 元。

借：银行存款 10 000

贷：应付账款——永丰公司 10 000

解析：收到对方所欠货款，贷方应该反映在“应收账款”科目中。

2. 金额错误

【例 6-2】2019 年 3 月 18 日，安信食品有限公司向银行取得短期借款 40 000 元，存入银行。

借：银行存款 4 000

贷：短期借款 4 000

解析：企业向银行借款 40 000 元，分录中只反映了 4 000 元，金额记录错误。

3. 方向错误

【例 6-3】2019 年 3 月 31 日，一车间领取花生 200 千克，单价 7 元，用于生产软香酥产品。

借：原材料——花生 1400

贷：生产成本——软香酥 1400

解析：车间领取原材料生产软香酥，应该在借方登记“生产成本”增加，贷方登记“原材料”增加。

4. 账簿登记错误

【例 6-4】2019 年 1 月 4 日，企业管理部门王丁出差回来报销差旅费 2 800 元，退回余款 700 元，如图 6-14 所示。

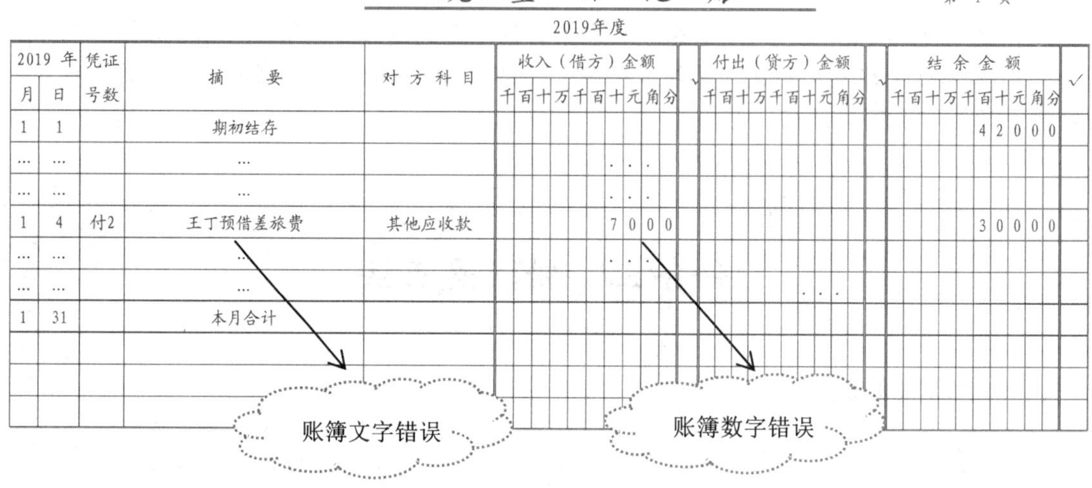

现 金 日 记 账　　　　第 1 页

2019年度

2019 年 月	日	凭证号数	摘要	对方科目	收入（借方）金额	√	付出（贷方）金额	√	结余金额	√
1	1		期初结存						42000	
…	…		…		…					
…	…		…		…					
1	4	付2	王丁预借差旅费	其他应收款	7000				30000	
…	…		…		…					
…	…		…				…			
1	31		本月合计							

图 6-14　现金日记账登记错误

二、错账更正方法

《会计基础工作规范》规定，账簿记录发生了错误，不准涂改、挖补、刮擦或用褪色药水消除字迹，不准重新抄写，必须根据错误的具体情况，相应采用正确的方法予以更正。相应的方法即错账更正的方法。

（一）划线更正法

1. 定义

划线更正法是记账凭证没有错误，登记账簿时发生的错误，将错误的数字或者文字用红线画掉，写上正确的数字或者文字的方法。

2. 方法

将错误的文字或数字画一条红色横线注销，然后在划线的上方用蓝字或黑字将正确的文字或数字填写在同一行的上方位置，并由更正人员在更正处盖章，以明确责任。

3. 适用的范围

适用于结账前发现的账簿上文字或者数字发生错误，但是记账凭证没有错误的情况。

【例 6-5】2019 年 3 月 2 日，安信食品有限公司向北京永安公司销售商品确认应收账款 22 600 元，会计分录如下，记账人员王五根据会计分录登记应收账款总账，如图 6-15 所示。

借：应收账款　　　　　　　　　　　　　22 600

　贷：主营业务收入　　　　　　　　　　　　20 000

　　　应交税费——应交增值税（销项税额）　　2 600

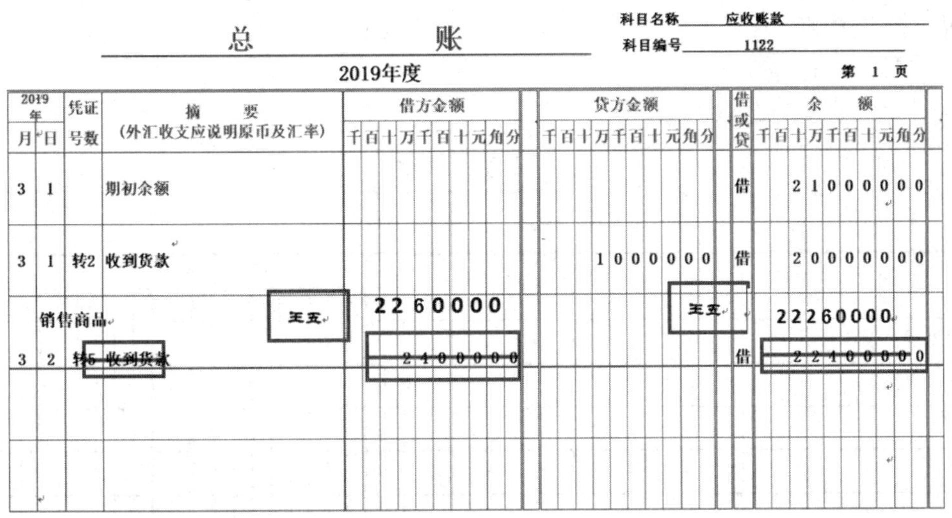

总　　　　账

科目名称　应收账款

科目编号　1122

2019年度　　　　第 1 页

2019年 月	日	凭证号数	摘要（外汇收支应说明原币及汇率）	借方金额	贷方金额	借或贷	余额
3	1		期初余额			借	21000000
3	1	转2	收到货款		1000000	借	20000000
3	2	~~转6~~	销售商品 ~~收到货款~~ 王五	2260000 ~~2400000~~	王五	借	22260000 ~~22400000~~

图 6-15　划线更正法

（二）红字更正法

1. 定义

红字更正法是登记入账后发现存在错误，用红字冲销原有记录后再予以更正的方法。

2. 方法

（1）全额冲销。

记账后发现账簿记录有错误，且这些错误是因为记账凭证上会计科目错误、借贷方向错误和金额错误而造成的。在具体更正时，先用红字填制一张与原错误记账凭证完全相同的记账凭证，并据以红字登记入账；然后再用蓝字填制一张正确的记账凭证，并据以登记入账。

（2）余额冲销。

如果记账凭证中会计科目、借贷方向均未发生错误，但所记录金额大于应记金额，可以将正确金额与错误金额之差填制一张红字记账凭证，将错误部分冲销。此种更正方法也可以称为差额冲正法。

3. 适用的范围

（1）根据记账凭证登记账簿后，发现记账凭证中的应借、应贷的会计科目或记账方向有错误。

（2）根据记账凭证登记账簿后，发现记账凭证中的应借、应贷的会计科目、记账方向都没有错误，记账凭证和账簿记录的金额相吻合，只是所记金额大于应记的金额。

【例 6-6】2019 年 3 月 18 日，安信食品有限公司用银行存款支付销售部门水电费共计 2 100 元。在编制记账凭证时，将属于销售费用的销售部门的水电费计入制造费用，并已经登记入账。

原记账凭证为：

借：制造费用　　2 100

　　贷：银行存款　　2 100

记 账 凭 证

出纳编号 1

2019 年 3 月 18 日　　制单编号 100 字 66

摘　　要	总账科目	明细科目	借方金额										√	贷方金额										√
			千	百	十	万	千	百	十	元	角	分		千	百	十	万	千	百	十	元	角	分	
支付销售部门水电费	制造费用						2	1	0	0	0	0												
支付销售部门水电费	银行存款																	2	1	0	0	0	0	
合　　计							2	1	0	0	0	0						2	1	0	0	0	0	

附件 2 张

主管会计 张力　　记账 李红　　复核 王宁　　出纳 孙峰　　制单 赵强

更正方法如下：

（1）填制一张红字记账凭证，冲销原记账凭证。

借：制造费用　　2 100

　　贷：银行存款　　2 100

记 账 凭 证

出纳编号 1

2019 年 3 月 31 日　　制单编号 100 字 93

摘　　要	总账科目	明细科目	借方金额										√	贷方金额										√
			千	百	十	万	千	百	十	元	角	分		千	百	十	万	千	百	十	元	角	分	
冲销66#记账凭证	制造费用						2	1	0	0	0	0												
冲销66#记账凭证	银行存款																	2	1	0	0	0	0	
合　　计							2	1	0	0	0	0						2	1	0	0	0	0	

附件 2 张

主管会计 张力　　记账 李红　　复核 王宁　　出纳 孙峰　　制单 赵强

（2）重新填制正确的记账凭证。

借：销售费用　　　　　　　　　　　　2 100

　　贷：银行存款　　　　　　　　　　　　2 100

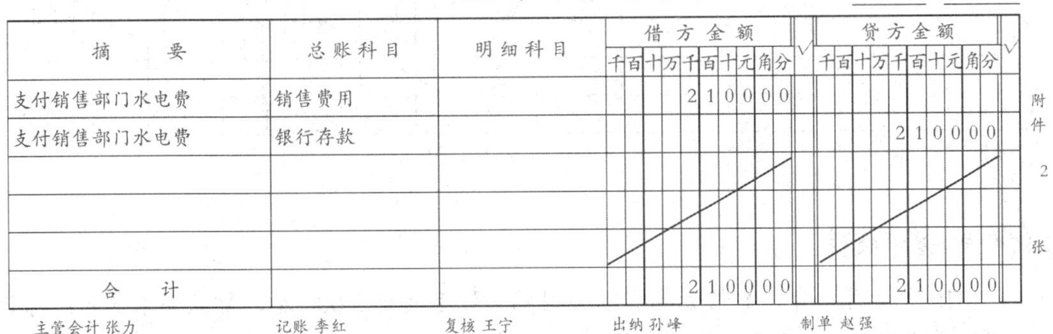

记　账　凭　证

2019 年　3 月　31 日

出纳编号　1

制单编号　100　字　94

摘要	总账科目	明细科目	借方金额										✓	贷方金额										✓
			千	百	十	万	千	百	十	元	角	分		千	百	十	万	千	百	十	元	角	分	
支付销售部门水电费	销售费用						2	1	0	0	0	0												
支付销售部门水电费	银行存款																	2	1	0	0	0	0	
合计							2	1	0	0	0	0						2	1	0	0	0	0	

附件 2 张

主管会计 张力　　记账 李红　　复核 王宁　　出纳 孙峰　　制单 赵强

【例 6-7】2019 年 3 月 21 日，安信食品有限公司生产部门领用材料一批共计 6 000 元，在编制记账凭证时，将金额误记为 60 000 元。更正方法如下：

（1）原记账凭证为：

借：生产成本　　　　　　　　　　　　60 000

　　贷：原材料　　　　　　　　　　　　　60 000

记　账　凭　证

2019 年　3 月　21 日

出纳编号　1

制单编号　100　字　69

摘要	总账科目	明细科目	借方金额										✓	贷方金额										✓
			千	百	十	万	千	百	十	元	角	分		千	百	十	万	千	百	十	元	角	分	
生产部门领用材料	生产成本					6	0	0	0	0	0	0												
生产部门领用材料	原材料																6	0	0	0	0	0	0	
合计							6	0	0	0	0	0					6	0	0	0	0	0	0	

附件 2 张

主管会计 张力　　记账 李红　　复核 王宁　　出纳 孙峰　　制单 赵强

（2）填制一张红字记账凭证，冲销多记金额：

借：生产成本　　　　　　　　　　　　54 000

　　贷：原材料　　　　　　　　　　　　　54 000

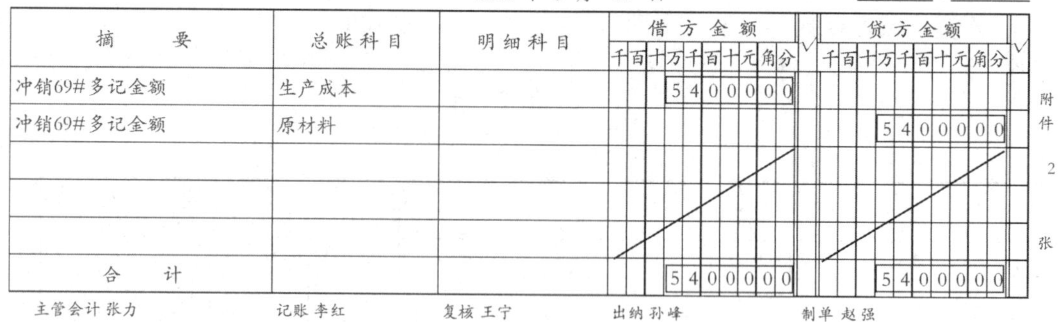

记 账 凭 证

出纳编号 1

2019 年 3 月 31 日　　制单编号 100 字 96

摘要	总账科目	明细科目	借方金额（千百十万千百十元角分）	√	贷方金额（千百十万千百十元角分）	√
冲销69#多记金额	生产成本		5400000			
冲销69#多记金额	原材料				5400000	
合计			5400000		5400000	

附件 2 张

主管会计 张力　　记账 李红　　复核 王宁　　出纳 孙峰　　制单 赵强

【教中学 学中做】

1. 2019 年 4 月 6 日，安信食品有限公司购入红豆共计 5 000 元，货款尚未支付。原记账凭证写错账户名称并已登记入账：

借：原材料　　5 000

　　贷：应收账款　　5 000

要求：对错账进行更正。

____

____

2. 安信食品有限公司 9 月份计提固定资产折旧费 3 800 元，编制记账凭证时误记为 38 000 元。错误记账凭证和错账为：

借：管理费用　　38 000

　贷：累计折旧　　38 000

要求：对错账进行更正。

____

____

（三）补充更正法

1. 定义

记账后，在当年内发现记账凭证会计科目正确，所记金额小于应记金额，导致账簿登记错误，可采用补充更正法进行更正。

2. 方法

按少记的金额用蓝字编制一张与原记账凭证应借、应贷科目完全相同的记账凭证，在摘要栏中注明“补充某月某日第×号凭证少记金额”，以补充少记的金额，并据以记账。

【例 6-8】 2019 年 3 月 22 日，安信食品有限公司购入面粉一批共计 3 000 元，在编制记账凭证时，将金额误记为 300 元。更正方法如下：

（1）原记账凭证：

借：原材料　　　　　　　　　　　　　　300

　　贷：银行存款　　　　　　　　　　　　　300

记　账　凭　证

出纳编号　1

2019 年 3 月 22 日　　　　制单编号　100　字　70

摘要	总账科目	明细科目	借方金额										√	贷方金额										√
			千	百	十	万	千	百	十	元	角	分		千	百	十	万	千	百	十	元	角	分	
购入面粉一批	原材料							3	0	0	0													
购入面粉一批	银行存款																		3	0	0	0	0	
合　计								3	0	0	0	0							3	0	0	0	0	

附件 2 张

主管会计 张力　　记账 李红　　复核 王宁　　出纳 孙峰　　制单 赵强

（2）填制一张蓝字记账凭证，补充登记少记金额：

借：原材料　　　　　　　　　　　　　　2 700

　　贷：银行存款　　　　　　　　　　　　　2 700

记　账　凭　证

出纳编号　1

2019 年 3 月 31 日　　　　制单编号　100　字　95

摘要	总账科目	明细科目	借方金额										√	贷方金额										√
			千	百	十	万	千	百	十	元	角	分		千	百	十	万	千	百	十	元	角	分	
补充70#记账凭证少记金额	原材料						2	7	0	0	0	0												
补充70#记账凭证少记金额	银行存款																	2	7	0	0	0	0	
合　计							2	7	0	0	0	0						2	7	0	0	0	0	

附件 2 张

主管会计 张力　　记账 李红　　复核 王宁　　出纳 孙峰　　制单 赵强

【教中学　学中做】

安信食品有限公司生产酥皮月饼领用花生共计 8 400 元，在登记凭证时，错误登记凭证：

　借：生产成本　　4 800

　　　贷：原材料　　　　4 800

要求：对错账进行更正。

____

____

____

任务四　对账与结账

一、对账

对账就是核对账目，是对账簿记录所进行的核对工作。在会计核算中，记账时会发生各种差错，造成账证不符、账实不符，为了保证账簿记录的真实可靠、正确完整，必须进行对账工作。对账一般可以分为账证核对、账账核对和账实核对，通常在期末结账前进行。

1. 账证核对

账证核对指各种账簿的记录与会计凭证核对，保证账证相符。这是保证账账相符、账实相符的基础。

2. 账账核对

账账核对指对各种账簿、各个账户之间的有关记录进行核对，保证账账相符。

（1）总分类账中全部账户的借方余额合计数与贷方余额合计数核对相符，这种核对一般通过编制总分类账账户余额试算平衡表进行。

（2）总分类账中各有关账户的期末余额与所属明细分类账户余额之和核对相符。这种核对一般是先根据有关总分类账账户所属明细分类账户编制“明细分类账户本期发生额及余额表”，再与总分类账账户记录进行核对。

（3）总分类账中“库存现金”“银行存款”等账户的期末余额与相应日记账的期末余额核对相符。

（4）财会部门有关财产物资明细分类账的余额与财产物资保管或使用部门相应的明细分类账余额核对相符。

3. 账实核对

账实核对指各项财产物资、债权债务等账面余额与实存数额相核对。

（1）库存现金日记账的账面余额与库存现金实际库存数逐日核对相符。

（2）银行存款日记账的账面余额定期与开户银行的“对账单”核对相符。

（3）各种财产物资明细分类账的结存数与实存数核对相符。

（4）各种应收、应付款明细分类账余额与有关单位或个人核对相符。

在实际工作中，账实核对一般是通过财产清查进行的。对账工作每年至少进行一次。

二、结账

结账是指把在一定时期（月度、季度、半年度、年度）内所发生的经济业务全部登记入账的基础上，结算出各种账簿的本期发生额和期末余额的一项工作，包括虚账户（收入、费用等损益类账户）的结清和实账户（资产、负债、所有者权益类账户）的结转，为编制会计报表做好准备。

1. 结账的程序

（1）将本期发生的经济业务全部登记入账。

（2）按权责发生制的要求进行账项调整，包括应计收入的账项调整；应计费用的账项调整；收入分摊的账项调整；费用分摊的账项调整。

（3）将各损益类账户余额全部转入“本年利润”账户，结平所有损益类账户。

（4）结算出账户的本期发生额与余额，并转入下期，作为下期的期初余额。

2. 结账的方法

（1）对不需要按月结计本期发生额的账户，如各项应收、应付款明细账和各项财产物资明细账等，每次记账以后，都要随时结出余额，每月最后一笔余额即为月末余额。

（2）库存现金、银行存款日记账和需要按月结计发生额的收入、费用等明细账，每月结账时，要结出本月发生额和余额，在摘要栏内注明“本月合计”字样，并在下面通栏画单红线。

（3）对于需要结计本年累计发生额的某些明细账户，每月结账时，应在“本月合计”行下结出自年初起至本月末止的累计发生额，登记在本月发生额下面，在摘要栏内注明“本年累计”字样，并在下面通栏画单红线。12月末的“本年累计”就是全年累计发生额，全年累计发生额下方通栏画双红线。

（4）总账账户平时只需结出月末余额。年终结账时，为了总括地反映全年各项资金运动情况的全貌，核对账目，要将所有总账账户结合全年发生额和年末余额，在摘要栏内注明“本年合计”字样，并在合计数下通栏画双红线。

（5）年度终了结账时，有余额的账户，要将其余额结转至下年，并在摘要栏内注明“结转下年”字样；在下一会计年度新建有关会计账户的第一行余额栏内填写上年结转的余额，并在摘要栏内注明“上年结转”字样。年度结账不需要编制记账凭证，也不必将余额再计入本年账户的借方或贷方。

【教中学 学中做】

1.（　　）是指核对不同会计账簿之间的账簿记录是否相符。

A. 账证核对　　B. 账账核对　　C. 账实核对　　D. 余额核对

2. 账核对不包括（　　）。

A. 证证核对

B. 银行存款日记账余额与银行对账单余额核对

C. 总账账户借方发生额合计与其明细账借方发生额合计的核对

D. 各种应收、应付账款明细账面余额与有关债权、债务单位的账目余额相核对

任务五　会计账簿的更换与保管

会计账簿是重要的经济资料和会计档案，任何单位在完成经济业务手续和记账之后，必须按规定建立立卷归档制度，形成会计档案资料，妥善保管起来，以便于日后随时查阅。

一、会计账簿的更换

一般来说，总账、日记账和多数明细账应每年更换一次，不应跨年度使用以前年度的旧账，以免造成账簿归档保管和日后查阅的困难。但有些财产物资明细账和债权债务明细账，由于材料品种、规格和往来单位较多，更换新账，重抄一遍工作量较大，因此可以跨年度使用，不必每年度更换一次。各种备查簿也可连续使用。

二、会计账簿的保管

各单位每年形成的会计账簿，应当由会计机构按照归档要求，负责整理立卷，装订成册。当年形成的会计账簿，在会计年度终了后，可暂由会计机构保管一年，期满之后，应当由会计机构编制移交清册，移交本单位档案机构统一保管；未设立档案机构的，应当在会计机构内部指定专人保管。出纳人员不得兼任账簿保管。会计账簿的保管期限，从会计年度终了后的第一天算起。

项 目 反 思

1. **通过学习会计账簿，你学到了哪些内容？**

____

____

____

2. **你的疑惑点：**

____

____

____

3. 解决方案：

____

____

____

4. 总结：

____

____

____

知识要点总结

本项目主要介绍了会计账簿的意义和种类；会计账簿设置的原则。会计账簿的内容包括账户的名称（总账科目、二级或明细科目）、登账日期栏、凭证种类和号数栏、摘要栏、金额栏、总页次和分户页次等、封底。详细介绍了产生错账的四种原因和错账更正的三种方法，分别是划线更正法、红字更正法、补充更正法；介绍了会计对账与结账，会计账簿的更换与保管。

知识要点总结导图

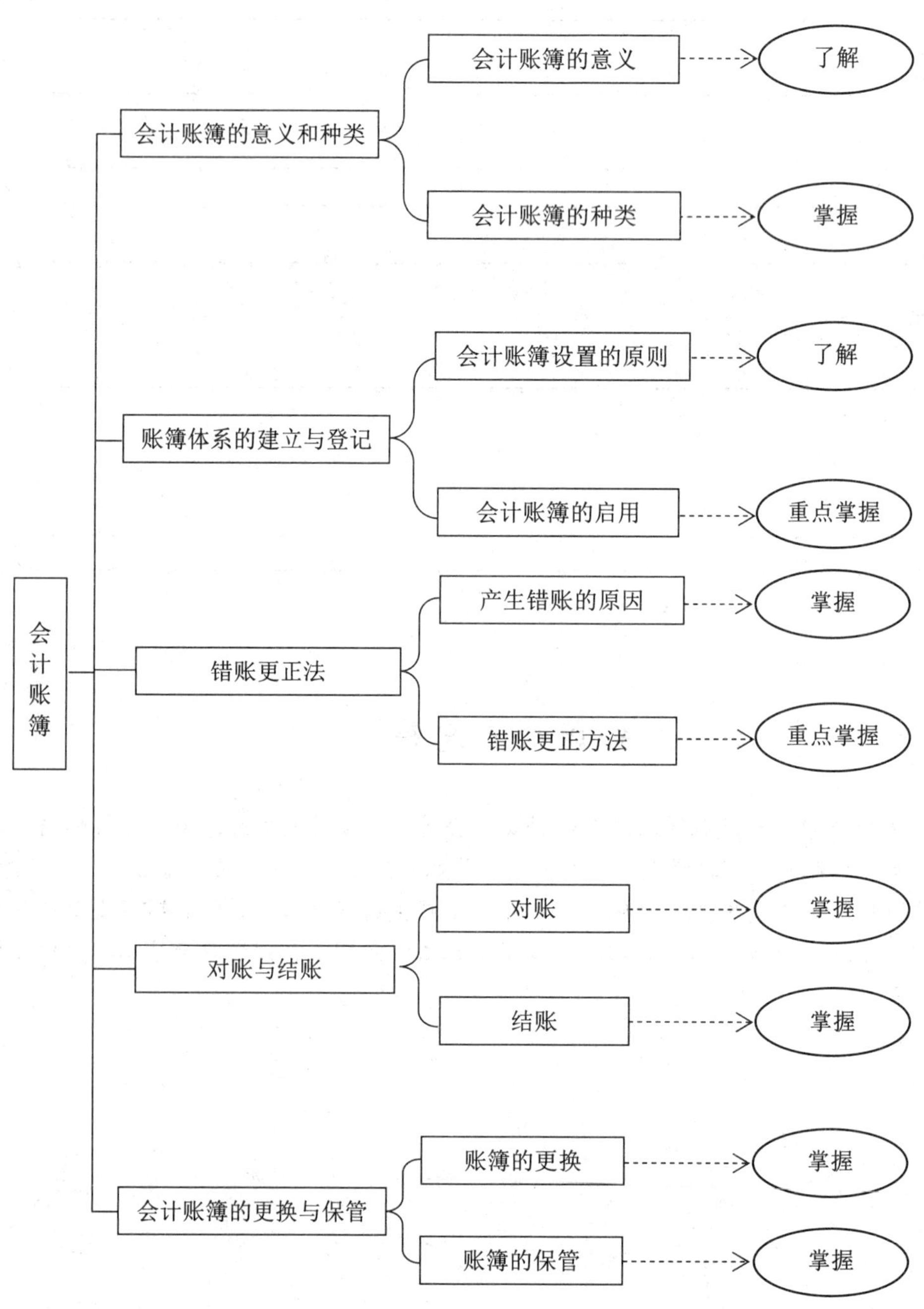
会计账簿
会计账簿的意义和种类
会计账簿的意义
了解
会计账簿的种类
掌握
账簿体系的建立与登记
会计账簿设置的原则
了解
会计账簿的启用
重点掌握
错账更正法
产生错账的原因
掌握
错账更正方法
重点掌握
对账与结账
对账
掌握
结账
掌握
会计账簿的更换与保管
账簿的更换
掌握
账簿的保管
掌握

项 目 考 核

一、简答题

1. 账簿按照用途如何分类？
2. 账簿的启用规则有哪些？账簿的内容包括什么？
3. 什么是对账？对账包括哪些内容？

二、论述题

试论述错账的更正方法包括哪几种？使用的条件是什么？应该如何应用？

技 能 训 练

一、单项选择题

1. 下列账户的明细账采用的账页适用于三栏式账页的是（　　）。
   A. 原材料　　B. 应收账款　　C. 管理费用　　D. 销售费用
2. 总分类账簿一般采用（　　）。
   A. 活页账　　B. 数量金额式　　C. 订本账　　D. 卡片账
3. 收入、费用明细账一般适用（　　）。
   A. 多栏式明细账　　B. 三栏式明细账
   C. 数量金额式明细账　　D. 平行式明细账
4. 财产物资明细账一般适用（　　）。
   A. 多栏式明细账　　B. 三栏式明细账
   C. 数量金额式明细账　　D. 以上都不是
5. 一般情况下，不需要根据记账凭证登记的账簿是（　　）。
   A. 明细分类账　　B. 总分类账　　C. 备查账簿　　D. 特种日记账
6. 从银行提取现金，登记现金日记账的依据是（　　）。
   A. 现金收款凭证　　B. 现金付款凭证
   C. 银行存款收款凭证　　D. 银行存款付款凭证
7. 总账账簿登记的依据和方法是（　　）。
   A. 记账凭证逐笔登记　　B. 汇总记账凭证定期登记
   C. 取决于采用的会计核算组织形式　　D. 科目汇总表定期登记
8. 多栏式明细账格式一般适用于（　　）。
   A. 债权、债务类账户　　B. 财产、物资类账户
   C. 费用成本类和收入利润类账户　　D. 货币资产类账户
9. 会计人员在填制记账凭证时，将 650 元错记为 560 元，并且已登记入账，月末结账

时发现此笔错账，更正时应采用的便捷方法是（　　）。

A. 划线更正法　　B. 红字更正法
C. 补充登记法　　D. 核对账目的方法

10. 如果发现记账凭证所用的科目正确，只是所填金额大于应填金额，并已登记入账，应采用（　　）更正。

A. 划线更正法　　B. 红字更正法　　C. 平行登记法　　D. 补充登记法

二、多项选择题

1. 任何会计主体都必须设置的账簿有（　　）。

A. 日记账簿　　B. 备查账簿
C. 总分类账簿　　D. 明细分类账簿

2. 明细分类账的账页格式一般有（　　）。

A. 三栏式　　B. 数量金额式　　C. 多栏式　　D. 以上都不是

3. 在账簿记录中，红笔只能适用于（　　）。

A. 错账更正　　B. 冲账　　C. 结账　　D. 登账

4. 错账更正的方法有（　　）。

A. 红字更正法　　B. 划线更正法　　C. 补充登记法　　D. 挖补法

5. 多栏式明细账的账页格式一般适用于（　　）进行的明细核算。

A. 资产类账户　　B. 收入类账户　　C. 费用类账户　　D. 成本类账户

6. 账簿按填制的程序和用途可分为（　　）。

A. 日记账　　B. 分类账　　C. 备查账　　D. 订本账

7. 在下列中，可采用划线更正法的有（　　）。

A. 在结账前，发现记账凭证无误，但登账时金额有笔误
B. 结账时，计算的期末余额有错误
C. 发现记账凭证金额错误，并已登记入账
D. 发现记账凭证金额错误，原始凭证无误，记账凭证尚未登记入账

8. 红字更正法适用于（　　）。

A. 记账前，发现记账凭证上的文字或数字有误
B. 记账后，发现原记账凭证上应借、应贷科目填错
C. 记账后，发现原记账凭证上所填金额小于应填金额
D. 记账后，发现原记账凭证上所填金额大于应填金额

9. 对账的主要内容有（　　）。

A. 账簿资料的内外核对　　B. 账证核对
C. 账账核对　　D. 账实核对

10. 三栏式明细账格式适用于（　　）。

A. “应收账款”明细账　　B. “生产成本”明细账
C. “应付账款”明细账　　D. “制造费用”明细账

三、判断题

1. 会计年度终了，应将活页账装订成册，活页账一般只适用于总分类账。（　　）

2. 总分类账的登记，可以根据记账凭证登记，也可以根据科目汇总表或汇总记账凭证登记。（　　）

3. 日记账是逐笔序时登记的，故月末不必与总账进行核对。（　　）

4. 对于记账过程中的数字错误，若个别数码错误，采用划线更正法时，只将错误数码画去并填上正确数码即可。（　　）

5. 在结账前，若发现登记的记账凭证科目有错误，必须用划线更正法予更正。（　　）

6. “原材料”账户的明细核算通常是采用三栏式明细账。（　　）

7. 现金日记账和银行存款日记账必须采用订本式账簿。（　　）

8. 总分类账对明细分类账起着统驭作用。（　　）

9. 多栏式明细账格式适应于有关费用、成本和收入、利润等科目。（　　）

10. 会计人员根据记账凭证登账时，误将 2 000 元记为 200 元，更正这种错误应采用红字更正法。（　　）

四、业务题

（一）目的：根据以下资料登记三栏式现金日记账。

资料：2019 年 5 月，某企业的现金期末余额为 5 000 元，6 月发生如下业务：

1. 6 月 4 日，出售废旧物资，收入现金 300 元。
2. 6 月 8 日，业务员王清借支差旅费 900 元，付给现金。
3. 6 月 8 日，车间管理人员报销费用 480 元，付给现金。
4. 6 月 16 日，从银行提取现金 1 000 元备用。
5. 6 月 20 日，办公室购买文具 300 元报销，付给现金。
6. 6 月 23 日，以现金支付职工子女教育费 800 元。
7. 6 月 23 日，业务员王清出差归来，报销差旅费 800 元，余款交回现金。
8. 6 月 26 日，销售产品一批，收到 2 000 元现金货款。（不考虑增值税）
9. 6 月 27 日，销售多余材料一批，收到现金 1 500 元。（不考虑增值税）
10. 6 月 30 日，从银行提取现金 20 000 元备发工资。
11. 6 月 30 日，发放职工工资。

要求：根据以上资料登记三栏式现金日记账。

现金日记账（三栏式）

2019 年		凭证号数	摘要	对方科目	收入	支出	结余
月	日						

（二）目的：银行存款日记账登记

1. 12 月 1 日，收到投资者投入资金 200 000 元并已存入银行账户。（银收 1）

2. 12 月 2 日，提取现金 500 元备用。（银付 1）

银行存款日记账（三栏式）

年		凭证号数	摘要	对方科目	收入	付出	结余
月	日						

（三）目的：总分类账登记收入库（付 1）

1. 12 月 1 日，购入材料一批 5 000 元，货款以银行存款支付，材料已验收入库。

2. 12 月 2 日，车间生产产品领用材料一批 3 000 元。（转 1）

总分类账

账户名称：

年		凭证号数	摘要	借方	贷方	借或贷	余额	记账
月	日							

（四）目的：三栏式明细账登记

1. 12 月 1 日，收到 A 公司所欠货款 18 000 元，货款收存银行。（收 1）

2. 12 月 3 日，销售产品一批给 A 公司共计 7 000 元，货款尚未收到。（转 1）

应收账款明细分类账

账户名称：

年		凭证号数	摘要	借方	贷方	借或贷	余额
月	日						

（五）目的：练习多栏式明细登记登记

1. 12 月 8 日，生产 A 产品领用材料 8 800 元。（转 1）

2. 12 月 15 日，结算 A 产品工人工资 4 200 元，福利费 588 元。（转 2）

3. 12 月 30 日，支付 A 产品生产用水电费 650 元，以现金支付。（付 1）

4. 12 月 31 日，结转分配的制造费用 1 974 元。（转 3）

5. 12 月 31 日，结转生产成本。（转 4）

生产成本明细账

产品名称：

年		凭证号数	摘要	借方				合计
月	日			直接材料	直接工资	水电费	制造费用	

（六）目的：练习横线登记式明细账登记

1. 3 月 4 日，王平借支差旅费 300 元，付给现金。（付 1）

2. 3 月 9 日，王平出差归来，报销差旅费 250 元，交回 50 元现金。（转 1，收 1）

横线登记式明细账（其他应收款——备用金明细账）

年		凭证号数	摘要	借方			19 年		凭证号数	摘要	贷方			余额
月	日			原借	补付	合计	月	日			报销	退	合计	

（七）目的：练习错账的更正方法

资料：东方公司 2019 年 8 月发生以下错账：

（1）8 日，管理人员张一出差，预借差旅费 1 000 元，用现金支付，原记账凭证的会计分录为：

借：管理费用　　　1 000

　　贷：库存现金　　　1 000

并已登记入账。

（2）18 日，用银行存款支付前欠 A 公司货款 11 700 元，原记账凭证的会计分录为：

借：应付账款——A 公司　　　1 700

　　贷：银行存款　　　　　　1 700

会计人员在登记“应付账款”账户时，将“11 700”元误写为“1 170”元。

（3）30 日，企业计算本月应交所得税 34 000 元，原记账凭证的会计分录为：

借：所得税费用　　　3 400

　　贷：应交税费　　　3 400

要求：

1. 说明以上错账应采用的更正方法；

2. 对错账进行更正。

项目七

财产清查

学习向导

1. 介绍财产清查的概念;
2. 介绍财产清查制度;
3. 介绍财产清查的内容和方法;
4. 介绍财产清查结果的账户处理。

学习目标

1. 了解财产清查的概念、意义，掌握财产清查的种类;
2. 理解永续盘存制与实地盘存制;
3. 掌握各种财产物资及往来款项的清查方法;
4. 掌握银行余额调节表的编制方法及财产清查结果的账务处理。

案例导入

志达公司的会计人员在2019年12月末财产清查时，发现原材料短缺1 000元。经反复核查，该原材料中400元属于正常损耗，另外200元原材料因管理员王某管理不善丢失，剩余部分无法查明原因。请同学们思考，如果你是志达公司的会计人员应如何进行账务处理?

任务一　财产清查概述

一、财产清查的概念

财产清查就是通过对财产物资、现金的实地盘点和对银行存款、债权债务的核对，确定财产物资、货币资金和债权债务的实存数，并查明账面结存数与实存数是否相符的一种专门方法。

财产清查不仅是会计核算的一种专门方法，而且是企业内部会计控制的一项重要制度。通过对财产物资的清查，以及对账簿记录的核对，可以及时发现账实是否相符。如果出现账实不符的情况，则需要及时发现原因，调整账簿记录，并通过建立和完善财产物资的管理制度，以确保企业财产物资的安全完整，做到账实相符。

二、财产清查的意义

在日常生产经营过程中，有许多的原因会造成财产物资的账实不符。因此，运用专门方法对财产物资进行定期或不定期的盘点和核对具有十分重要的意义。

1. 通过财产清查，保证账实相符，使会计资料真实可靠

通过财产清查可以确定各项财产物资的实际结存数，将账面结存数和实际结存数进行核对，可以揭示各项财产物资的溢缺情况，以及查清发生盘盈、盘亏的原因和责任，从而及时地调整账面结存数，保证账簿记录的真实可靠。

2. 通过财产清查，改进保管工作，保护财产的安全和完整

通过财产清查可以及时发现各项财产物资是否安全和完整，有无短缺、毁损、霉变、变质，有无贪污、盗窃等情况。对发现的情况应及时找出原因，及时进行处理，并制订相关措施，防止类似情况重复发生。对于管理制度不善所造成的问题，应及时修订和完善管理制度，改进管理工作；对于贪污、盗窃等不法行为，应给予法律制裁。这样可以在制度上、管理上切实保证各项财产物资的安全和完整。

3. 通过财产清查，挖掘财产潜力，提高资金使用效率

通过财产清查可以及时查明各种财产物资的结存和利用情况。例如，发现企业有闲置不用的财产物资应及时加以处理，以充分发挥它们的效能；发现企业有呆滞积压的财产物资，也应及时加以处理，并分析原因，采取措施，改善经营管理。这样，可以使财产物资得到充分合理的利用，加速资金周转，提高企业的经济效益。

4. 通过财产清查，维护财经纪律和结算制度

通过对财产物资、货币资金及往来款项的清查，可以查明有关业务人员是否遵守财经纪律和结算制度，有无贪污盗窃、挪用公款的情况，查明各项资金使用是否合理，是否符合党和国家的方针政策和法规，从而使工作人员更加自觉地遵纪守法，自觉维护和遵守财经纪律。

三、财产清查的种类

（一）按清查范围分类

财产清查按清查范围的不同，可分为全面清查、局部清查。

1.　全面清查

全面清查是指对所有的财产和资金进行全面盘点与核对。其清查对象主要包括：原材料、在产品、自制半成品、库存商品、库存现金、短期存（借）款、有价证券及外币、在途物资、委托加工物资、往来款项、固定资产等。

全面清查范围广，参加的部门人员多，花费的时间长。一般适用以下几种情况：

（1）年终财务决算前，为了确保年终决算会计资料真实、正确，需要进行一次全面清查；

（2）单位撤销、合并或改变隶属关系，需要进行全面清查；

（3）中外合资、国内联营，需要进行全面清查；

（4）开展全面清产核资、资产评估等活动，需要进行全面清查；

（5）单位主要负责人调离工作，需要进行全面清查。

2. 局部清查

局部清查也称重点清查，是指根据需要只对财产中某些重点部分进行的清查。例如，流动资金中变化比较频繁的原材料、库存商品等。

局部清查范围小，内容少，涉及的人员少，但专业性较强。一般包括以下几种情况：

（1）对于现金应由出纳人员在每日业务终了时清点，做到日结月清；

（2）对于银行存款和银行借款，应由出纳人员每月至少与银行对账单核对一次；

（3）对于材料、在产品和产成品除年度进行全面清查外，应有计划地每月进行重点抽查，对于贵重的财产物资，应每月清查一次；

（4）对于债权债务，应在年度内至少核对一至二次，有问题的应及时核查，及时解决。

（二）按清查时间分类

财产清查按清查时间的不同，可分为定期清查和不定期清查。

1. 定期清查

定期清查是指按照预先计划安排的时间对财产所进行的盘点和核对。一般是在年度、季度、月度终了后进行。

2. 不定期清查

不定期清查也称临时清查，是指事前不规定清查日期，而是根据实际需要临时进行的财产清查。一般是在更换财产物资保管人员，企业撤销、合并或发生财产损失等情况时所进行的清查。

定期清查和不定期清查的范围应视具体情况而定，可全面清查也可局部清查。

（三）按清查的执行单位分类

财产清查按清查的执行单位可分为内部清查和外部清查。

1. 内部清查

内部清查是指企业自己对本单位的财产物资进行的清查，由清查小组进行，本书所指的就是内部清查。

2. 外部清查

外部清查是指有关部门根据国家的规定对本单位进行的财产清查，如会计师事务所的验资、查账、审计等。

四、财产清查制度

（一）实地盘存制

实地盘存制是在日常会计核算中，只在账簿中登记财产物资的增加数，不登记减少数。每到结账时，对各项财产物资进行实地盘点，将盘点的实际数作为结存数额，然后倒求出本期财产物资的减少数，即：

本期减少数=账面期初余额+本期增加数-期末结存数

根据上述公式倒求出本期减少数，登记有关账簿。

采用实地盘存制，核算工作比较简单，但是各项财产物资的减少，没有严密的手续，不能随时反映各项财产物资的收发存情况。同时，由于用倒求方式计算其减少数，除去正常耗用外，可能还有毁损、丢失及浪费隐没其中。所以，在一般情况下，不宜采用这种方法。

（二）永续盘存制

永续盘存制又称账面盘存制，采用这种方法，平时对各项财产物资的增加、减少，都根据会计凭证在有关账簿连续登记，并随时在账面上结出各种财产物资的结存数额。账面结存数的计算公式为：

账面期末余额=账面期初余额+本期增加额-本期减少额

采用永续盘存制，要求财产物资的进出都要有严密的手续，便于加强会计监督；对财产物资进行增减连续登记，且可以随时结出账面结存数，有利于加强对财产物资的管理。

【小思考】

请大家思考一下，永续盘存制的缺点是什么？______

______

综上所述，不论是采用实地盘存制，还是永续盘存制，都需要对财产物资进行盘点清查，都可以采用实地盘点的方法。

【教中学 学中做】

1. 年终决算之前，为确保年终决算会计信息的真实和准确，需要进行的财产清查是（　　）。

   A. 全面清查　　B. 局部清查　　C. 定期清查　　D. 不定期清查

2. 下列需要进行全面财产清查的情况是（　　）。

   A. 年终决算之前　　B. 企业股份制改制前

   C. 更换财产物资、库存现金保管人员时　　D. 单位财务科长调离时

3. 进行局部财产清查时，正确的做法是（　　）。

   A. 现金每月清点一次　　B. 银行存款每月同银行核对一次

   C. 贵重物品每月至少盘点一次　　D. 债权债务每年至少核对一至二次

任务二　财产清查的内容和方法

财产清查的内容包括货币资金、实物资产和往来款项，为了保证财产清查工作质量，提高财产清查工作效率，针对不同财产，应采用不同方法。

一、货币资金的清查

1. 库存现金的清查

库存现金的清查是通过实地盘点的方法，确定库存现金的实存数，再与现金日记账的账面余额核对，以查明是否账实相符。

库存现金的清查步骤如下：

（1）盘点前，出纳人员先将现金收、付凭证全部登记入账，并结出余额。

（2）盘点时，逐张清点，查明账实情况。此外，查明有无违反现金管理制度规定，如“白条抵库”，库存现金是否超过银行核定限额，有无坐支等。

（3）盘点结束后，应根据盘点结果及现金日记账核对的情况，及时填制“库存现金盘点报告表”。

“库存现金盘点报告表”是反映现金实有数和调整账簿记录的重要原始凭证，一般一式两联，一联为“记账联”，作为调整现金账的依据，另一联为“批复联”，作为处理现金清查结果的依据。其一般格式如表 7-1 所示。

表 7-1　库存现金盘点报告表

单位名称　　　　　　　　　　　　　　　　年　　月　　日　　　　　　　　　　金额单位：元

实存金额	账存金额	对比结果		备注
		盘盈	盘亏	

会计机构负责人：　　　　　　　　盘点人员：　　　　　　　　出纳人员：

2. 银行存款的清查

银行存款清查采用的是银行存款日记账与开户银行的“对账单”相核对的方法。核对前，首先把清查日止所有银行存款的收、付业务登记入账，对发生的错账、漏账应及时查清更正。然后再与银行的对账单逐笔核对，若二者余额相符，则说明无错误，若二者不相符，则可能存在未达账项。

未达账项是指在企业和银行之间，由于凭证的传递时间不同，导致双方记账时间不一致，一方已接到有关结算凭证并已经登记入账，而另一方由于尚未接到有关结算凭证尚未入账的款项。未达账项一般分为以下四种情况：

（1）企业已收款入账，银行未收款入账的款项。

（2）企业已付款入账，银行未付款入账的款项。

（3）银行已收款入账，企业未收款入账的款项。

（4）银行已付款入账，企业未付款入账的款项。

上述任何一种未达账项存在，都会使企业银行存款日记账的余额与银行转来的对账单的余额不符。在与银行对账时，应首先查明有无未达账项，如果存在未达账项，可编制“银行存款余额调节表”进行调整。“银行存款余额调节表”的编制应在企业银行存款日记账余额和银行对账单余额的基础上，分别加减未达账项，调整后的双方余额应该相符，并且是企业当时实际可以动用的款项。

计算公式如下：

企业银行存款日记账余额+银行已收企业未收款项-银行已付企业未付款项=银行对账单余额+企业已收银行未收款项-企业已付银行未付款项

知识链接

调整后的银行存款余额，只能说明存款单位可以动用的银行存款实有数，不能作为调整账户的依据。对于银行已经入账，存款单位尚未入账的未达账项，应该在收到有关凭证后，再进行账务处理。

下面举例说明“银行存款余额调节表”的编制方法，如表 7-2 所示。

表 7-2　银行存款余额调节表　　单位：元

项目	金额	项目	金额
企业银行存款日记账余额	32 600	银行对账单余额	43 200
加：银行已收企业未收款项	260	加：企业已收银行未收款项	11 700
减：银行已付企业未付款项	1 200	减：企业已付银行未付款项	23 240
调节后的存款余额	31 660	调节后的存款余额	31 660

【例 7-1】安信公司 2019 年 5 月 31 日的银行存款日记账余额为 32 600 元，银行对账单余额为 43 200 元，经逐笔核对，发现未达账项如下：

（1）5 月 31 日，企业销售产品货款 11 700 元，收到一张转账支票，企业登记入账，银行未登记；

（2）5 月 31 日，企业向供货单位支付材料款一笔 23 240 元，开出转账支票一张，企业登记入账，银行尚未入账；

（3）5 月 31 日，银行计算应付给企业存款利息 260 元，已计入企业存款户，企业未收到通知，尚未入账；

（4）5 月 31 日，银行代付企业水电费 1 200 元，企业尚未收到通知，没有入账。

上述银行存款的清查方法，也适用于银行借款的清查。

【教中学　学中做】

以下属于银行存款未达账项的有（　　）。

A. 企业已收，银行已收　　B. 企业已付，银行未付

C. 企业已收，银行未收　　D. 银行已付，企业未付

二、实物资产的清查

实物资产的清查包括具体实物形态的各种财产的清查，如固定资产、材料、在产品、产成品等的清查，实物资产的清查主要通过实地盘点的方法进行。

盘点时，实物资产的保管人员必须在场，并参加盘点工作，清查盘点的结果，应及时登记在“盘存单”上，由盘点人和实物保管人签字或盖章。其一般格式如表 7-3 所示。

表 7-3　盘存单

单位名称：　　　　　　　　　　　　盘点时间：　　　　　　　　　　　编号：

财产类别：　　　　　　　　　　　　存放地点：

编号	名称	计量单位	数量	单价	金额	备注

盘点人：　　　　　　　　　　　　　　　　　　实物保管人：

盘存单是记录实物盘点结果的书面文件，也是反映资产实有数的原始凭证。为了进一步查明盘点结果同账簿余额是否一致，应根据“盘存单”和账簿记录编制“实存账存对比表”。“实存账存对比表”是一个非常重要的原始凭证，凭证上所确定的各种实物的实存同账存之间的差异，既是经批示后调整账簿记录的依据，也是分析差异的原因，查明责任的依据。其一般格式如表 7-4 所示。

表 7-4　实存账存对比表

单位名称：　　　　　　　　　　　　　　　　　　　　　　　年　月　日

编号	类别及名称	计量单位	单价	实存		账存		差异				备注
								盘盈		盘亏		
				数量	金额	数量	金额	数量	金额	数量	金额	

主管人员：　　　　　　　　　　会计：　　　　　　　　　　制表：

三、往来款项的清查

往来款项的清查，一般是采用“函证核对法”，即通过与对方单位核对账目的方法进行清查。清查之前，应先进行自查，即检查本单位各种往来款项账簿上的记录是否登记完毕，是否准确；确定无误后，再编制往来款项对账单（一式两联），通过电脑、信函寄发、派人送交等方式，请对方单位进行核对。对方单位核对相符后，在回单联上加盖公章退回，表示已经核对，如果核对数额不符，应在回单联上注明情况，或再另抄一份对账单一起退回，作为进一步核对的依据。单位收到回单后，如果确系记录有误，应按规定手续进行更正；如果有未达账项，应进行调整，待收到正式凭证后，再做账项调整。对于有争议的或回收无望的款项，应及时采取措施，尽可能地避免减少坏账损失。往来款项的清查结果，应编制“往来款项清查报告表”。其一般格式如表 7-5 所示。

表 7-5　往来款项清查报告表

年　　月　　日

总分类账户		明细分类账户		清查结果		核对不符原因			备注
名称	余额	名称	余额	核对相符金额	核对不符金额	未达账项金额	有争议款项金额	其他	

清查人员：　　　　　　　　　　　　　　　　记账人员：

【教中学　学中做】

以下资产可以采用发函询证方法进行清查的是（　　）。

A. 原材料　　　　　　　　B. 预收账款

C. 固定资产　　　　　　　D. 应收账款

任务三　财产清查结果的账务处理

一、财产清查结果处理的基本原则

财产清查结果的处理一般是指对账实不符的内容即盘盈、盘亏等有关内容的处理。通过财产清查而发现的账实不符，要以国家的法规、政策、制度为依据，严肃认真地加以处理。财产清查中发现的盘盈、盘亏、毁损和变质或超储积压物资等问题，应认真核准数字按规定的程序上报批准后再行处理；对长期不清或有争议的债权债务，应指定专人负责查明原因，限期清理。

财产清查的结果不外乎三种情况：一是账存数与实存数相等；二是账存数大于实存数，表示财产物资发生短缺，即盘亏；三是账存数小于实存数，表示财产物资发生盈余，即盘盈。对于账存数与实存数相等的情况，说明企业财产清查没有问题，不需做任何账务处理。对于后两种情况，企业必须认真调查研究，分析原因，按规定程序及时处理。财产清查结果的处理应当遵循如下原则：

（一）认真查明财产发生账实不符的原因和性质

无论是盘亏或盘盈或毁损，都说明企业在经营管理中、财产物资的保管中存在着一定的问题。因此，在发现账存数与实存数不一致时，应该核准数字，并进一步分析形成差异的原因，明确经济责任，并提出相应的处理意见。

（二）积极处理超储积压物资，及时清理各种长期拖欠的应收款项

在清查中凡发现有积压的材料物资，要尽早处理，能用的尽量用，加速资金周转，提高资金的利用率；凡未使用、不需用的固定资产，如生产设备，也应尽早外销或用于对外投资，提高其利用率，增加经济效益。对积压的产成品、半成品要积极寻找市场进行销售；

对市场上无销路、滞销的产品，应找出原因并对产品的设计加以改进，适应市场需要，完全没有市场的产品应通知生产部门停止生产。拖欠比较长的应收款项，应查明拖欠的原因，及时解决。如果对方确实出现了关、停、并、转的情况，应及时作坏账处理。

二、财产清查结果处理的基本步骤

为了保证会计核算资料的准确性，对财产清查中发现的盘盈、盘亏及毁损的财产，应及时在账簿中予以反映，做到账实相符。从账务处理的步骤看，一般分成以下三个步骤。

（一）分析产生差异的原因和性质，提出处理建议

根据清查情况，将全部的清查结果填列在“实存账存对比表”等有关的报表中。在进行具体的处理之前，应对这些原始凭证中所记录的货币资金、财产物资及债权债务的盈亏数字进行全面的核实，对各项差异产生的原因进行分析，以便明确经济责任，据实提出处理意见，呈报有关领导和部门批准。对于债权债务在核对过程中出现的争议事项应及时沟通、协调，对于超储积压物资应尽快提出处理方案。

（二）调整账簿记录，做到账实相符

在核准数字查明原因的基础上，根据“实存账存对比表”等原始凭证编制记账凭证，并据以登记有关账簿，使各项财产物资、货币资金、债权债务做到账实相符。其调整账簿的原则是：以“实存”为准，当盘盈时，补充账面记录；当盘亏时，冲销账面记录。在调整了账面记录、做到账实相符后，就可以将所编制的“实存账存对比表”和所撰写的文字说明，按照规定程序一并报送有关部门和领导批准。

（三）报请批准，进行批准后的账务处理

当有关部门领导对所呈报的财产清查结果提出处理意见后，企业单位应严格按照批复意见编制有关的记账凭证，进行批准后的账务处理，登记有关账簿，并追回由于责任者个人原因造成的财产损失。

三、财产清查的账务处理

（一）库存现金清查结果的会计处理

1. 库存现金盘盈的核算

在库存现金的清查中，发现库存现金溢余时，在批准处理之前，先根据“现金盘点报告表”，属于现金溢余的，借记“库存现金”账户，贷记“待处理财产损溢——待处理流动资产损溢”账户。待查明原因，批准处理时，属于应支付给有关人员和单位的，借记“待处理财产损溢——待处理流动资产损溢”账户，贷记“其他应付款”账户；属于无法查明原因的，借记“待处理财产损溢——待处理流动资产损溢”账户，贷记“营业外收入”账户。

【例 7-2】安信食品有限公司年底在库存现金清查中发现溢余 1 500 元，原因不明待查。

编制会计分录如下：

借：库存现金　　1 500

　　贷：待处理财产损溢——待处理流动资产损溢　　1 500

经查，现金溢余为多收西安美特公司款。

借：待处理财产损溢——待处理流动资产损溢　　1 500

　　贷：其他应付款——西安美特公司　　1 500

如果现金溢余无法查明原因，经批准后转为营业外收入。

借：待处理财产损溢——待处理流动资产损溢　　1 500

　　贷：营业外收入　　1 500

【小思考】

为什么现金溢余要记入“营业外收入”科目？没有记入“主营业务收入”或者“其他业务收入”科目？

2. 库存现金盘亏的核算

在库存现金的清查中，如为现金短缺，应根据“现金盘点报告表”，借记“待处理财产损溢——待处理流动资产损溢”账户，贷记“库存现金”账户；待查明原因批准处理时，属于应由责任人赔偿或保险公司赔偿的部分，借记“其他应收款”账户，贷记“待处理财产损溢——待处理流动资产损溢”账户；属于无法查明原因的，借记“管理费用”账户，贷记“待处理财产损溢——待处理流动资产损溢”账户。

【例 7-3】安信食品有限公司年底在库存现金清查中发现账面短缺 900 元，其中 200 元为出纳员刘江失误造成，700 元为无法查明的其他原因造成。

编制会计分录如下：

借：待处理财产损溢——待处理流动资产损溢　　900

　　贷：库存现金　　900

上述现金盘亏经管理部门核准后予以转销，根据批准文件，短缺现金应由出纳员刘江赔偿 200 元，剩余 700 元记入“管理费用”，编制会计分录如下：

借：其他应收款——刘江　　200

　　管埋费用　　700

　　贷：待处理财产损溢——待处理流动资产损溢　　900

【教中学 学中做】

1. 2019 年 12 月，安信食品有限公司清查发现现金溢余 560 元，其中 160 元属于多收 X 公司的款项，并以现金退回，其余的款项原因无法查明，经批准转入当期损益。

要求：进行账务处理。

2. 2019 年 12 月，安信食品有限公司清查发现现金短缺 210 元。经查明，其中 100 元属于出纳员刘宁责任所致，其余经批准计入当期损益。

要求：进行账务处理。

（二）存货清查结果的会计处理

1. 存货盘盈的账务处理

盘盈的各种原材料、库存商品等存货，在审批前应按实际成本借记“原材料”“库存商品”等账户，贷记“待处理财产损溢——待处理流动资产损溢”账户。

【例 7-4】安信食品有限公司在财产清查中，发现产品软香酥盘盈 5 000 元。编制会计分录如下：

借：库存商品——软香酥　　5 000
　　贷：待处理财产损溢——待处理流动资产损溢　　5 000

盘盈的库存商品经批准作冲减管理费用处理。根据审批意见转销盘盈时，编制会计分录如下：

借：待处理财产损溢——待处理流动资产损溢　　5 000
　　贷：管理费用　　5 000

2. 存货盘亏的账务处理

盘亏、毁损的各种存货在审批前应按实际成本借记“待处理财产损溢——待处理流动资产损溢”账户，贷记“原材料”“库存商品”等账户。按规定管理权限报经批准处理时，借记有关账户，贷记“待处理财产损溢——待处理流动资产损溢”账户。有残料收入的，借记“原材料”账户；属于应收回的保险赔偿或过失人赔偿，借记“其他应收款”账户；属于非常损失部分借记“营业外支出”账户；属于一般性经营损失部分借记“管理费用”账户。

【例 7-5】安信食品有限公司 2019 年 12 月末清查中发现食用油盘亏一批，金额为 2 000 元，编制会计分录如下：

借：待处理财产损溢——待处理流动资产损溢　　2 000
　　贷：原材料——食用油　　2 000

经查上述盘亏的食用油属非常损失造成，经批准转作营业外支出，编制会计分录如下：

借：营业外支出　　2 000
　　贷：待处理财产损溢——待处理流动资产损溢　　2 000

知识链接

《中华人民共和国增值税暂行条例实施细则》第二十四条条例第十条第（二）项所称非正常损失，是指因管理不善造成被盗、丢失、霉烂变质的损失。该规定对需要做进项税额转出的非正常损失给了限制性解释，仅列举了“因管理不善造成被盗、丢失、霉烂变质的损失”三种情形。

【教中学 学中做】

1. 2019 年 12 月，安信食品有限公司清查中盘盈白砂糖一批，共计 1 600 元。经查明，属于计量误差所致。要求：进行账务处理。

____

____

2. 2019 年 12 月，安信食品有限公司清查中盘亏花生一批，共计 900 元。经查明，因保管人员王辉管理不善所致。要求：进行账务处理。

____

____

（三）固定资产清查结果的账务处理

1. 固定资产盘盈的账务处理

企业在财产清查中盘盈的固定资产，不通过“待处理财产损溢”账户核算，应按盘盈固定资产的同类或类似固定资产的市场价值，减去按该固定资产新旧程度估计的价值损耗后的余额，借记“固定资产”账户，作为前期差错，贷记“以前年度损益调整”账户。

【例 7-6】安信食品有限公司在清查中盘盈设备一台，其市场价值为 20 000 元，所得税税率为 25%。编制会计分录如下：

借：固定资产　　20 000
　　贷：以前年度损益调整　　20 000

借：以前年度损益调整　　　　　　5 000
　　贷：应交税费——应交所得税　　　5 000
借：以前年度损益调整　　　　　　15 000
　　贷：利润分配——未分配利润　　　15 000

知识链接

根据企业会计准则规定，固定资产盘盈作为前期差错记入“以前年度损益调整”科目，并调整所得税和未分配利润项目。这样，能使企业的报表更加透明，也在一定程度上控制人为调节利润的可能性。

2. 固定资产盘亏的账务处理

盘亏的固定资产在审批前应按其净值，借记“待处理财产损溢——待处理流动资产损溢”账户，按已提折旧，借记“累计折旧”账户，按原值，贷记“固定资产”账户。管理权限报经批准后，借记“营业外支出”账户，贷记“待处理财产损溢——待处理流动资产损溢”账户。

【例 7-7】安信食品有限公司在清查中发现短缺设备一台，其账面原值为 20 000 元，已提折旧 18 000 元。编制会计分录如下：

借：待处理财产损溢——待处理固定资产损溢　　　　2 000
　　累计折旧　　　　　　　　　　　　　　　　　18 000
　　贷：固定资产　　　　　　　　　　　　　　　　20 000

将上述固定资产盘亏情况上报，经批准转作营业外支出，编制会计分录如下：

借：营业外支出　　　　　　　　　　　　　　　　2 000
　　贷：待处理财产损溢——待处理固定资产损溢　　　2 000

（四）往来款项清查结果的账务处理

在往来款项中，对债权债务清查结果的处理均不需要通过“待处理财产损溢”账户核算。经查明确认无法收回的应收账款，经批准，可采用备抵法转销“坏账准备”，借记“坏账准备”账户，贷记“应收账款”账户；经查明确认无法支付的应付账款经批准转作营业外收入，借记“应付账款”账户，贷记“营业外收入”账户。

【例 7-8】安信食品有限公司在年终清查时，发现应收取的永丰公司货款 13 000 元，因该单位发生火灾损失惨重，货款无法收回。经批准核销，编制会计分录如下：

借：坏账准备　　　　　　　　　　13 000
　　贷：应收账款——永丰公司　　　　13 000

【例 7-9】安信食品有限公司在财产清查中，发现长期无法支付红旗面粉厂面粉款 1 200 元，因该单位已撤销。经批准核销，编制会计分录如下：

借：应付账款——红旗面粉厂　　　　1 200
　　贷：营业外收入　　　　　　　　　1 200

【教中学 学中做】

1. 2019 年 12 月，安信食品有限公司清查中查明应支付给红星公司的货款 14 300 元，确实无法支付，经批准转销。要求：进行账务处理。

____

____

____

2. 2019 年 12 月，安信食品有限公司清查中查明，南方商贸经营困难，对南方商贸的应收账款 61 000 元计提坏账准备。要求：进行账务处理。

____

____

____

项 目 反 思

1. **通过学习财产清查，你学到了哪些内容？**

____

____

____

2. **你的疑惑点：**

____

____

____

3. **解决方案：**

4. **总结：**

知识要点总结

本项目主要介绍了财产清查的概念，两种财产清查制度，即永续盘存制和实地盘存制。学习了财产清查的种类，按照范围分类可以分为全面清查和局部清查；按照清查时间不同，可以分为定期清查和不定期清查；按照清查执行单位不同可以分为内部清查和外部清查。介绍了货币资金、实物资产、往来款项清查的内容和方法，其中重点讲解了银行余额调节表的编制方法及各种财产清查结果的账务处理。

知识要点总结导图

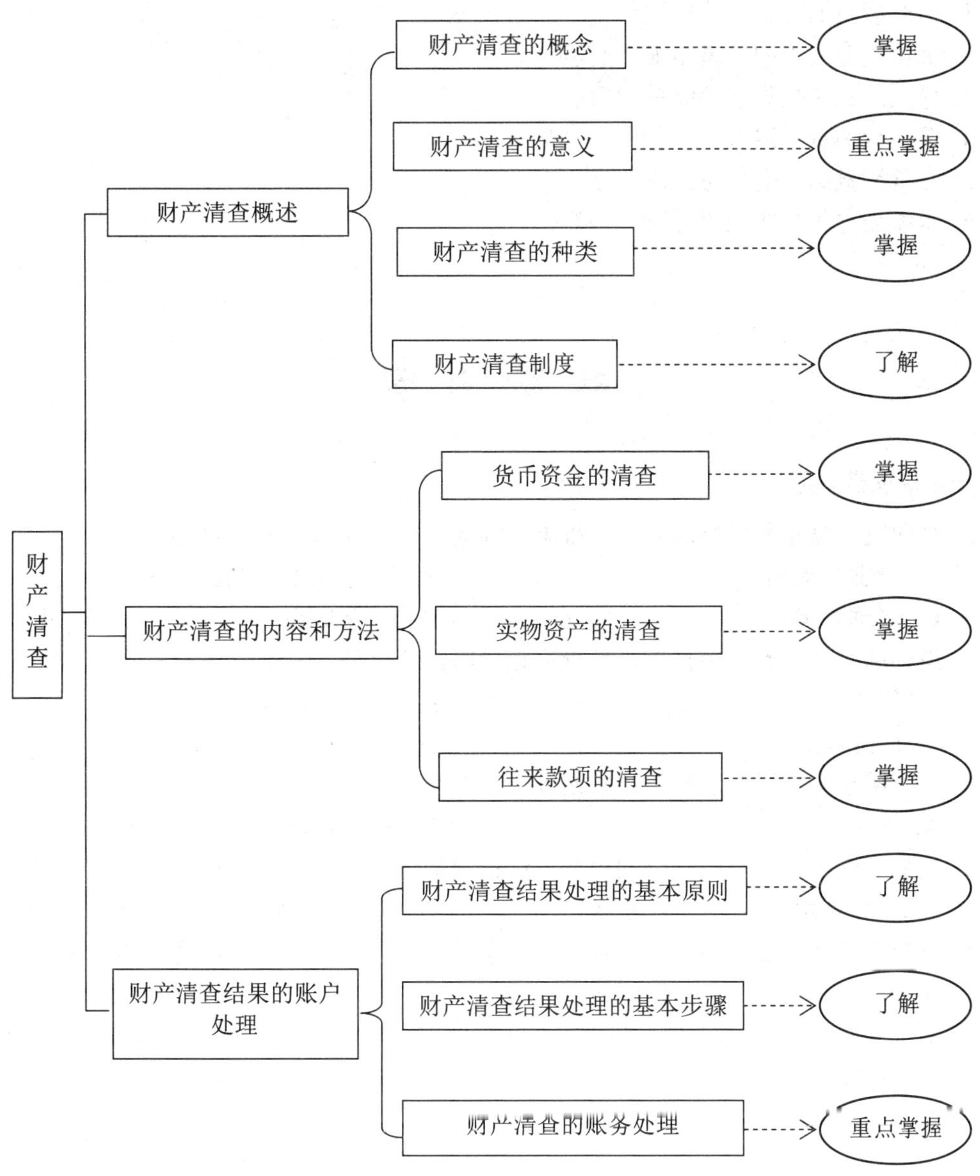

财产清查
财产清查概述
财产清查的概念
掌握
财产清查的意义
重点掌握
财产清查的种类
掌握
财产清查制度
了解
财产清查的内容和方法
货币资金的清查
掌握
实物资产的清查
掌握
往来款项的清查
掌握
财产清查结果的账户处理
财产清查结果处理的基本原则
了解
财产清查结果处理的基本步骤
了解
财产清查的账务处理
重点掌握

项 目 考 核

一、简答题

1. 财产清查的分类有哪些？
2. 货币资金清查中的未达账项有哪些？
3. 简述非正常损失包括哪些内容。
4. 简述货币资金清查结果的账务处理方法。
5. 存货清查结果的账务处理方法。
6. 永续盘存制与实地盘存制的内容。

技 能 训 练

一、单项选择题

1. 企业发生盘亏和毁损的存货，批准之前先结转到（　　）科目。

   A. 营业外支出　　B. 待处理财产损溢

   C. 管理费用　　D. 制造费用

2. 库存商品因管理不善盘亏，经批准核销时，应借记（　　）账户。

   A. 管理费用　　B. 营业外支出

   C. 库存商品　　D. 待处理财产损溢

3. 下列属于实物资产清查范围的是（　　）。

   A. 现金　　B. 存货　　C. 有价证券　　D. 应收账款

4. 现金清查中无法查明原因的短款，经批准后记入（　　）科目。

   A. 管理费用　　B. 财务费用　　C. 其他应收款　　D. 营业外支出

5. 财产清查是通过实地盘点、查证核对来查明（　　）是否相符的一种方法。

   A. 账证　　B. 账表　　C. 账实　　D. 账账

6. 某企业原材料盘亏，现已查明原因，属于定额内损耗。按照规定予以转销时，应编制的会计分录为（　　）。

   A. 借：待处理财产损溢
　　贷：原材料

   B. 借：待处理财产损溢
　　贷：管理费用

   C. 借：管理费用
　　贷：待处理财产损溢

   D. 借：营业外支出
　　贷：待处理财产损溢

7. 在实地盘存制下，平时在账簿中对财产物资（　　）。

   A. 只记增加数，不记减少数　　B. 只记减少数，不记增加数

   C. 先记增加数，后记减少数　　D. 同时记增加数和减少数

8. 未达账项是指由于会计凭证传递引起的（ ）。

A. 双方登记金额不一致的账项

B. 一方重复记账的账项

C. 一方已经入账，而另一方尚未登记入账的账项

D. 双方均尚未入账的账项

9. 企业对财产物资进行全面清查的时间是（ ）。

A. 季度终了　　B. 月份终了

C. 年终决算之前　　D. 经营周期结束之前

10. 某企业银行存款日记账余额 56 000 元，银行已收企业未收款项 10 000 元，企业已付银行未付款项 2 000 元，银行已付企业未付款项 8 000 元，调节后的银行存款余额是（ ）元。

A. 58 000　　B. 54 000　　C. 62 000　　D. 56 000

二、多项选择题

1. 进行局部财产清查时，正确的做法有（ ）。

A. 现金每月清点一次　　B. 银行存款每月至少同银行核对一次

C. 贵重物品每月盘点一次　　D. 债权债务每年至少核对一至二次

2. 下列属于实物清查范围的有（ ）。

A. 现金　　B. 存货　　C. 低值易耗品　　D. 应收账款

3. 应每月清点一次的财产有（ ）。

A. 现金　　B. 银行存款　　C. 应收账款　　D. 贵重物品

4. 应记入“待处理财产损溢”账户借方核算的有（ ）。

A. 盘亏的财产物资数额　　B. 盘盈财产物资的转销数额

C. 盘盈的财产物资数额　　D. 盘亏财产物资的转销数额

5. 下列需要进行全面财产清查的情况有（ ）。

A. 年终决算之前　　B. 企业股份制改制前

C. 进行全面资产评估时　　D. 单位主要领导调离时

6. 下列各项可以通过财产清查得以解决的问题有（ ）。

A. 确定单位财产物资的实存数和债权、债务的实际余额

B. 查明财产物资的实存数与账面数的差异及其产生的原因

C. 调整账目，达到账实相符

D. 不断发现和解决会计核算和会计管理方面的问题

7. 财产清查按清查的时间可分为（ ）。

A. 全面清查　　B. 局部清查　　C. 定期清查　　D. 不定期清查

8. 下列属于未达账项的有（ ）。

A. 企业收到支票存入银行，并记银行存款增加，银行尚未记账

B. 银行代企业付水电费，企业尚未入账

C. 企业开出一张支票支付购料款，并记银行存款减少，银行未接到支票

D. 银行收到某单位给企业的汇款，已记银行存款增加，企业尚未收到通知

9. 在财产清查结果的账务处理中，经批准记入“营业外支出”的盘亏损失有（　　）。

A. 固定资产盘亏净损失　　B. 自然灾害造成的流动资产损失

C. 坏账损失　　D. 责任事故造成的流动资产损失

10. 财产清查按清查范围可分为（　　）。

A. 全面清查　　B. 局部清查　　C. 定期清查　　D. 不定期清查

三、判断题

1. 银行存款余额调节表是用于核对银行存款余额的，因此可以作为记账的依据。（　　）

2. 不定期清查可以是全面清查，也可以是局部清查。（　　）

3. 财产清查如果账实不符，说明记账肯定出现了差错。（　　）

4. 盘点实物时，发现其账面数大于实存数，即为盘盈。（　　）

5. 财产清查不仅包括对实物资产的盘点，也包括对银行存款、往来款项的核对。（　　）

四、业务题

1. A 公司收到开户银行转来的对账单，余额为 67 000 元，而该公司银行存款日记账余额为 59 650 元，经逐笔核对，发现以下几笔未达账项：

（1）12 月 27 日，公司购买设备一台，开出转账支票 8 200 元，持票人尚未到银行兑现；（银行未减）

（2）12 月 27 日，银行收到外地汇款 7 900 元，已存入公司账户，公司尚未收到收款通知；（企业未加）

（3）12 月 28 日，银行代公司支付本月电话费 1 200 元，公司尚未收到付款通知；（企业未减）

（4）12 月 29 日公司预收货款，收到转账支票 5 000 元，送存银行，银行尚未入账；（银行未加）

（5）12 月 30 日，银行已从公司存款账户中扣掉公司应付的短期借款利息 3 600 元，公司尚未收到付息通知；（企业未减）

（6）12 月 30 日，发生银行存款收入 1 050 元，银行已入账公司尚未收到利息清单。（企业未加）

要求：根据上述资料编制银行存款余额调节表。

2. A 公司 2019 年 12 月份财产清查的结果如下：

（1）现金清查中，发现库存现金较账面余额短缺 600 元。经查现金的短缺属于出纳人员李丽的责任，责任人赔偿 400 元，其余不明。

（2）存货清查中，发现盘盈甲材料 2 000 元，经查明是由于收发计量上的错误所致。

（3）存货清查中，盘亏乙材料 2 000 元，经查明部分是由于保管人员过失造成的材料毁损，应由过失人赔偿 1 500 元，其余为自然灾害造成，假设不考虑增值税因素。

（4）固定资产清查中，发现盘亏 Z 设备一台，其原值为 50 000 元，已提折旧额 30 000 元。

要求：根据上述资料进行账务处理。

模块三　期末业务处理

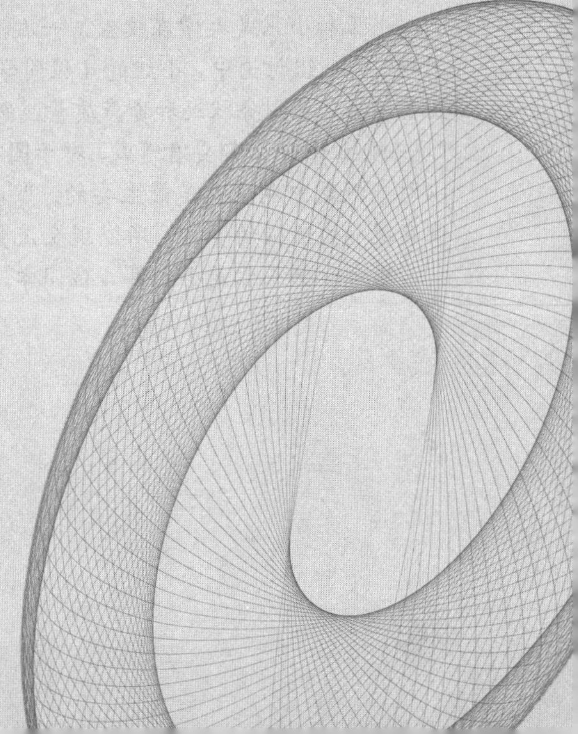

项目八

财务报表的编制

学习向导

1. 介绍财务报表的意义、种类和编制要求；
2. 介绍资产负债表的概念、作用；
3. 介绍资产负债表的结构、内容和编制方法；
4. 介绍利润表的概念、作用；
5. 介绍利润表的结构、内容和编制方法。

学习目标

1. 了解财务报表的意义和种类；
2. 掌握资产负债表的概念、作用、结构、内容和编制方法；
3. 掌握利润表的概念、作用、结构、内容和编制方法。

案例导入

小王和小张是大学在校生，一次，在老师组织的“关于财务会计报告和会计信息披露问题”的小组讨论中，小组的4位同学各抒己见。A同学说：“对一个企业经营好坏的评价主要依据企业财务状况和资产质量，所以财务报表中最重要的是资产负债表。”而小王说：“现在企业干什么都要看绩效，对于国有企业负责人的评价标准就是看企业的盈利状况，所以财务报表中利润表是最主要的。”小张听后，立即反驳说：“现金为王，而且现金是企业变现能力最强的资产，所以现金流量表才是最重要的财务报表。”

思考：如果你是小组第4位同学，请就上述问题发表自己的看法和观点。

任务一　财务报表的意义和种类

一、财务报告的概述

（一）财务报告的概念

财务报告是指企业对外提供的反映企业某一特定日期的财务状况和某一会计期间的经营成果、现金流量等会计信息的文件。

我国企业财务报告的目标，是向财务报告使用者提供与企业财务状况、经营成果和现金流量等有关的会计信息，反映企业管理层受托责任履行情况，有助于财务报告使用者做出经济决策。财务报告使用者通常包括投资者、债权人、政府及其有关部门、社会公众等。

财务报告包括财务报表和其他应当在财务报告中披露的相关信息和资料。财务报表是对企业财务状况、经营成果和现金流量的结构性表述。

（二）财务报告的意义

在日常的会计核算中，对账簿记录的会计信息通过财务报告加以分类调整、汇总、概括，可以为有关方面提供所需的会计信息。编制财务报告的意义如下：

1. 为企业投资者和债权人进行决策提供有用的信息

在市场经济环境下，企业的外部形成了由投资者和债权人组成的与企业有着经济利益关系的集团，投资者和债权人一般不直接参与企业的生产经营活动，不能直接从中获得其所需要的信息，需要通过对财务报告的分析，全面、综合了解企业的经济运营状况，作为投资等决策的重要依据。

2. 为企业管理者改善经营管理提供重要信息

企业管理者为了考核和分析财务计划的完成情况，总结经济工作中的成绩和存在的问题，评价经济效益，需要借助财务报告进行分析，并采取相应措施提高经营管理水平，保证企业经营目标的实现。

3. 为国家经济管理部门进行宏观管理提供微观信息

国家宏观经济管理部门可以通过对企业财务报告提供的会计信息的汇总分析，为制定和修改宏观政策提供科学依据。财政、税务、工商行政管理等国家经济管理部门利用企业财务报告提供的会计信息，对企业实施管理，并对企业上缴税收和其他财政收入及对国家财经法纪的遵守等情况进行监督。

二、财务报表的构成

一套完整的财务报表至少应当包括资产负债表、利润表、现金流量表、所有者权益（或股东权益）变动表及附注，简称“四表一注”。

（一）资产负债表

资产负债表是反映企业在某一特定日期财务状况的报表，是一种静态报表。

（二）利润表

利润表是反映企业在一定会计期间经营成果的报表，是一种动态报表。

（三）现金流量表

现金流量表是反映企业在一定会计期间的现金和现金等价物流入和流出情况的会计报表。

（四）所有者权益变动表

所有者权益变动表是反映构成企业所有者权益的各组成部分当期的增减变动情况的报表。

（五）附注

附注是对资产负债表、利润表、现金流量表和所有者权益变动表等报表中列示项目的文字描述或明细资料，以及对未能在这些报表中列示项目的说明等。附注由若干附表和对有关项目的文字性说明组成。

三、财务报表的种类

财务报表可以按照不同的标准进行分类，具体分类如表 8-1 所示。

表 8-1　财务报表的种类

分类标准	报表名称	报表内容
编报期间	中期财务报表	以短于一个完整会计年度的报告期间为基础编制的财务报表，包括月报、季报和半年报
	年度财务报表	一个完整会计年度的报表，年报
编报主体	个别报表	企业在自身会计核算基础上对账簿记录进行加工而编制的财务报表
	合并报表	以母公司和子公司组成的企业集团为会计主体，根据母公司和所属子公司的财务报表，由母公司编制的综合反映企业财务状况、经营成果及现金流量的财务报表
报送对象	内部报表	企业根据其内部经营管理的需要而编制的，供其内部管理者使用的财务报表，如成本报表、财务预算表
	外部报表	企业定期编制、定期对外提供和发布的财务报表，如资产负债表、利润表、现金流量表、所有者权益变动表
反映状态	静态报表	反映企业某一时点财务状况的报表，如资产负债表
	动态报表	反映企业在一定时期内经营成果、现金流量的报表，如利润表、现金流量表、所有者权益变动表

四、财务报表的编制要求

（一）数字真实

财务报表中各项数字必须真实可靠，准确无误，如实反映企业的财务状况、经营成果和现金流量情况，严禁弄虚作假或用估计数字代替实际数字。

（二）内容完整

财务报表的种类和内容应按规定填报完整，不得遗漏。务必使财务报表全面反映单位的财务状况、经营成果和现金流量。

（三）前后可比

财务报表所提供的资料前后各期应当可比。企业编制财务报表时，在会计计量填报方法上，应该保持前后一致，便于不同企业及同一企业不同时期相同或相似的经济业务进行比较。

（四）编报及时

编报及时要求财务报表必须按照规定时间及时编制报送，便于会计信息的及时使用。

【小思考】

不同财务报表的编制所依据的记账基础是否一致？

任务二　资产负债表及其编制

一、资产负债表的概述

（一）资产负债表的概念

资产负债表是反映企业在某一特定日期的财务状况的报表。资产负债表是根据“**资产=负债+所有者权益**”这一平衡公式，依照一定的分类标准和一定的次序，将某一特定日期的资产、负债、所有者权益的具体项目予以适当排列，并对日常工作中形成的大量数据进行高度浓缩整理后编制而成的。

（二）资产负债表的作用

资产负债表的作用主要包括以下几点：

1. 可以反映资产的总额及其结构，表明企业拥有或控制的资源及其分布的整体情况，有助于报表使用者对资产的整体情况进行深入地了解，从而分析和评价企业经济资源的构成是否合理有效。

2. 可以反映负债的总额及其结构，表明企业未来需要用多少资源或劳务清偿债务及清偿时间的长短问题。可以使报表使用者了解企业的财务实力、偿债能力，有助于做出经营决策和投资决策。

3. 可以反映企业所有者权益的概况，据以判断资本保值增值的潜力及对负债的保障程度。有助于报表使用者分析资本结构的合理性及企业所面临的财务风险。

二、资产负债表的内容

资产负债表列示企业反映财务状况的三大会计要素：资产、负债、所有者权益。

（一）资产

资产应当按照流动资产和非流动资产两大类别在资产负债表中列示，在流动资产和非流动资产类别下进一步按性质分项列示。

流动资产是指企业可以在 1 年或者超过 1 年的一个营业周期内变现或者运用的资产。流动资产项目通常包括：货币资金、交易性金融资产、应收票据、应收账款、预付款项、其他应收款、存货、合同资产、持有待售资产、一年内到期的非流动资产和其他流动资产等。

非流动资产是指流动资产以外的资产。非流动资产项目通常包括：债权投资、其他债权投资、长期应收款、长期股权投资、其他权益工具投资、投资性房地产、固定资产、在建工程、无形资产、开发支出、长期待摊费用、递延所得税资产和其他非流动资产等。

（二）负债

负债应当按照流动负债和非流动负债在资产负债表中进行列示，在流动负债和非流动负债类别下再进一步按性质分项列示。

流动负债是指企业将在 1 年或超过 1 年的一个营业周期内偿还的债务。流动负债项目通常包括：短期借款、交易性金融负债、应付票据、应付账款、预收款项、合同负债、应付职工薪酬、应交税费、其他应付款、持有待售负债、一年内到期的非流动负债等。

非流动负债是指流动负债以外的负债。非流动负债项目通常包括：长期借款、应付债券、长期应付款、预计负债、递延收益、递延所得税负债和其他非流动负债等。

（三）所有者权益

所有者权益是企业资产扣除负债后的剩余权益，反映企业在某一特定日期股东（投资者）拥有的净资产的总额。所有者权益项目主要包括：实收资本（或股本）、其他权益工具、资本公积、其他综合收益、盈余公积和未分配利润等。

三、资产负债表的格式

资产负债表主要有账户式和报告式两种格式。报告式资产负债表的结构分为上、下两部分，上方列示资产项目，下方列示负债及所有者权益项目，上、下两方的合计数相等。

根据我国《企业会计准则》的规定，我国企业的资产负债表采用账户式结构。其分为左右两方，左方为资产项目，一般按资产的流动性大小排列，流动性大的资产排在前面，流动性小的资产排在后面。右方为负债及所有者权益项目，一般按要求清偿时间的先后顺序排列，需要在 1 年以内或者超过 1 年的一个正常营业周期内偿还的流动负债排在前面，需要 1 年以上才需偿还的非流动负债排在中间，在企业清算之前不需要偿还的所有者权益项目排在后面。

在账户式资产负债表中，资产各项目的合计等于负债和所有者权益各项目的合计，即资产负债表左方和右方平衡。因此，通过账户式资产负债表，可以反映资产、负债、所有者权益之间的内在关系，即“资产=负债+所有者权益”。我国企业资产负债表格式如表 8-2 所示。

表 8-2 资产负债表

会企 01 表

编制单位： ________年______月______日 单位：元

资产	期末余额	上年年末余额	负债和所有者权益（或股东权益）	期末余额	上年年末余额
流动资产：			流动负债：		
货币资金			短期借款		
交易性金融资产			交易性金融负债		
衍生金融资产			衍生金融负债		
应收票据			应付票据		
应收账款			应付账款		
应收款项融资			预收账款		
预付款项			合同负债		
其他应收款			应付职工薪酬		
存货			应交税费		
合同资产			其他应付款		
持有待售资产			持有待售负债		
一年内到期的非流动资产			一年内到期的非流动负债		
其他流动资产			其他流动负债		
流动资产合计			流动负债合计		
非流动资产：			非流动负债：		
债权投资			长期借款		
其他债权投资			应付债券		
长期应收款			其中：优先股		
长期股权投资			永续债		
其他权益工具投资			租赁负债		
其他非流动金融资产			长期应付款		
投资性房地产			预计负债		
固定资产			递延收益		
在建工程			递延所得税负债		
生产性生物资产			其他非流动负债		
油气资产			非流动负债合计		
使用权资产			负债合计		
无形资产			所有者权益（或股东权益）：		
开发支出			实收资本（或股本）		
商誉			其他权益工具		
长期待摊费用			其中：优先股		
递延所得税资产			永续债		
其他非流动资产			资本公积		
非流动资产合计			减：库存股		
			其他综合收益		
			专项储备		
			盈余公积		
			未分配利润		
			所有者权益（或股东权益）合计		
资产总计			负债和所有者权益（或股东权益）总计		

四、资产负债表的编制

资产负债表各项目均需填列“期末余额”和“上年年末余额”两栏。

（一）“上年年末余额”填列方法

“上年年末余额”栏内各项数字，应根据上年年末资产负债表的“期末余额”栏内所列数字填列。

如果上年度资产负债表规定的各个项目的名称和内容与本年度不一致，应按照本年度的规定对上年年末资产负债表各项目的名称和数字进行调整，填入本表“上年年末余额”栏内。

（二）“期末余额”填列方法

资产负债表的“期末余额”栏主要有以下几种填列方法：

1. 根据一个总账科目的余额直接填列

资产负债表中的某些项目，可根据有关总账科目的期末余额直接填列，如“短期借款”“应付票据”“实收资本”“资本公积”“盈余公积”等项目。

【例 8-1】下列各项中，应根据相应总账科目的余额直接在资产负债表中填列的是（　　）。

A. 短期借款　　B. 固定资产　　C. 货币资金　　D. 应收账款

“短期借款”是可以直接通过相应的总账科目的余额直接填列在资产负债表上面的；“货币资金”需要根据几个总账科目余额计算填列；“固定资产”和“应收账款”需要根据有关科目余额减去其备抵科目余额后的净额填列。

2. 根据几个总账科目的期末余额计算填列

（1）“货币资金”项目，根据“库存现金”“银行存款”和“其他货币资金”三个总账科目的期末余额合计数填列。

（2）“其他应付款”项目，根据“应付利息”“应付股利”“其他应付款”科目的期末余额合计数填列。

【例 8-2】安信食品有限公司 2019 年 12 月 31 日结账后的“库存现金”科目余额为 3 000 元，“银行存款”科目余额为 1 568 000 元，“其他货币资金”科目余额为 89 000 元。请问该公司年末资产负债表“货币资金”项目应填列的金额是多少？

该公司年末资产负债表“货币资金”项目的金额=3 000+1 568 000+89 000=1 660 000（元）。

【教中学　学中做】

某企业 2019 年 12 月 31 日“库存现金”科目余额 5 000 元，“银行存款”科目余额 3 530 000 元，“其他货币资金”科目余额 280 000 元。

“货币资金”项目期末余额为：________________________

3. 根据明细账科目余额计算填列

（1）往来款项。

“应收账款”项目，根据“应收账款”和“预收账款”两个科目所属的相关明细科目的期末借方余额减去与应收账款有关的坏账准备贷方余额计算填列；

“预付款项”项目，根据“预付账款”科目借方余额和“应付账款”科目借方余额减去与“预付账款”有关的坏账准备贷方余额计算填列；

“应付账款”项目，根据“应付账款”和“预付账款”两个科目所属的相关明细科目的期末贷方余额计算填列；

“预收款项”项目，根据“应收账款”科目贷方余额和“预收账款”科目贷方余额计算填列。

（2）未分配利润。

“未分配利润”项目，根据“利润分配”科目中所属的“未分配利润”明细科目期末余额填列。

【例 8-3】安信食品有限公司 2019 年 12 月 31 日结账后有关科目所属明细科目借贷方余额表如表 8-3 所示。

表 8-3　科目余额表

单位：元

会计科目	明细科目借方余额	明细科目贷方余额
应收账款	1 600 000	100 000
预付账款	800 000	60 000
应付账款	400 000	1 800 000
预收账款	600 000	1 400 000

该企业 2019 年 1 月 31 日资产负债表中相关项目的金额为：

①“应收账款”项目金额为：1 600 000+600 000=2 200 000（元）

②“预付款项”项目金额为：800 000+400 000=1 200 000（元）

③“应付账款”项目金额为：60 000+1 800 000=1 860 000（元）

④“预收款项”项目金额为：1 400 000+100 000=1 500 000（元）

【教中学　学中做】

2019 年 12 月 31 日，甲企业“应收账款”借方余额为 360 000 元，其明细科目余额如下：“应收账款——A 企业”科目借方余额为 460 000 元，“应收账款——B 企业”科目贷方余额为 100 000 元。“预收账款”总账科目贷方余额为 300 000 元，其明细科目余额如下：“预收账款——C 企业”科目贷方余额为 380 000 元，“预收账款——D 企业”科目借方余额为 80 000 元。（不考虑其他因素）

①“应收账款”项目期末余额为：________________

②“预收款项”项目期末余额为：________________

4. 根据总账科目和明细账科目余额分析计算填列

"长期借款"项目，根据"长期借款"总账科目余额扣除"长期借款"科目所属的明细科目中将在一年内到期且企业不能自主地将清偿义务展期的长期借款后的金额计算填列。

【例 8-4】安信食品有限公司长期借款情况如表 8-4 所示，则该企业 2019 年 12 月 31 日资产负债表中"长期借款"项目金额是多少？

表 8-4　长期借款情况

借款起始日期	借款期限（年）	金额（元）
2018 年 3 月 1 日	3	1 000 000
2017 年 5 月 1 日	5	2 000 000
2016 年 6 月 1 日	4	1 500 000

"长期借款"项目金额=1 000 000+2 000 000=3 000 000（元）

本例中，企业应当根据"长期借款"总账科目余额 4 500 000（1 000 000+2 000 000+1 500 000）元，减去一年内到期的长期借款 1 500 000 元计算"长期借款"项目的金额。2016 年 6 月 1 日，借入的长期借款 1 500 000 元，借款期限 4 年，至 2019 年 12 月 31 日，属于资产负债表中"一年内到期的非流动负债"项目，不再反映在"长期借款"项目中。

5. 根据有关科目余额减去其备抵科目余额后的净额填列

（1）"固定资产"项目，根据"固定资产"科目的期末余额，减去"累计折旧""固定资产减值准备"备抵科目的期末余额，以及"固定资产清理"科目期末余额后的净额填列。

（2）"无形资产"项目，根据"无形资产"科目的期末余额，减去"累计摊销""无形资产减值准备"备抵科目余额后的净额填列。

（3）"长期应收款"项目，根据"长期应收款"科目的期末余额，减去相应的"未实现融资收益"科目和"坏账准备"科目所属相关明细科目期末余额后的金额填列。

（4）"长期股权投资"项目，根据"长期股权投资"科目的期末余额，减去"长期股权投资减值准备"科目的期末余额后的净额填列。

【例 8-5】2019 年 12 月 31 日，安信食品有限公司"固定资产"科目借方余额为 30 000 000 元，"累计折旧"科目贷方余额为 14 000 000 元，"固定资产减值准备"科目贷方余额为 2 000 000 元。2019 年 12 月 31 日，该企业资产负债表中"固定资产"项目期末余额应列示的金额为多少元？

"固定资产"项目期末余额应列示的金额=30 000 000−14 000 000−2 000 000=14 000 000（元）。

【教中学　学中做】

2019 年 12 月 31 日，某企业"固定资产"科目借方余额为 4 500 000 元，"累计折旧"科目贷方余额为 500 000 元，"固定资产减值准备"科目贷方余额为 100 000 元。

"固定资产"项目期末余额为：________________________________

6. 综合运用上述填列方法分析填列

（1）“其他应收款”项目，根据“应收利息”“应收股利”“其他应收款”科目的期末余额合计数，减去“坏账准备”科目中相关坏账准备期末余额后的金额填列。

（2）“存货”项目，根据“原材料”“库存商品”“委托加工物资”“周转材料”“材料采购”“在途物资”“发出商品”“材料成本差异”等总账科目期末余额的分析汇总数，再减去“存货跌价准备”科目余额后的净额填列。

【例 8-6】安信食品有限公司采用计划成本核算材料成本，2019 年 12 月 31 日结账后有关科目余额为：“材料采购”科目余额为 140 000 元（借方），“原材料”科目余额为 2 400 000 元（借方），“周转材料”科目余额为 1 800 000 元（借方），“库存商品”科目余额为 1 600 000 元（借方），“生产成本”科目余额为 600 000 元（借方），“材料成本差异”科目余额为 120 000 元（贷方），“存货跌价准备”科目余额为 210 000 元（贷方）。

企业应当以“材料采购”（表示在途材料采购成本）、“原材料”“周转材料”（比如包装物和低值易耗品等）、“库存商品”“生产成本”（表示期末在产品金额）各总账科目余额加总后，加上或减去“材料成本差异”总账科目的余额（若为贷方余额，应减去；若为借方余额，应加上），再减去“存货跌价准备”总账科目余额后的净额，作为资产负债表中“存货”项目的金额。

该企业 2019 年 12 月 31 日资产负债表中的“存货”项目金额为：

140 000+2 400 000+1 800 000+1 600 000+600 000−120 000−210 000=6 210 000（元）。

【教中学　学中做】

1. 某企业 2019 年 12 月 31 日原材料借方余额 2 000 000 元，库存商品借方余额 5 000 000 元，周转材料 800 000 元，存货跌价准备贷方余额 140 000 元。

“存货”项目期末金额为：________________

2. 飞扬公司 2019 年 12 月 31 日有关科目余额表如表 8-5 所示。

表 8-5　科目余额表

2019 年 12 月 31 日　　　　单位：元

会计科目	借方	贷方
库存现金	7 600	
银行存款	1 109 400	
应收账款	391 000	
坏账准备		10 350
应收票据	301 000	
其他应收款	2 000	
原材料	1 795 000	
在途物资	44 000	
生产成本	97 400	
库存商品	292 000	
固定资产	1 420 000	

（续表）

会计科目	借方	贷方
累计折旧		230 400
无形资产	86 000	
短期借款		151 000
应付账款		555 000
应付票据		151 000
预收账款		236 000
应交税费		30 364
应付职工薪酬		45 386
应付利息		11 900
长期借款		1 000 000
实收资本		2 000 000
资本公积		87 000
盈余公积		600 000
利润分配		637 000
合计	5 745 400	5 745 400

注：“坏账准备”10 350元为应收账款计提的坏账准备。

根据科目余额表，编制飞扬公司资产负债表如表8-6所示。

需要计算的会计科目如下：

① 货币资金= ______

② 应收账款= ______

③ 存货= ______

④ 固定资产= ______

表8-6　资产负债表

会企01表

编制单位：　　　　______年______月______日　　　　单位：元

资产	期末余额	上年年末余额	负债和所有者权益（或股东权益）	期末余额	上年年末余额
流动资产：			流动负债：		
货币资金			短期借款		
交易性金融资产			交易性金融负债		
衍生金融资产			衍生金融负债		
应收票据			应付票据		
应收账款			应付账款		
应收款项融资			预收账款		
预付款项			合同负债		
其他应收款			应付职工薪酬		
存货			应交税费		
合同资产			其他应付款		
持有待售资产			持有待售负债		
一年内到期的非流动资产			一年内到期的非流动负债		
其他流动资产			其他流动负债		
流动资产合计			流动负债合计		

（续表）

资产	期末余额	上年年末余额	负债和所有者权益（或股东权益）	期末余额	上年年末余额
非流动资产：			**非流动负债：**		
债权投资			长期借款		
其他债权投资			应付债券		
长期应收款			其中：优先股		
长期股权投资			永续债		
其他权益工具投资			租赁负债		
其他非流动金融资产			长期应付款		
投资性房地产			预计负债		
固定资产			递延收益		
在建工程			递延所得税负债		
生产性生物资产			其他非流动负债		
油气资产			**非流动负债合计**		
使用权资产			**负债合计**		
无形资产			**所有者权益（或股东权益）：**		
开发支出			实收资本（或股本）		
商誉			其他权益工具		
长期待摊费用			其中：优先股		
递延所得税资产			永续债		
其他非流动资产			资本公积		
非流动资产合计			减：库存股		
			其他综合收益		
			专项储备		
			盈余公积		
			未分配利润		
			所有者权益（或股东权益）合计		
资产总计			**负债和所有者权益（或股东权益）总计**		

【小思考】

资产负债表多久编制一次？

任务三　利润表及其编制

一、利润表的概述

（一）利润表的概念

利润表是反映企业在一定会计期间的经营成果的报表。

（二）利润表的作用

1. 通过利润表，可以从总体上了解企业在一定会计期间收入、成本、费用及净利润（或亏损）等的实现和构成情况。

2. 通过把利润表提供的不同时期的数据相比较，可以分析出企业的获利能力与利润的变化情况和未来发展趋势，可以了解投资者资本保值增值情况，评价企业经营业绩。

二、利润表的格式

利润表的结构有单步式和多步式两种。单步式利润表是将当期所有的收入列在一起，然后将所有的费用列在一起，两者相减得出当期净损益。

根据我国会计准则的规定，我国企业的利润表采用多步式格式。即通过对当期的收入、费用、支出项目按性质加以归类，按利润形成的主要环节列示一些中间性利润指标，分步计算当期净损益，以便财务报表使用者理解企业经营成果的不同来源。我国企业利润表格式如表 8-7 所示。

表 8-7　利润表

会企 02 表

编制单位：　　　　　　　　________年______月　　　　　　　　单位：元

项目	本期金额	上期金额
一、营业收入		
减：营业成本		
税金及附加		
销售费用		
管理费用		
研发费用		
财务费用		
其中：利息费用		
利息收入		
加：其他收益		
投资收益（损失以“-”号填列）		
其中：对联营企业和合营企业的投资收益		
以摊余成本计量的金融资产终止确认收益（损失以“-”号填列）		
净敞口套期收益（损失以“-”号填列）		

（续表）

项目	本期金额	上期金额
公允价值变动收益（损失以“-”号填列）		
信用减值损失（损失以“-”号填列）		
资产减值损失（损失以“-”号填列）		
资产处置收益（损失以“-”号填列）		
二、营业利润（亏损以“-”号填列）		
加：营业外收入		
减：营业外支出		
三、利润总额（亏损总额以“-”号填列）		
减：所得税费用		
四、净利润（净亏损以“-”号填列）		
（一）持续经营净利润（净亏损以“-”号填列）		
（二）终止经营净利润（净亏损以“-”号填列）		
五、其他综合收益的税后净额		
（一）不能重分类进损益的其他综合收益		
（二）将重分类进损益的其他综合收益		
六、综合收益总额		
七、每股收益		
（一）基本每股收益		
（二）稀释每股收益		

三、利润表的编制

利润表编制的原理是“收入-费用=利润”的会计平衡公式和收入与费用的配比原则。利润表各项目均需填列“上期金额”和“本期金额”两栏。

（一）“上期金额”填列方法

“上期金额”栏内各项数字，应根据上年同期利润表的“本期金额”栏内所列数字填列。

（二）“本期金额”填列方法

1. 计算营业利润

营业利润=营业收入-营业成本-税金及附加-销售费用-管理费用-研发费用-财务费用-资产减值损失-信用减值损失+其他收益±投资收益（损失）±净敞口套期收益（损失）±公允价值变动收益（损失）±资产处置收益（损失）

其中：营业收入=主营业务收入+其他业务收入

营业成本=主营业务成本+其他业务成本

2. 计算利润总额

利润总额=营业利润+营业外收入-营业外支出

3. 计算净利润

净利润=利润总额-所得税费用

【例 8-7】安信食品有限公司 2019 年 12 月份损益类账户的发生额如表 8-8 所示。

表 8-8 科目发生额

2019 年 12 月

单位：元

会计科目	借方发生额	贷方发生额
主营业务收入		539 000
主营业务成本	275 000	
税金及附加	6 200	
其他业务收入		48 400
其他业务成本	30 000	
销售费用	85 700	
管理费用	98 500	
财务费用	8 600	
投资收益		84 000
营业外收入		9 000
营业外成本	7 100	
所得税费用	15 700	

要求：根据上述资料编制该公司 2019 年 12 月份的利润表。编制的利润表如表 8-9 所示。

表 8-9 利润表

会企 02 表

编制单位：安信食品有限公司　　2019 年 12 月　　单位：元

项目	本期金额	上期金额
一、营业收入	587 400	
减：营业成本	305 000	
税金及附加	6 200	
销售费用	85 700	
管理费用	98 500	
研发费用		
财务费用	8 600	
其中：利息费用		
利息收入		
加：其他收益		
投资收益（损失以“-”号填列）	84 000	
其中：对联营企业和合营企业的投资收益		
以摊余成本计量的金融资产终止确认收益（损失以“-”号填列）		
净敞口套期收益（损失以“-”号填列）		
公允价值变动收益（损失以“-”号填列）		
信用减值损失（损失以“-”号填列）		
资产减值损失（损失以“-”号填列）		
资产处置收益（损失以“-”号填列）		
二、营业利润（亏损以“-”号填列）	167 400	
加：营业外收入	9 000	
减：营业外支出	7 100	
三、利润总额（亏损总额以“-”号填列）	169 300	
减：所得税费用	15 700	

（续表）

项目	本期金额	上期金额
四、净利润（净亏损以“-”号填列）	153 600	
（一）持续经营净利润（净亏损以“-”号填列）		
（二）终止经营净利润（净亏损以“-”号填列）		
五、其他综合收益的税后净额		
（一）不能重分类进损益的其他综合收益		
（二）将重分类进损益的其他综合收益		
六、综合收益总额		
七、每股收益		
（一）基本每股收益		
（二）稀释每股收益		

表中各项目填列金额：

（1）营业收入=539 000+48 400=587 400（元）

（2）营业成本=275 000+30 000=305 000（元）

（3）营业利润=587 400-305 000-6 200-85 700-98 500-8 600+84 000=167 400（元）

（4）利润总额=167 400+9 000-7 100=169 300（元）

（5）净利润=169 300-15 700=153 600（元）

【教中学　学中做】

飞扬公司 2019 年 12 月有关损益类账户的发生额资料如表 8-10 所示。

表 8-10　科目发生额

2019 年 12 月　　单位：元

会计科目	借方发生额	贷方发生额
主营业务收入		380 300
主营业务成本	221 000	
其他业务收入		5 840
其他业务成本	4 180	
税金及附加	16 500	
销售费用	10 960	
管理费用	22 500	
财务费用	4 990	
投资收益		760
营业外收入		280
营业外成本	460	
所得税费用	15 420	

如果你是会计人员，如何编制飞扬公司 2019 年 12 月份的利润表？编制的利润表如表 8-11 所示。

（1）营业收入=________________

（2）营业成本=________________

（3）营业利润=________________

（4）利润总额=________________

（5）净利润=________________

表 8-11　利润表

会企 02 表

编制单位：　　　　　　　　　　　　　　　＿＿＿＿年＿＿＿月　　　　　　　　　　　　　　　单位：元

项目	本期金额	上期金额
一、营业收入		
减：营业成本		
税金及附加		
销售费用		
管理费用		
研发费用		
财务费用		
其中：利息费用		
利息收入		
加：其他收益		
投资收益（损失以“-”号填列）		
其中：对联营企业和合营企业的投资收益		
以摊余成本计量的金融资产终止确认收益（损失以“-”号填列）		
净敞口套期收益（损失以“-”号填列）		
公允价值变动收益（损失以“-”号填列）		
信用减值损失（损失以“-”号填列）		
资产减值损失（损失以“-”号填列）		
资产处置收益（损失以“-”号填列）		
二、营业利润（亏损以“-”号填列）		
加：营业外收入		
减：营业外支出		
三、利润总额（亏损总额以“-”号填列）		
减：所得税费用		
四、净利润（净亏损以“-”号填列）		
（一）持续经营净利润（净亏损以“-”号填列）		
（二）终止经营净利润（净亏损以“-”号填列）		
五、其他综合收益的税后净额		
（一）不能重分类进损益的其他综合收益		
（二）将重分类进损益的其他综合收益		
六、综合收益总额		
七、每股收益		
（一）基本每股收益		
（二）稀释每股收益		

【小思考】

资产负债表和利润表之间的关系是什么？

项 目 反 思

1. 通过学习会计报表的编制，你学到了哪些内容？

2. 你的疑惑点：

3. 解决方案：

4. 总结：

知识要点总结

本项目主要介绍财务报表的意义和种类、资产负债表及其编制、利润表及其编制等内容。财务报告是企业经营情况的成绩单，也是会计人员工作的最终结果。通过本项目学习，可以完成资产负债表、利润表的编制，为有关方面提供决策参考。

学习的关键是在掌握资产负债表、利润表结构的基础上，完成相关内容的计算与填写。考虑到部分业务在现阶段还没有接触，暂时只要能够完成已学习项目的填写即可。在资产负债表中，要关注货币资金、存货、往来款项、固定资产等项目的填写方法；在利润表中，要能够分析其层次关系及计算，对于资产减值损失、公允价值变动损益、投资收益等损益类科目可留待财务会计课程中再深入学习。

知识要点总结导图

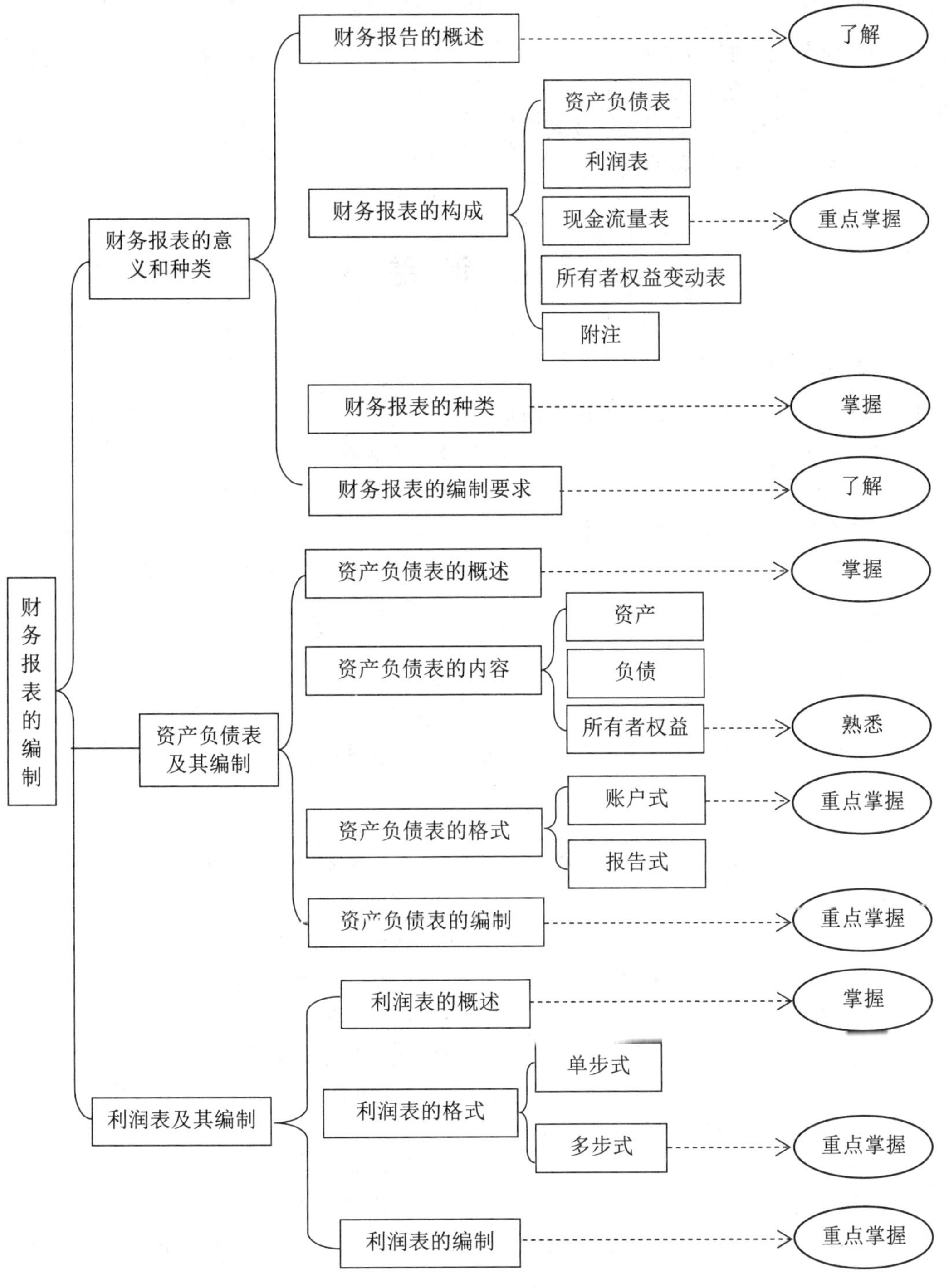
财务报表的编制
财务报表的意义和种类
财务报告的概述
了解
财务报表的构成
资产负债表
利润表
现金流量表
重点掌握
所有者权益变动表
附注
财务报表的种类
掌握
财务报表的编制要求
了解
资产负债表及其编制
资产负债表的概述
掌握
资产负债表的内容
资产
负债
所有者权益
熟悉
资产负债表的格式
账户式
重点掌握
报告式
资产负债表的编制
重点掌握
利润表及其编制
利润表的概述
掌握
利润表的格式
单步式
多步式
重点掌握
利润表的编制
重点掌握

项 目 考 核

一、简答题

1. 简述财务报表的构成内容。
2. 简述财务报告的意义。
3. 简述资产负债表的编制方法及其作用。
4. 简述利润表的作用和编制方法。

技 能 训 练

一、单项选择题

1. 下列各项中，属于静态财务报表的是（　　）。
   A. 资产负债表　　B. 利润表
   C. 现金流量表　　D. 所有者权益变动表
2. 下列各项中，不会影响营业利润金额的是（　　）。
   A. 资产减值损失　　B. 财务费用
   C. 投资收益　　D. 营业外收入
3. 下列各项中，利润表无法直接反映的是（　　）。
   A. 主营业务利润　　B. 营业利润
   C. 利润总额　　D. 净利润
4. 下列资产负债表项目需要根据总账科目余额直接填列的是（　　）。
   A. 货币资金　　B. 应收账款
   C. 短期借款　　D. 预收款项
5. 编制资产负债表时，根据总账余额和明细账的余额计算填列的项目是（　　）。
   A. 应付票据　　B. 短期借款
   C. 长期借款　　D. 应收票据
6. 资产负债表“货币资金”项目不包括（　　）账户的余额。
   A. 库存现金　　B. 银行存款
   C. 其他货币资金　　D. 交易性金融资产
7. 可以提供企业某一日期的负债总额及其结构，表明企业未来需要用多少资产或劳务清偿债务以及清偿时间的报表是（　　）。
   A. 资产负债表　　B. 利润表
   C. 现金流量　　D. 利润分配表
8. 某企业期末流动资产余额 2 388 692 元，非流动资产余额 5 361 000 元，流动负债余额 1 937 917 元，非流动负债余额 1 067 900 元，该企业期末所有者权益为（　　）元。

A. 5 811 775　　B. 4 743 875

C. 6 681 792　　D. 2 355 183

9. 下列各项中，不应列示在资产负债表中的流动资产部分的是（　　）。

A. 货币资金　　B. 应收账款

C. 预付账款　　D. 在建工程

10. 关于资产负债表的格式，下列说法不正确的是（　　）。

A. 资产负债表主要有账户式和报告式

B. 我国的资产负债表采用报告式

C. 账户式资产负债表分为左右两方，左方为资产，右方为负债和所有者权益

D. 负债和所有者权益按照求偿权的先后顺序排列

11. 在资产负债表中，资产是按照（　　）排列的。

A. 清偿时间的先后顺序　　B. 会计人员的填写习惯

C. 金额大小　　D. 流动性大小

12. 某公司“原材料”账户期末余额为 240 万元，“库存商品”账户期末余额为 360 万元，“材料采购”账户期末余额为 45 万元，“存货跌价准备”账户期末余额为 20 万元，编制资产负债表时，“存货”项目应填列（　　）万元。

A. 590　　B. 625

C. 665　　D. 670

13. 编制资产负债表的理论依据是（　　）。

A. 资产=负债-所有者权益　　B. 资产=负债+所有者权益

C. 收入-费用=利润　　D. 借方余额=贷方余额

14. 利润表中，“税金及附加”项目不包含的税金是（　　）。

A. 消费税　　B. 城市维护建设税

C. 教育费附加　　D. 增值税

15. “应收账款”科目所属明细科目如有贷方余额，应在资产负债表（　　）项目中反映。

A. 预付账款　　B. 应付账款

C. 预收账款　　D. 应收账款

二、多项选择题

1. 利润表中的“营业成本”项目填列的依据有（　　）。

A. “营业外支出”发生额　　B. “主营业务成本”发生额

C. “其他业务成本”发生额　　D. “税金及附加”发生额

2. 下列资产负债表项目中，（　　）需要根据其明细科目余额计算填列。

A. 应收账款　　B. 应收票据

C. 应付账款　　D. 货币资金

3. 资产负债表中，“预收款项”项目应根据（　　）总分类账户所属各明细分类账户期末贷方余额合计填列。

A. 预付账款　　B. 应收账款
C. 应付账款　　D. 预收账款

4. 下列各项中，（　　）列在资产负债表左方。

A. 固定资产　　B. 无形资产
C. 长期股权投资　　D. 流动资产

5. 会计报表按编制时间不同，可分为（　　）。

A. 月报　　B. 季报
C. 半年报　　D. 年报

6. 在资产负债表的编制过程中，属于直接填列的项目是（　　）。

A. 货币资金　　B. 应收账款
C. 短期借款　　D. 实收资本

7. 下列各项中，属于资产负债表流动资产项目的有（　　）。

A. 应收票据　　B. 固定资产
C. 存货　　D. 预付账款

8. 财务报告使用者包括（　　）。

A. 投资人　　B. 债权人
C. 税务部门　　D. 企业管理者

9. 资产负债表的格式有（　　）。

A. 账户式　　B. 报告式
C. 单步式　　D. 多步式

10. 利润表的格式有（　　）。

A. 账户式　　B. 报告式
C. 单步式　　D. 多步式

三、判断题

1. 资产负债表和利润表都是根据有关账户的本期发生额填列的。（　　）

2. 利润表是反映企业一定会计期间财务状况的报表。（　　）

3. 按财务报表编报期间的不同，财务报表分为年度财务报表和中期财务报表。（　　）

4. 资产负债表中资产项目是按资产流动性由小到大的顺序排列的。（　　）

5. 财务报表附注是对资产负债表、利润表、现金流量表和所有者权益变动表等报表中列示项目的文字描述或明细资料，以及对未能在这些报表中列示项目的说明等。（　　）

6. 资产负债表中“应收账款”项目，应根据“应收账款”账户所属各明细账户的期末借方余额合计填列。如“预付账款”账户所属有关明细账户有借方余额的，也应包括在本项目内。（　　）

7. 由于财务会计报告是对外报告，所以其提供的信息对企业管理者和职工没用。（　　）

8. 我国资产负债表采用账户式结构，利润表采用多步式结构。（　　）

9. 企业的利润总额即是企业一定时期所实现的净利润。（　　）

10. 资产负债表是反映企业一定时期内的收入和费用情况。　　（　　）

四、业务题

1. 2019 年 12 月 31 日，飞扬公司有关账户期末余额及相关经济业务如下：

（1）“库存现金”账户借方余额为 1 860 元，“银行存款”账户借方余额为 145 000 元，“其他货币资金”账户借方余额为 293 000 元。

（2）“应收账款”总账账户借方余额为 170 000 元，其所属明细账户借方余额为 280 000 元，所属明细账贷方余额为 110 000 元，“坏账准备”账户贷方余额为 14 000 元（均为应收账款所计提）。

（3）“预收账款”总账账户借方余额为 90 000 元，其所属明细账账户借方余额为 120 000 元，其所属明细账账户贷方余额为 30 000 元。

（4）“固定资产”账户借方余额为 3 400 000 元，“累计折旧”账户贷方余额为 1 200 000 元，“固定资产减值准备”账户贷方余额为 100 000 元。

要求：根据以上资料，计算本日资产负债表中各项目金额。

（1）“货币资金”项目的期末余额=

（2）“应收账款”项目的期末余额=

（3）“预收款项”项目的期末余额=

（4）“固定资产”项目的期末余额=

2. 大海公司 2019 年 12 月 31 日有关损益类账户本期发生额如下：

表 8-12　科目发生额

2019 年 12 月　　　　单位：元

会计科目	借方发生额	贷方发生额
主营业务收入		186 200
主营业务成本	127 500	
税金及附加	18 300	
其他业务收入		39 640
其他业务成本	23 800	
销售费用	13 370	
管理费用	28 500	
财务费用	12 600	
投资收益		20 000
营业外收入		50 000
营业外支出	11 700	
所得税费用	25 960	

要求，根据上述资料编制大海公司 2019 年 12 月份利润表。

表 8-13　利润表

会企 02 表

编制单位：　　　　　　　　________年______月　　　　　　　　单位：元

项目	本期金额	上期金额
一、营业收入		
减：营业成本		
税金及附加		
销售费用		
管理费用		
研发费用		
财务费用		
其中：利息费用		
利息收入		
加：其他收益		
投资收益（损失以“-”号填列）		
其中：对联营企业和合营企业的投资收益		
以摊余成本计量的金融资产终止确认收益（损失以“-”号填列）		
净敞口套期收益（损失以“-”号填列）		
公允价值变动收益（损失以“-”号填列）		
信用减值损失（损失以“-”号填列）		
资产减值损失（损失以“-”号填列）		
资产处置收益（损失以“-”号填列）		
二、营业利润（亏损以“-”号填列）		
加：营业外收入		
减：营业外支出		
三、利润总额（亏损总额以“-”号填列）		
减：所得税费用		
四、净利润（净亏损以“-”号填列）		
（一）持续经营净利润（净亏损以“-”号填列）		
（二）终止经营净利润（净亏损以“-”号填列）		
五、其他综合收益的税后净额		
（一）不能重分类进损益的其他综合收益		
（二）将重分类进损益的其他综合收益		
六、综合收益总额		
七、每股收益		
（一）基本每股收益		
（二）稀释每股收益		

项目九

会计核算组织程序

学习向导

1. 介绍会计核算组织程序的概念和种类；
2. 介绍记账凭证核算组织程序的内容；
3. 介绍科目汇总表核算组织程序的内容；
4. 介绍汇总记账凭证核算组织程序的内容；
5. 介绍日记总账核算组织程序的内容。

学习目标

1. 了解会计核算组织程序的概念和种类；
2. 掌握各种不同会计核算组织程序的概念、一般步骤；
3. 熟悉各种不同会计核算组织程序的优缺点及适用范围；
4. 掌握编制科目汇总表和各类汇总记账凭证的方法。

案例导入

飞扬公司原本是一家小规模的生产企业，但经过几年的发展，已经成为规模较大、业务繁多的大型企业。随着业务量的增加，公司会计抱怨工作量越来越大，总是加班加点也无法及时完成必要的会计工作。公司虽然增加了会计人员，但仍然无法很好地解决这个问题，于是公司咨询庆华会计师事务所注册会计师王某。王某在实地了解了飞扬公司的会计工作流程后发现，飞扬公司会计核算一直以来都是根据原始凭证填制记账凭证，根据记账凭证登记日记账、明细分类账，并逐笔登记总分类账，月末按要求进行对账、编制会计报表。王会计师指出，这样的会计核算组织程序在公司规模较小时是完全适用的，但由于公司规模发生变化，业务量增多，仍然采用这种会计核算组织程序，特别是逐笔登记总分类账，必然会导致记账工作繁杂，无法提高工作效率。所以应该适当改变公司的会计核算组织程序，建议每月定期编制科目汇总表，根据科目汇总表填制总分类账。飞扬公司采纳了王会计师的建议，果然大大减少了会计工作，提高了工作效率。

思考：有哪些账务处理流程？每一种账务处理流程又有什么要求呢？

任务一　会计核算组织程序概述

一、会计核算组织程序的概念和意义

会计核算组织程序也称账务处理程序，是在会计核算中会计凭证、会计账簿、会计报表及记账程序相互结合的一种方式，是对会计信息的确认、计量、记录及报告的步骤和方法。即从原始凭证的整理、汇总，记账凭证的填制、汇总，日记账、明细分类账的登记，到会计报表编制的步骤和方法。会计核算组织程序的基本模式可以概括为：原始凭证→记账凭证→会计账簿→会计报表。

科学、合理的会计核算组织程序能够提高会计核算工作的效率，保证会计核算资料的质量，有利于会计工作程序的规范化，减少不必要的核算环节和手续。同时，科学、合理的会计核算组织程序也有利于会计监督职能发挥其应有的作用。

二、建立会计核算组织程序的要求

企业在会计核算工作中，应根据本单位的实际业务情况，选择适合本单位的会计核算组织程序。具体要求如下：

（一）会计核算组织程序要与本单位的业务性质、规模大小、繁简程度、经营管理的要求和特点等相适应。

（二）会计核算组织程序要能正确、及时、准确、完整地提供会计信息资料。

（三）会计核算组织程序要在保证会计核算工作质量的前提下，力求简化核算手续，减少人力、物力、财力的消耗，提高会计核算的工作效率。

三、会计核算组织程序的种类

会计凭证、会计账簿、会计报表的种类、格式及记账程序不同，产生了不同的会计核算形式。我国企业常用的会计核算组织程序主要有记账凭证核算组织程序、科目汇总表核算组织程序、汇总记账凭证核算组织程序和日记总账核算组织程序。各单位采用哪种会计核算组织程序，由本单位自主选择或设计。这些会计核算组织程序的区别主要在于登记总分类账的依据和方法不同。

【教中学　学中做】

各种账务处理程序的主要区别是（　）。

A. 登记明细账的依据不同　　B. 登记总账的依据和方法不同

C. 记账的程序不同　　D. 记账的方法不同

拓展视域

手工会计账务处理流程

不同的账务处理流程其差别主要体现在登记总账的方法和依据不同，其中科目汇总表核算形式最为常见，这里手工系统的账务流程图以科目汇总表核算形式为依据。账务处理手工业务流程如下：

（1）日常经济业务发生时，业务人员将原始凭证提交给财会部门。由凭证录入人员在企业基础会计信息的支持下，直接根据原始单据编制凭证，并保存在凭证文件中。

（2）对凭证文件中的凭证进行审核。如果审核通过，则对记账凭证作审核标记，否则，将审核未通过的凭证提交给录入人员。

（3）登记日记账。出纳人员根据收款凭证和付款凭证，登记现金日记账和银行存款日记账。

（4）登记各种明细账，一般单位根据业务量的大小设置各个会计岗位，即分别由多个财会人员登记多本明细账。例如，一个会计专门登记应收账款明细账，另一个会计专门登记材料明细账等。

（5）根据科目汇总表登记总账。总账会计根据记账凭证定期汇总编制科目汇总表，根据科目汇总表登记总分类账。

（6）月末处理。由于总账、日记账、明细账分别由多个财会人员登记，不可避免地存在着这样或那样的错误。因此，每月月末，财会人员要进行对账，将日记账与总账核对，明细账与总账核对，做到账账相符。此外，财会人员月末还要进行结账，即计算会计账户的本期发生额和余额，结束账簿记录。

（7）根据企业的银行存款日记账和银行对账单中的银行业务进行自动对账，并生成余额调节表。

（8）查询与生成报表。根据日记账、明细账和总账编制管理者所需的会计报表和内部分析表。

【小思考】

什么是会计核算组织程序？会计核算组织程序的基本流程是什么？

____

____

任务二　记账凭证核算组织程序

一、记账凭证核算组织程序的概念

记账凭证核算组织程序是指对发生的经济业务，先根据原始凭证或汇总原始凭证填制记账凭证，再根据记账凭证登记总分类账的一种账务处理程序，是最基本的会计核算组织程序。

二、一般步骤

记账凭证核算组织程序的一般步骤如下：

（1）根据原始凭证填制汇总原始凭证；

（2）根据原始凭证或汇总原始凭证填制收款凭证、付款凭证和转账凭证，也可以填制通用记账凭证；

（3）根据收款凭证和付款凭证逐笔登记库存现金日记账和银行存款日记账；

（4）根据原始凭证、汇总原始凭证和记账凭证，登记各种明细分类账；

（5）根据记账凭证逐笔登记总分类账；

（6）期末，将库存现金日记账、银行存款日记账和明细分类账的余额与有关总分类账的余额核对相符；

（7）期末，根据审核无误的总分类账和明细分类账的记录，编制财务报表。

记账凭证核算组织程序的基本程序如图 9-1 所示。

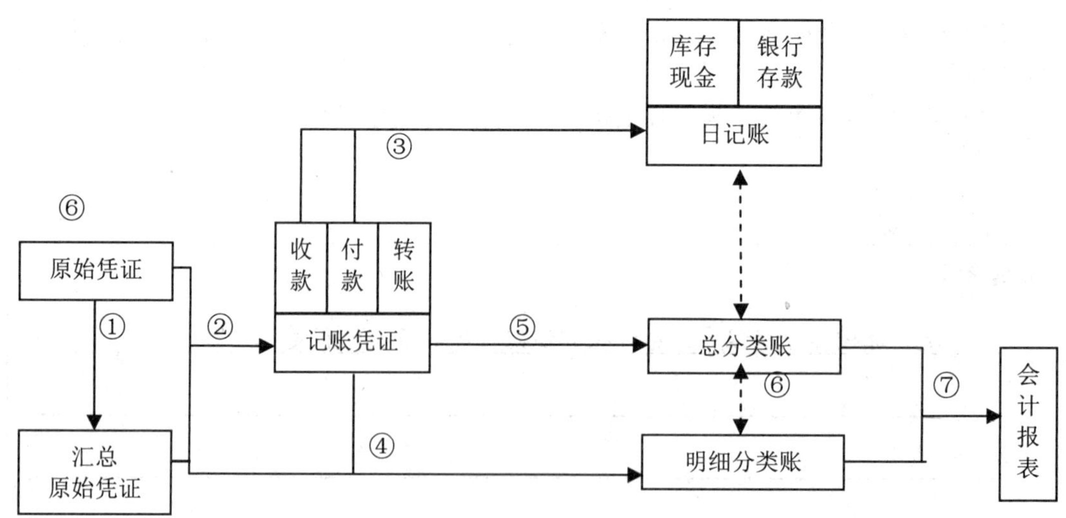

图 9-1　记账凭证核算组织程序

【教中学　学中做】

下列关于记账凭证核算组织程序的表述中，正确的是（　　）。

A. 只能根据原始凭证编制收款凭证、付款凭证和转账凭证

B. 一般应设置库存现金日记账和银行存款日记账

C. 明细账和总账一样，都是直接根据记账凭证登记

D. 期末根据总分类账、明细分类账、日记账的记录，编制财务报表

三、优缺点及适用范围

（一）优缺点

采用记账凭证核算组织程序，可以直接根据记账凭证逐笔登记总分类账。其优点是简单明了，易于理解，总分类账可以较细地反映经济业务的发生情况；缺点是登记总分类账的工作量较大。

（二）适用范围

记账凭证核算组织程序，适用于规模小、经济业务量较少的单位。

知识链接

记账凭证核算组织程序下凭证、账簿的设置

在记账凭证核算组织程序下，记账凭证可以是通用记账凭证，即适用于所有的经济业务；也可以是专用记账凭证，如收款凭证、付款凭证、转账凭证三类，还可以再进一步细分为五类：银收、银付、现收、现付及转账凭证。

对于账簿的设置，一般有库存现金日记账、银行存款日记账、明细分类账、总分类账。其中，日记账一般采用三栏式的订本账；明细分类账则根据单位经济业务的性质和管理的需要选用三栏式、数量金额式、多栏式等格式的账簿；总分类账按规定的会计科目开设账户，选用三栏式的订本账。

【小思考】

记账凭证核算组织程序的特点有哪些？

任务三　科目汇总表核算组织程序

一、科目汇总表核算组织程序的概念

科目汇总表核算组织程序又称记账凭证汇总表账务处理程序，是指根据记账凭证定期编制科目汇总表（如表 9-1 所示），再根据科目汇总表登记总分类账的一种核算组织程序。

表 9-1　科目汇总表

年　月　日至　日　　　　　编号：

会计科目	本期发生额		记账凭证编号
	借方	贷方	
合计			

二、一般步骤

科目汇总表核算组织程序的一般步骤如下：

（1）根据原始凭证填制汇总原始凭证；

（2）根据原始凭证或汇总原始凭证，填制记账凭证；

（3）根据收款凭证和付款凭证逐笔登记库存现金日记账和银行存款日记账；

（4）根据原始凭证、汇总原始凭证和记账凭证，登记各种明细分类账；

（5）根据各种记账凭证编制科目汇总表；

（6）根据科目汇总表登记总分类账；

（7）期末，将库存现金日记账、银行存款日记账和明细分类账的余额同有关总分类账的余额核对相符；

（8）期末，根据总分类账和明细分类账的记录，编制财务报表。

科目汇总表核算组织程序的基本程序如图 9-2 所示。

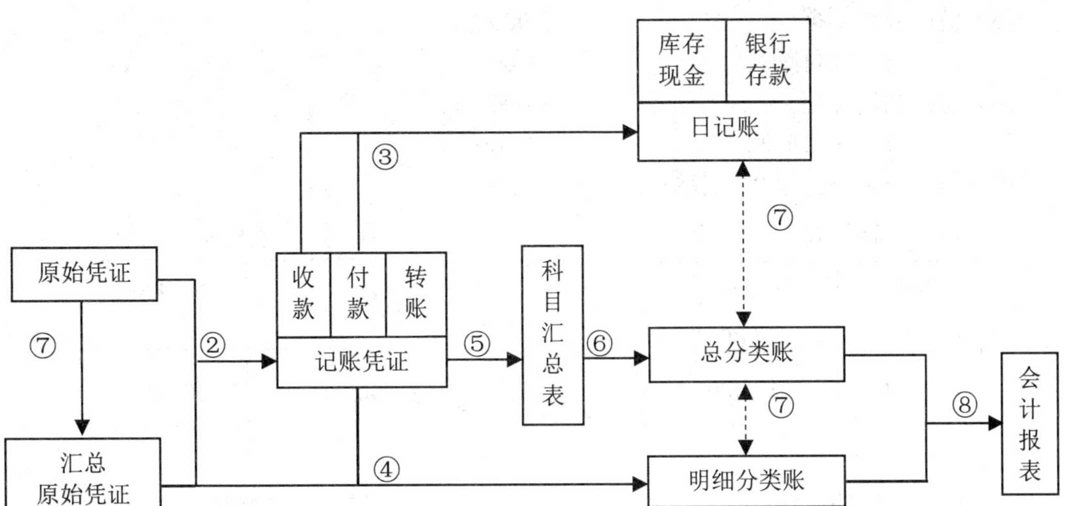

图 9-2　科目汇总表核算组织程序

三、科目汇总表的编制

科目汇总表又称记账凭证汇总表，是企业定期对全部记账凭证进行汇总后，按照不同的会计科目分别列示各账户借方发生额和贷方发生额的一种汇总凭证。

根据借贷记账法的记账规则“有借必有贷，借贷必相等”，科目汇总表中所有总分类账科目的借方发生额合计数必然等于所有总分类账科目的贷方发生额合计数。

科目汇总表的编制是科目汇总表核算程序的一项重要工作，它是根据一定时期内的全部凭证，按科目作为归类标志进行编制，其编制过程和方法如下：

（1）将汇总期内各项经济业务所涉及的会计科目填制在“会计科目”栏，会计科目的填列顺序最好与总分类账上的会计科目顺序保持一致，方便登记总分类账。

（2）根据汇总期内的所有记账凭证，按会计科目分别计算借方发生额合计数和贷方发生额合计数，并将其填列在对应会计科目行“本期发生额”的“借方”和“贷方”栏。

（3）汇总本期所有会计科目的借方发生额合计和贷方发生额合计，进行发生额的试算平衡。试算无误，据此登记总分类账。

【例 9-1】某企业各项经济业务会计分录如下：

（1）借：银行存款　　　　50 000
　　　　贷：实收资本　　　　50 000

（2）借：银行存款　　　　80 000
　　　　贷：短期借款　　　　80 000

（3）借：短期借款　　　　6 000
　　　　贷：银行存款　　　　6 000

（4）借：原材料　　　　5 000
　　　　贷：银行存款　　　　5 000

（5）借：应付票据　　　　3 000

　　　贷：应付账款　　　　3 000

（6）借：利润分配　　　　3 600

　　　贷：应付股利　　　　3 600

根据会计分录登记“T”型账户：

借　银行存款	贷
50 000	6 000
80 000	5 000
130 000	11 000

借　实收资本	贷
	50 000
	50 000

借　短期借款	贷
6 000	80 000
6 000	80 000

借　原材料	贷
5 000	
5 000	

借　应付票据	贷
3 000	
3 000	

借　应付账款	贷
	3 000
	3 000

借　利润分配	贷
3 600	
3 600	

借　应付股利	贷
	3 600
	3 600

编制科目汇总表，如表 9-2 所示。

表 9-2　科目汇总表

年　月　日　　　　单位：元

会计科目	本期发生额		记账凭证编号
	借方	贷方	
银行存款	130 000	11 000	略
原材料	5 000		
应付票据	3 000		
应付账款		3 000	

（续表）

会计科目	本期发生额		记账凭证编号
	借方	贷方	
应付股利		3 600	
短期借款	6 000	80 000	
实收资本		50 000	
利润分配	3 600		
合计	147 600	147 600	

科目汇总表只反映各个会计科目的借方本期发生额和贷方本期发生额，不反映各个会计科目的对应关系。

拓展视域

科目汇总表的编制方式

编制科目汇总表时，根据一个企业全部的记账凭证，按相同的会计科目进行归类，采用“T”型账户工作量底稿法，分借贷方定期（如 5 天、10 天或 1 个月）汇总每一会计科目的本期发生额，填写在科目汇总表的借方发生额和贷方发生额栏内，并分别汇总，以反映全部会计科目在一定期间的借、贷方发生额。

【教中学　学中做】

根据下列科目汇总表工作底稿，编制科目汇总表。编制的科目汇总表如表 9-3 所示。

借　库存现金　贷

借	贷
⑦500	⑤3 000
	⑥1 500
500	4 500

借　银行存款　贷

借	贷
①200 000	③43 000
②150 000	④700 000
350 000	743 000

借　其他应收款　贷

借	贷
⑥1 500	⑦1 500

借　原材料　贷

借	贷
⑤3 000	
3 000	

借　固定资产　贷

借	贷
④700 000	
700 000	

借　短期借款　贷

借	贷
	②150 000
	150 000

借	应付账款 贷
③43 000	①200 000
43 000	200 000

借	管理费用 贷
⑦1 000	
1 000	

表 9-3 科目汇总表

年 月 日 单位：元

会计科目	本期发生额		记账凭证编号
	借方	贷方	
			略

四、优缺点及适用范围

（一）优缺点

科目汇总表核算组织程序的优点是减轻了登记总分类账的工作量，易于理解，方便学习；并且科目汇总表还可以起到试算平衡的作用，从而保证账簿登记的正确性。其缺点是科目汇总表不能反映各个账户之间的对应关系，不利于对账目进行检查。

（二）适用范围

科目汇总表核算组织程序适用于规模较大、会计凭证数量较多，经济业务较多的单位。

【小思考】

科目汇总表核算组织程序与记账凭证核算组织程序的区别在哪里？

任务四　汇总记账凭证核算组织程序

一、汇总记账凭证核算组织程序的概念

汇总记账凭证核算组织程序，是指先根据原始凭证或汇总原始凭证填制记账凭证，定期根据记账凭证分类编制汇总收款凭证、汇总付款凭证和汇总转账凭证，再根据汇总记账凭证登记总分类账的一种账务处理程序。

二、一般步骤

汇总记账凭证核算组织程序的一般步骤如下：

（1）根据原始凭证填制汇总原始凭证；

（2）根据原始凭证或汇总原始凭证，填制收款凭证、付款凭证和转账凭证，也可以填制通用记账凭证；

（3）根据收款凭证和付款凭证逐笔登记库存现金日记账和银行存款日记账；

（4）根据原始凭证、汇总原始凭证和记账凭证，登记各种明细分类账；

（5）根据各种记账凭证编制有关汇总记账凭证；

（6）根据各种汇总记账凭证登记总分类账；

（7）期末，将库存现金日记账、银行存款日记账和明细分类账的余额与有关总分类账的余额核对相符；

（8）期末，根据总分类账和明细分类账的记录，编制财务报表。

汇总记账凭证核算组织程序的基本流程如图 9-3 所示。

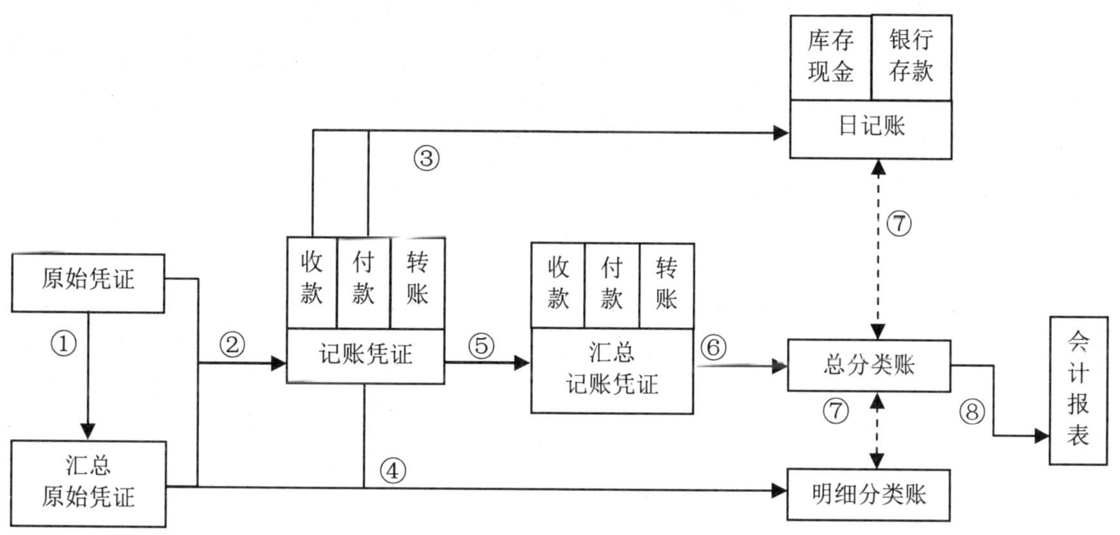

图 9-3　汇总记账凭证核算组织程序

三、汇总记账凭证的编制

汇总记账凭证，是指对一段时间内同类记账凭证进行定期汇总而编制的记账凭证。即定期将全部记账凭证按收款凭证、付款凭证和转账凭证分别归类汇总编制成汇总收款凭证、汇总付款凭证和汇总转账凭证。三种凭证有不同的编制方法。

（一）汇总收款凭证的编制

汇总收款凭证是根据一定时期内全部的收款凭证，按月汇总编制而成的，是按“库存现金”“银行存款”科目的借方分别设置，并根据汇总期内库存现金、银行存款的收款凭证，分别按贷方科目定期进行归类汇总。月末，计算出汇总收款凭证中各行的合计数，并据以登记总分类账。但对于货币资金间的往来业务，我们规定只在汇总付款凭证中登记，不在汇总收款凭证中登记，避免重复。汇总收款凭证的格式和内容如表 9-4 所示。

表 9-4　汇总收款凭证

借方科目：　　　　　　　　年　月　日　　　　　　　　汇收字第　号

贷方科目	金额				总账页数	
	1-10 日收字 第 号至第 号	11-20 日收字 第 号至第 号	21-30 日收字 第 号至第 号	合计	借方	贷方
合计						

（二）汇总付款凭证的编制

汇总付款凭证是根据一定时期内全部的付款凭证，按月汇总编制而成的，是按“库存现金”“银行存款”科目的贷方分别设置，并根据汇总期内库存现金、银行存款的付款凭证，分别按借方科目定期进行归类汇总。月末，计算出汇总付款凭证中各行的合计数，并据以登记总分类账。汇总付款凭证的格式和内容如表 9-5 所示。

表 9-5　汇总付款凭证

贷方科目：　　　　　　　　年　月　日　　　　　　　　汇付字第　号

借方科目	金额				总账页数	
	1-10 日付字 第 号至第 号	11-20 日付字 第 号至第 号	21-30 日付字 第 号至第 号	合计	借方	贷方
合计						

（三）汇总转账凭证的编制

汇总转账凭证是根据一定时期内全部的转账凭证，按月汇总编制而成的。由于每一张转账凭证涉及的借方科目和贷方科目不完全相同，为了避免漏记或重复登记，汇总所有转账凭证时，均按转账凭证的贷方科目分别设置，并对所设置科目相对应的借方科目分类后，汇总编制。月末，计算出汇总转账凭证中各行的合计数，并据以登记总分类账，分别记入对应科目总分类账账户的贷方，并将汇总转账凭证上各科目借方合计数分别记入有关总分类账户的借方。汇总转账凭证的格式和内容如表 9-6 所示。

表 9-6　汇总转账凭证

贷方科目：　　　　　　　　　　　　年　月　日　　　　　　　　　　汇转字第　号

借方科目	金额				总账页数	
	1-10 日转字 第　号至第　号	11-20 日转字 第　号至第　号	21-30 日转字 第　号至第　号	合计	借方	贷方
合计						

值得注意的是，在编制过程中贷方账户必须唯一，借方账户可一个或多个，即转账凭证必须一借一贷或多借一贷。

【例 9-2】某企业各项经济业务会计分录如下：

（1）借：生产成本　　　　12 000
　　　　贷：原材料　　　　　12 000

（2）借：管理费用　　　　18 000
　　　　贷：原材料　　　　　18 000

（3）借：管理费用　　　　35 000
　　　　贷：原材料　　　　　35 000

（4）借：生产成本　　　　46 000
　　　　贷：原材料　　　　　46 000

汇总转账凭证，会计分录如下：

借：生产成本　　　　58 000
　　管理费用　　　　53 000
　　贷：原材料　　　　　111 000

四、优缺点及适用范围

（一）优缺点

汇总记账凭证核算组织程序的优点是：先根据记账凭证编制汇总记账凭证，再根据汇总记账凭证登记总分类账减轻了登记总分类账的工作量。其缺点是：当转账凭证较多时，编制汇总转账凭证的工作量较大，并且按每一贷方账户编制汇总转账凭证，不利于会计核算的日常分工。

（二）适用范围

汇总记账凭证核算组织程序适用于规模较大、经济业务较多的单位。

【教中学 学中做】

下列关于汇总记账凭证核算组织程序的表述中，正确的有（　　）。

A. 减少了登记总分类账的工作量

B. 适用于规模小、业务少的单位

C. 记账凭证的种类不同，明细账簿的记账依据不同

D. 不能保持科目之间的对应关系，不便于查对和分析账目

【小思考】

如何编制各类汇总记账凭证？

____

____

知识链接

汇总记账凭证核算组织程序和其他核算组织程序的区别

汇总记账凭证核算组织程序和其他会计核算组织程序的区别是：汇总记账凭证核算组织程序须设置专用记账凭证即收款凭证、付款凭证和转账凭证，还要设置汇总收款凭证、汇总付款凭证和汇总转账凭证，根据汇总凭证登记总账；其他会计核算组织程序只设置通用凭证。

任务五　日记总账核算组织程序

一、日记总账核算组织程序的概念

日记总账核算组织程序是指根据记账凭证逐笔登记日记总账的一种账务处理程序。其主要特点是：预先设置日记总账，然后直接根据记账凭证逐笔登记日记总账。

二、一般步骤

日记总账核算组织程序的一般步骤如下：

（1）根据原始凭证填制汇总原始凭证；

（2）根据原始凭证或汇总原始凭证填制各种记账凭证；

（3）根据收款凭证、付款凭证登记库存现金日记账和银行存款日记账；

（4）根据记账凭证和原始凭证或汇总原始凭证登记各种明细账；

（5）根据各种记账凭证逐笔登记日记总账；

（6）期末，将日记账和明细账的余额与日记总账的余额相核对；

（7）期末，根据日记总账和明细账的记录，编制会计报表。

日记总账核算组织程序的基本流程如图 9-4 所示。

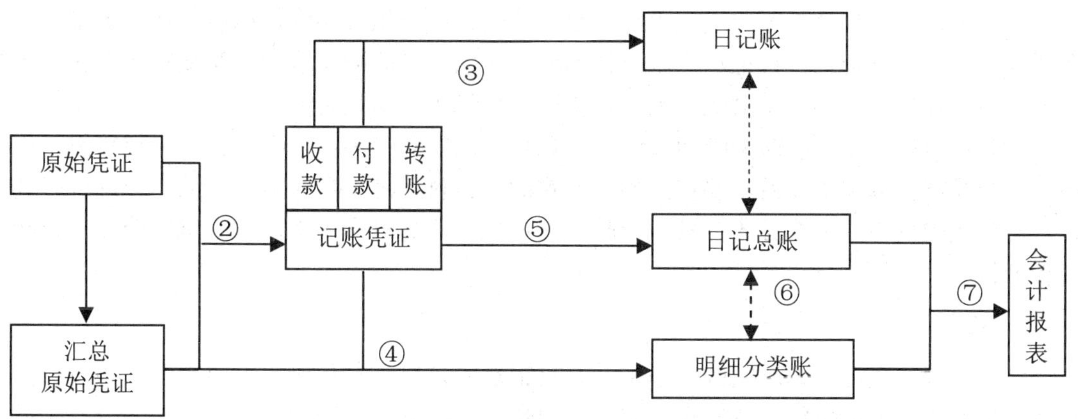

图 9-4　日记总账核算组织程序

三、日记总账的编制

日记总账是一种兼具序时账簿和分类账簿两种功能的联合账簿。日记总账的账页一般设计为多栏式，即将经济业务发生以后可能涉及的所有会计账户，分设专栏集中列示在同一张账页上，每一账户又具体分设借方和贷方两栏。对所有的经济业务按发生的时间顺序进行序时记录，并根据经济业务的性质和账户的对应关系进行总分类记录。对发生的每一笔经济业务都应分别登记在同一行的有关科目栏的借方栏和贷方栏内，并将发生额记入日记总账的发生额栏内。日记总账格式如表 9-7 所示。

表 9-7　日记总账

年　月　　　　　　　　　　第　页

年		凭证		摘要	发生额	库存现金		银行存款		应收账款		…
月	日	字	号			借方	贷方	借方	贷方	借方	贷方	…
				本期发生额								
				期末余额								

四、优缺点及适用范围

（一）优缺点

1. 优点

（1）可以简化总分类账的登记手续。日记总账核算组织程序中，所有经济业务都必须在日记总账中进行登记，日记总账既要根据业务发生的时间顺序登记，又要将所有科目的总分类核算都集中到一张账页上，因此，它既是日记账，又是总账。

（2）在日记总账上能够清晰地反映会计账户之间的对应关系。在日记总账核算组织程序下，当经济业务发生以后，要按照预先设置的会计科目栏，在相应栏次的同一行进行登记，可以集中反映经济业务的全貌，反映会计账户之间的对应关系，便于进行会计检查和会计分析。

2. 缺点

（1）增大了登记日记总账的工作量。在日记总账核算组织程序下，对于发生的每一笔经济业务都要根据记账凭证逐笔在日记总账中登记，实际上与登记日记账和明细分类账是一种重复登记，势必要增大登记日记总账的工作量。

（2）不便于记账分工和查阅。在使用会计科目比较多的会计主体，日记总账的账页就要设计得很大，既不便于进行记账和查阅，也容易出现串行等记账错误。如果会计人员较多，也不便于记账的业务分工。

（二）适用范围

日记总账核算组织程序一般适用于规模小、经济业务较简单，使用会计科目较少的单位。但在使用电子计算机进行账务处理的企业，由于账簿的登记是由计算机来完成的，很容易克服这种会计核算组织程序的缺点，因此在一些大中型企业也可以应用这种核算组织程序。

【小思考】

日记账和日记总账有什么区别？

拓展视域

记账凭证核算组织程序、科目汇总表核算组织程序、汇总记账凭证核算组织程序和日记总账核算组织程序的优缺点及适用范围如表 9-8 所示。

表 9-8　四种会计核算组织程序的优缺点及适用范围

会计核算组织程序类型	优点	缺点	适用范围
记账凭证核算组织程序	简单明了，易于理解，总分类账可以反映经济业务的详细情况	登记总分类账的工作量较大	规模小、经济业务少的单位
科目汇总表核算组织程序	减轻了登记总分类账的工作量，起到试算平衡的作用	不能反映账户对应关系，不利于检查账目	规模较大、会计凭证数量较多，经济业务较多的单位
汇总记账凭证核算组织程序	减轻了登记总分类账的工作量	当转账凭证较多时，编制汇总转账凭证的工作量较大，不利于会计核算的日常分工	规模较大、经济业务较多的单位
日记总账核算组织程序	简化总分类账的登记手续，能够反映会计账户之间的对应关系	登记日记总账的工作量较大，不便于记账分工和查阅	规模小、经济业务较简单，使用会计科目较少的单位

项　目　反　思

1. 通过学习会计核算组织程序，你学到了哪些内容？

2. 你的疑惑点：

____

____

____

3. 解决方案：

____

____

____

4. 总结：

____

____

____

知识要点总结

本项目主要介绍了会计核算组织程序的概念、种类，目前我国企业常用的会计核算组织程序主要有记账凭证核算组织程序、科目汇总表核算组织程序、汇总记账凭证核算组织程序和日记总账核算组织程序，主要区别在于登记总账的依据和方法不同。详细介绍了记账凭证核算组织程序、科目汇总表核算组织程序、汇总记账凭证核算组织程序和日记总账核算组织程序的概念、一般步骤，以及各类会计核算组织程序的优缺点和使用范围。

知识要点总结导图

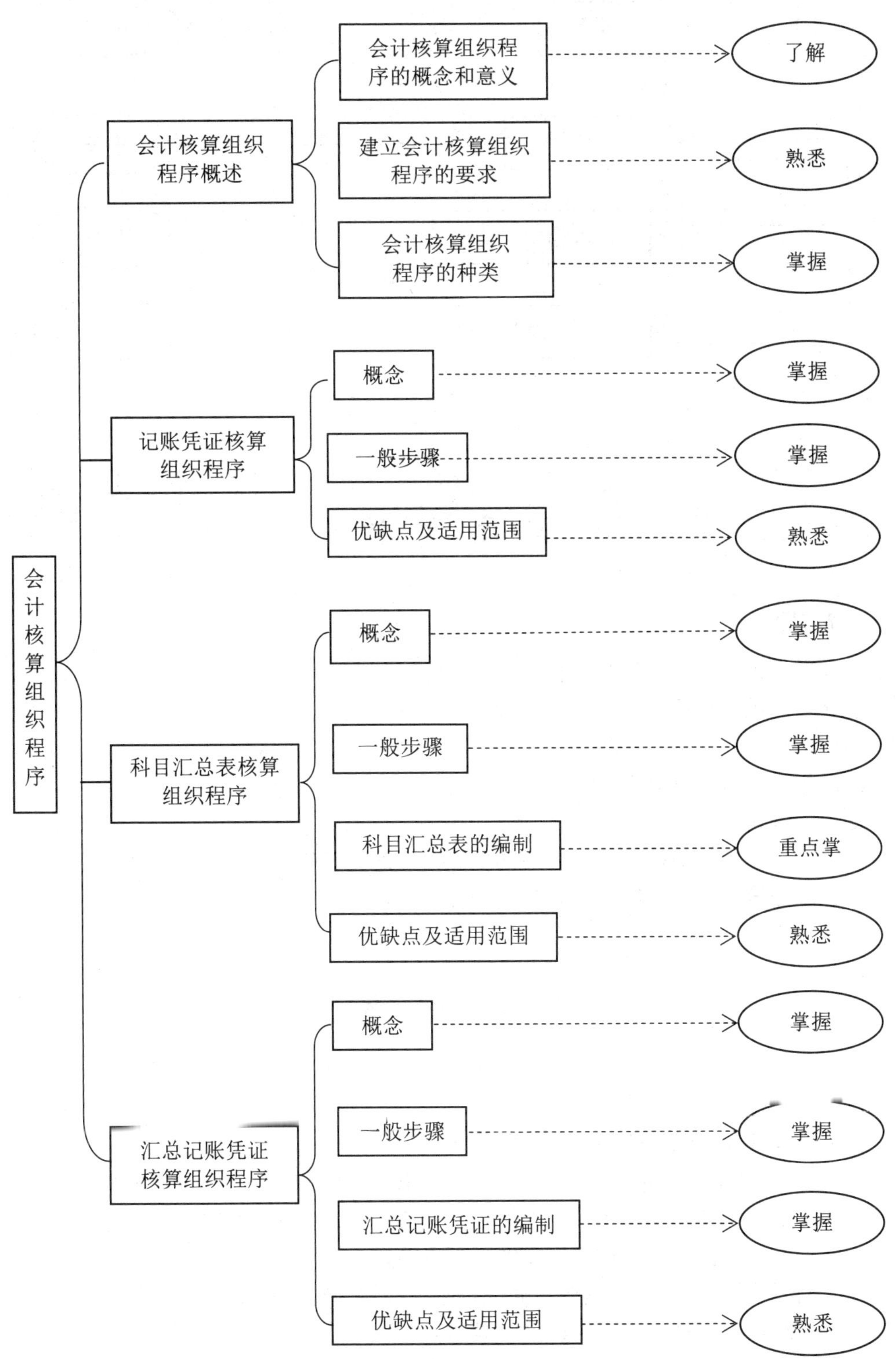
会计核算组织程序
会计核算组织程序概述
会计核算组织程序的概念和意义
了解
建立会计核算组织程序的要求
熟悉
会计核算组织程序的种类
掌握
记账凭证核算组织程序
概念
掌握
一般步骤
掌握
优缺点及适用范围
熟悉
科目汇总表核算组织程序
概念
掌握
一般步骤
掌握
科目汇总表的编制
重点掌
优缺点及适用范围
熟悉
汇总记账凭证核算组织程序
概念
掌握
一般步骤
掌握
汇总记账凭证的编制
掌握
优缺点及适用范围
熟悉

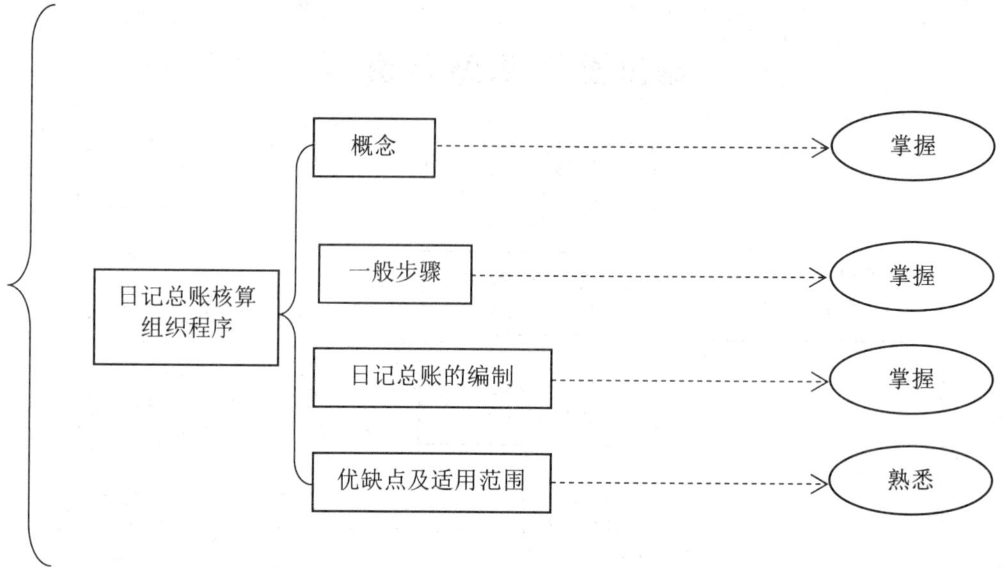

项 目 考 核

一、简答题

1. 会计核算组织程序的概念是什么？
2. 会计核算组织程序有哪几类？分别是什么？
3. 简述记账凭证核算组织程序。
4. 简述科目汇总表核算组织程序。
5. 如何编制科目汇总表？
6. 简述汇总记账凭证核算组织程序的优缺点及适用范围。
7. 日记总账核算组织程序的主要特点是什么？

技 能 训 练

一、单项选择题

1. 各种会计核算组织程序的主要区别是（　　）。
   A. 会计凭证的种类不同　　B. 登记总账的依据和方法不同
   C. 记账程序不同　　D. 总账的格式不同
2. 下列关于会计核算组织程序表述中，正确的是（　　）。
   A. 会计核算组织程序，是会计凭证、会计账簿、财产清查相结合的方式
   B. 会计核算组织程序也称账务处理程序

C. 同一个企业可以同时采用几种不同的账务处理程序

D. 不同的会计主体所采用的会计凭证、账簿和会计报表的种类及格式是相同的

3. 记账凭证核算组织程序的主要特点是（　　）。

A. 根据各种记账凭证编制汇总记账凭证

B. 根据各种记账凭证逐笔登记总分类账

C. 根据各种记账凭证编制科目汇总表

D. 根据各种汇总记账凭证登记总分类账

4. 记账凭证核算组织程序的适用范围是（　　）。

A. 规模较大、经济业务较多的企业　　B. 采用单式记账的企业

C. 规模较小、经济业务较少的企业　　D. 会计基础工作薄弱的

5. 记账凭证核算组织程序的主要缺点是（　　）。

A. 不能体现账户的对应关系　　B. 不便于会计合理分工

C. 方法不易掌握　　D. 登记总分类账的工作量较大

6. 下列关于记账凭证核算组织程序的表述中，正确的是（　　）。

A. 只能根据原始凭证编制收款凭证、付款凭证和转账凭证

B. 一般应设置库存现金日记账和银行存款日记账

C. 明细账和总账一样，都是直接根据记账凭证登记

D. 期末根据总分类账、明细分类账、日记账的记录，编制财务报表

7. 科目汇总表核算组织程序与记账凭证核算组织程序相比，主要是增设了（　　）。

A. 原始凭证汇总表　　B. 汇总记账凭证

C. 汇总原始凭证　　D. 科目汇总表

8. 科目汇总表的汇总范围是（　　）。

A. 全部科目的借、贷方发生额和余额　　B. 全部科目的借、贷方余额

C. 全部科目的借、贷方发生额　　D. 明细账科目的借、贷方发生额和余额

9. 科目汇总表核算组织程序的优点是（　　）。

A. 减轻了登记总分类账的工作量，并且科目汇总表可以起到试算平衡的作用

B. 便于了解账户之间的对应关系

C. 总分类账可以详细地反映经济业务的发生情况

D. 核算手续简单、易于操作

10. 汇总记账凭证的编制是根据（　　）。

A. 记账凭证　　B. 原始凭证

C. 原始凭证汇总表　　D. 各种总分类账

11. 汇总记账凭证核算组织程序的特点是根据（　　）登记总分类账。

A. 记账凭证　　B. 汇总记账凭证

C. 科目汇总表　　D. 原始凭证

12. 在不同会计核算组织程序下，财务报表编制的依据均为（　　）。

A. 日记账、明细分类账、总分类账　　B. 明细账和总分类账

C. 日记账和明细账　　D. 日记账和总分类账

13. 汇总记账凭证核算组织程序的优点是（　　）。

A. 详细反映经济业务的发生情况　　B. 减轻了登记总分类账的工作量
C. 便于试算平衡　　D. 处理程序简单

14. 下列关于汇总记账凭证核算组织程序说法正确的是（　　）。
A. 登记总分类账的工作量大
B. 不能体现账户之间的对应关系
C. 按每一借方科目编制汇总转账凭证
D. 当转账凭证较多时，汇总转账凭证的编制工作量比较大

15. 日记总账核算组织程序的主要特点是（　　）。
A. 根据各种记账凭证编制汇总记账凭证
B. 根据各种记账凭证逐笔登记总分类账
C. 根据各种记账凭证编制科目汇总表
D. 根据各种记账凭证逐笔登记日记总账

16. 日记总账核算组织程序的适用范围是（　　）。
A. 规模较大、经济业务较多的企业
B. 规模小、经济业务简单、使用会计科目较少的企业
C. 规模较小、经济业务较少的企业
D. 会计基础工作薄弱的企业

二、多项选择题

1. 下列关于记账凭证核算组织程序说法正确的有（　　）。
A. 登记总分类账的工作量较小　　B. 便于查账对账
C. 账务处理程序简单明了、易于理解　　D. 适用于规模小、业务量少的企业

2. 在不同的会计核算组织程序下，登记明细分类账的依据可以是（　　）。
A. 原始凭证　　B. 记账凭证
C. 汇总原始凭证　　D. 科目汇总表

3. 各种会计核算组织程序的相同之处有（　　）。
A. 根据原始凭证编制汇总原始凭证
B. 根据原始凭证、汇总原始凭证和记账凭证，登记各种明细分类账
C. 根据收款凭证和付款凭证登记库存现金、银行存款日记账
D. 根据总账和明细账编制财务报表

4. 下列关于科目汇总表核算组织程序说法正确的有（　　）。
A. 可以大大减少总账的登记工作量
B. 可以对发生额进行试算平衡
C. 总分类账能明确反映账户的对应关系
D. 适用于规模较小、业务量较少的企业

5. 下列关于科学、合理地选择会计核算组织程序的意义表述中，正确的有（　　）。
A. 有利于会计工作程序的规范化　　B. 有利于增强会计信息的可靠性
C. 有利于提高会计信息的质量　　D. 有利于保证会计信息的及时性

6. 科目汇总表核算组织程序的缺点有（　　）。

A. 不能反映各个账户之间的对应关系　　B. 不利于对账目进行检查
C. 不利于日常分工　　D. 工作量较大

7. 汇总记账凭证一般分为（　　）。
A. 汇总收款凭证　　B. 汇总付款凭证
C. 科目汇总表　　D. 汇总转账凭证

8. 账务处理程序又叫会计核算程序，它是指（　　）相结合的方式。
A. 会计凭证　　B. 会计账簿
C. 会计报表　　D. 会计科目

9. 为了便于编制汇总转账凭证，要求所有的转账凭证应按（　　）的对应关系来编制。
A. 一借一贷　　B. 一借多贷
C. 一贷多借　　D. 多借多贷

10. 下列关于日记总账核算组织程序说法正确的有（　　）。
A. 可以简化总分类账的登记手续
B. 增大了登记日记总账的工作量
C. 不便于记账分工和查阅
D. 能够清晰地反映会计账户之间的对应关系

三、判断题

1. 账务处理程序就是记账程序。（　　）
2. 企业应当根据自身业务特点、组织规模、管理上的要求不同，选择适合的账务处理程序。（　　）
3. 编制财务报告是企业会计核算组织程序的组成部分。（　　）
4. 科目汇总表核算组织程序是最基本的账务处理程序。（　　）
5. 采用科目汇总表核算组织程序，企业的总分类、明细分类账和日记账均应当根据科目汇总表登记。（　　）
6. 采用科目汇总表核算组织程序，既可以减少登记总分类账的工作量，也可以做到试算平衡。（　　）
7. 汇总记账凭证核算组织程序适用于规模较大、业务量较多的单位。（　　）
8. 在不同的会计核算组织程序中，登记总分类账的依据相同。（　　）
9. 记账凭证核算组织程序适用于任何经济规模的企业。（　　）
10. 日记总账核算组织程序要预先设置日记总账。（　　）

参 考 文 献

[1] 李政，赵桂青. 基础会计[M]. 北京：北京理工大学出版社，2019.

[2] 孔丽. 基础会计[M]. 天津：天津大学出版社，2018.

[3] 吴敏，林波. 基础会计[M]. 上海：上海财经大学出版，2018.

[4] 赵捷，曾晓霞. 基础会计[M]. 上海：上海交通大学出版社，2018.

[5] 周东黎，李响. 基础会计实务[M]. 2 版. 北京：科学出版社，2016.

[6] 钟洪燕，姜猛，陈俊杰. 基础会计[M]. 长春：吉林大学出版社，2017.

[7] 光昕，光昭. 物流企业会计基础与实务[M]. 北京：中国铁道出版社，2009.

[8] 李洁，王美玲. 基础会计教程与实训[M]. 北京：中国林业出版社；北京大学出版社，2007.

[9] 薛小荣，郭西强. 基础会计学[M]. 上海：立信会计出版社，2011.

[10] 财政部会计资格评价中心. 初级会计实务[M]. 北京：经济科学出版社，2019.

[11] 任芳丽. 基础会计[M]. 2 版. 北京：经济科学出版社，2018.

[12] 任芳丽. 基础会计实训教程[M]. 2 版. 北京：经济科学出版社，2018.

[13] 陈强. 会计基础习题与全真实训[M]. 北京：高等教育出版社，2017.

[14] 马西牛. 会计基础——理论·工作·实训[M]. 2 版. 北京：中国经济出版社，2010:82-145

[15] 杨琳. 基础会计[M]. 北京：北京理工大学出版社，2016.

[16] 赵丽娟，董坤景，张民. 基础会计[M]. 北京：中国铁道出版社，2013.

[17] 王立新，王英兰. 基础会计[M]. 上海：立信会计出版社，2014.

[18] 岳华. 基础会计[M]. 昆明：云南大学出版社，2015.

[19] 臧红文，李金兰. 财务会计实务与实训：出纳往来结算财产物资（第 1 册）[M]. 北京：高等教育出版社，2009.

[20] 周娇. 知行经管系列 会计学原理[M]. 南京：东南大学出版社，2016.

[21] 陈国辉，迟旭升. 基础会计[M]. 6 版. 大连：东北财经大学出版社，2018.

[22] 余珍，喻辉，杜娟. 会计学原理[M]. 北京：人民邮电出版社，2014.

[23] 中华人民共和国财政部. 企业会计准则[M]. 上海：立信会计出版社，2019.

[24] 刘峰，潘琰，林斌. 会计学基础[M]. 4 版. 北京：高等教育出版社，2018.